ONRUSTIGE

»PRIVÉ-DOMEIN«

NR. 32

KONSTANTIN PAUSTOVSKIJ

ONRUSTIGE JEUGD

PRELUDE OP DE RUSSISCHE REVOLUTIE

VERTAALD DOOR WIM HARTOG

UITGEVERIJ DE ARBEIDERSPERS · AMSTERDAM · ANTWERPEN

Eerste druk 1976
Tweede druk 1983
Derde druk 1986
Vierde druk 1988
Vijfde druk 1990
Zesde druk 1992
Zevende druk 1995
Achtste druk 1997

Oorspronkelijke titel: *Bespokojnaja joenost*

ISBN 90 295 3326 9 / NUGI 321

INHOUD

1/'HIER WOONT NIEMAND'

Op de deur van professor Giljarov zat een klein koperen bordje waarop stond: 'Hier woont niemand.'

Giljarov doceerde geschiedenis van de filosofie aan de Universiteit van Kijev. Grijs, ongeschoren, in een slobberig lustre colbert vol sigaretteas beklom hij haastig het spreekgestoelte, greep met zijn blauwgeaderde handen de rand ervan beet en begon met doffe stem, onduidelijk als met tegenzin te spreken.

Achter de ramen van de collegezaal wist het bladgoud van de Kijevse tuinen maar van geen wijken.

De herfst in Kijev liet altijd lang op zich wachten. De zuidelijke zomer had in de stadstuinen zo veel zonnewarmte, groen en bloemengeur opgehoopt dat het hem moeilijk scheen te vallen van al die rijkdom afscheid te nemen en het veld te ruimen voor de herfst. Bijna elk jaar schopte de zomer de kalender in de war door zijn vertrek nog wat uit te stellen.

Zodra Giljarov begon te spreken, bestond er voor ons studenten niets meer om ons heen. Geboeid door het wonder van het menselijk denken, luisterden we naar het gemurmel van de professor. Giljarov ontsluierde dit voor ons zonder zich te haasten, bijna verbeten. De grote tijdvakken vormden elkaars klankbord. We hadden voortdurend het gevoel dat het menselijk denken een constant stroomgebied vormt, dat het nauwelijks mogelijk is om vast te stellen waar de filosofie ophoudt en de poëzie begint en waar de poëzie weer in de alledaagse werkelijkheid overgaat.

Soms haalde Giljarov uit de uitpuilende zak van zijn colbertje een gedichtenbundeltje met op de band een uil gestempeld, de vogel der wijsheid, en las op hortende toon een paar verzen voor om zijn filosofische beschouwingen kracht bij te zetten:

Zou vandaag de zon vergeten op te staan
Dus 's avonds niet meer ondergaan

Dan zou morgen ergens een dwaas opstaan
Om de wereld een lichtje op te doen gaan

Het gebeurde wel eens dat de stoppelbaard op Giljarovs wangen overeind ging staan en zijn toegeknepen ogen lachten. De keer bij voorbeeld dat hij voor ons een uiteenzetting hield over zelfkennis. Na die lezing begon ik te geloven aan de onbeperkte kracht van het menselijk denkvermogen.

Giljarov foeterde ons gewoon uit. Hij gaf ons de boodschap onze talenten niet onder stoelen of banken te steken. Je moet verduveld hard aan je zelf werken, eruit halen wat erin zit. Net zoals een ervaren dirigent alle klanken aan een orkest weet te ontlokken en de meest eigenwijze musicus ertoe weet te brengen alles uit zijn instrument te halen.

'De mens moet zin en inhoud aan het leven geven en trachten het te verrijken,' zo zei Giljarov.

Maar in het idealisme van Giljarov klonk bitterheid door, en een niet aflatende spijt over de geleidelijke ondergang ervan.

Van zijn talrijke uitspraken zijn de woorden 'het laatste avondrood van het idealisme en zijn laatste stamelingen' mij vooral bijgebleven.

Deze oude professor die uiterlijk veel weghad van Emile Zola, had een diepe minachting voor de welgestelde kleinburgers en de liberale intellectuelen uit die tijd.

Dat ging samen met het koperen bordje op zijn deur dat het over de nietigheid van de mens had. We begrepen best dat hij het daar had laten aanbrengen om zijn keurige buren te pesten.

Giljarov had het erover dat de mens aan zijn leven inhoud moest geven. Maar wij wisten niet hoe we dat moesten aanpakken. Al gauw kwam ik tot de conclusie dat je daartoe je eigen ik zo volledig mogelijk tot ontplooiing moest laten komen, in innige verbondenheid met het volk. Maar hoe? Waardoor? De zekerste weg leek me die van schrijver te zijn. En zo ontstond in mij de overtuiging dat dit voor mij de enig juiste levensweg was.

Van dat ogenblik af begon mijn leven als volwassene, vaak moeilijk, minder vaak vreugdevol, maar altijd onrustig en zo vol afwisseling dat je makkelijk de draad kwijtraakt als je eraan terugdenkt.

Mijn onbezorgde jeugd, begonnen in de hoogste klassen van het gymnasium, eindigde gelijk met de Eerste Wereldoorlog. Misschien vroeger dan nodig was. Maar mijn generatie vielen zoveel oorlogen, staatsgrepen, beproevingen ten deel, zoveel hoop, arbeid en vreugde dat verschillende generaties voorouders het ermee zouden hebben kunnen doen. In een tijdsbestek waarin Jupiter zijn baan om de zon beschrijft, hebben wij zoveel doorgemaakt dat alleen bij de gedachte eraan je hart al samenkrampt. Onze nakomelingen zullen ons, deelnemers aan en ooggetuigen van een grote omwenteling in het lot van de mensheid, natuurlijk wel benijden.

De universiteit vormde het middelpunt van het progressieve denken in de stad. Aanvankelijk hield ik me net als de meeste nieuwelingen een beetje apart en raakte in verwarring bij ontmoetingen met ouderen, vooral met de zogenaamde eeuwige studenten. Deze baardige lieden in hun afgedragen openhangende tuniek keken neer op ons, 'eerstejaars', alsof we domme jonge honden waren.

Bovendien duurde het een hele tijd voor ik er na het gymnasium aan kon wennen dat het helemaal niet verplicht was college te lopen en dat je tijdens de lesuren ongestraft thuis bij je boeken kon blijven of gewoon door de stad kon zwerven.

Geleidelijk aan begon ik mijn draai te vinden en de universiteit te waarderen. Wel voelde ik me minder aangetrokken door de colleges en de professoren (werkelijk knappe professoren waren er niet zoveel) dan door het studentenleven zelf.

In de collegezalen gingen de lessen hun gewone gangetje terwijl los daarvan het studentenleven bruisend en luidruchtig zijn eigen leven leidde in de lange duistere universiteitsgangen.

In deze gangen werd de hele dag door luid erop los gediscuteerd, klonken rumoerige samenkomsten, kwamen regionale en politieke groeperingen in vergadering bijeen. De gangen zagen blauw van de tabaksrook.

Daar hoorde ik voor het eerst van de scherpe en ongebreidelde tegenstellingen tussen bolsjewieken, sociaal-revolutionairen en mensjewieken, van Israëlitische revolutionairen, Armeense socialisten en van de 'echte Oekraïners' en zo. Maar het kwam voor dat de vertegenwoordigers van al deze partijen zich aaneensloten tegen hun gemeenschappelijke vijand, de 'witte voeringen', leden van het ultrareactionaire Academisch Verbond. Botsingen met hen ontaardden op slag in een handgemeen, vooral wanneer de landelijke organisatie van de Kaukasus zich erin mengde.

In deze oplaaiende hartstochten werd reeds het aanbreken van nieuwe tijden voelbaar. En het deed eigenaardig aan dat hier slechts enkele passen vandaan, achter de deuren van de collegezalen, eerbiedwaardige professoren met grijze haardos in een wat saaie stilte college hielden over de handelsgebruiken van de Hanzesteden of over vergelijkende taalwetenschap.

In die jaren voor de Eerste Wereldoorlog voorvoelden velen dat er onweer op til was maar ze konden niet voorzien met welk geweld het over de aarde zou losbarsten. Net als voor een onweersbui was de atmosfeer geladen in Rusland en in de wereld. Maar het rollen van de donder was nog niet hoorbaar en dat stelde de mensen die niet ver genoeg vooruit keken, gerust.

De sirenes die in de ochtendnevel van de voorsteden van Kijev angstaanjagend loeiden wanneer in de fabrieken gestaakt werd, arrestaties en deportaties, honderden proclamaties, dat alles was het weerlichten van het verre onweder. Alleen heel scherpe oren konden de donder komen horen aanrollen. Iedereen was dan ook verbijsterd door de eerste daverende klap in de zomer van 1914, bij het uitbreken van de oorlog.

Na het verlaten van het gymnasium hadden mijn schoolvrienden en ik elkaar volkomen uit het oog verloren, ondanks de eed die wij gezworen hadden om altijd met elkaar contact te blijven houden. De oorlog brak uit, toen kwam de Revolutie en sindsdien heb ik zo goed als geen van mijn klasgenoten ooit meer teruggezien. De grapjas Staniszewski, de huisbakken filosoof Ficowski, de gereserveerde Schmoekler, de trage Matoessevitch en de kwikzilverachtige Boelgakov, ze zijn allen op de een of andere manier spoorloos verdwenen.

Ik woonde in Kijev op mijn eentje. Mijn moeder, mijn zusje Galja en mijn broer Dima die aan het Technologisch Instituut studeerde, zaten in Moskou. Mijn oudste broer, Borja, woonde ook in Kijev maar we zagen elkaar zelden of nooit.

Borja was met een gedrongen mollige vrouw getrouwd die paarse, met kraanvogels geborduurde, kimono's droeg. Mijn broer zat de godganse dag over blauwdrukken van betonnen bruggen gebogen. In zijn donkere kamer met behang dat op eikehout moest lijken, rook het naar fixatief. Je schoenzolen bleven er aan de geverfde vloer vastplakken. Foto's van de wereldberoemde schoonheid Lina Cavalieri zaten er met roestige punaises aan de wand geprikt.

Borja was het helemaal niet eens met mijn geestdriftige belangstelling voor filosofie en literatuur. 'Men moet zich in het leven een weg weten te banen,' zei hij. 'Jij bent een fantast, net als je vader. De mensen vermaken, dat kan je niet als een taak zien.'

Volgens Borja diende literatuur alleen maar ter vermaak. Ik had geen zin om daar met hem nog over te discussiëren. Mijn verknochtheid aan de literatuur hield ik voor boze blikken verborgen. Daarom bezocht ik mijn broer ook niet langer meer.

Ik woonde bij mijn grootmoeder in Ljoekanovka, een groene voorstad van Kijev, in een zijvleugel achter in de tuin. Mijn kamer stond vol potten fuchsia's. Mijn enige bezigheid bestond uit lezen tot ik erbij neerviel. Om wat uit te blazen, ging ik 's avonds de tuin in. De lucht was herfstig koud en boven de kale takken stond een sterrenhemel.

In het begin maakte grootmoeder zich kwaad en wilde me thuis houden, maar toen ze er eenmaal aan gewend was, liet ze me met rust. Ze zei alleen dat ik mijn tijd 'verbeuzelde' en dat het allemaal zou uitdraaien op vliegende tering...

Maar wat kon grootmoeder tegen mijn nieuwe vrienden beginnen? Wat kon zij inbrengen tegen Poesjkin, Heine, Fet, Leconte de Lisle, Dickens, Lermontov?

Ten slotte gaf grootmoeder mij maar op. Ze stak in haar kamer de lamp aan met de roze glazen kap in de vorm van een grote tulp en verdiepte zich in één van haar eindeloze Poolse romans van Kraszewski. Mij schoten de volgende versregels te binnen: 'Met gouden wimpers hoog aan de hemel in de nacht, lonken de sterren alsof hun ziel versmacht.' En de wereld scheen mij de bewaarplaats van een heleboel van die kleinoden als deze gouden wimpers der sterren. Ik voelde dat het leven veel bekoorlijkheden, ontmoetingen, liefde en droefenis, vreugdevolle en schokkende dingen voor mij inhield en in deze verwachting lag het grote geluk van mijn jeugd besloten. Of dit in vervulling zou gaan, moest de dag van morgen uitwijzen.

Maar nu gaan wij u, zoals de acteurs vroeger in het theater tot de toeschouwers zeiden wanneer de spelers voor het begin van het stuk voor het doek kwamen, allerlei wederwaardigheden vertonen en trachten u aan te zetten tot nadenken, tot huilen en tot lachen.

II/EEN ONGEWONE HERFST

Ik reisde per trein van Kijev naar Moskou in de benauwde ruimte waar de verwarming van de wagon stond. We zaten er met zijn drieën: een landmeter op leeftijd, een jonge vrouw met een witte wollen sjaal uit Orenburg om haar hoofd en ik.

De vrouw zat op het koude gietijzeren kacheltje, de landmeter en ik gingen om de beurt op de vloer zitten want er was slechts plaats voor één.

Onder onze voeten knarste kolengruis. De witte doek van de vrouw zag al spoedig grauw. Door het hermetisch gesloten raam, dat ook grauw was en waarop de regen vuile sporen achtergelaten had, viel niets te onderscheiden. Alleen ergens in de buurt van

Soechinitsji, zag ik een bloedrode zonsondergang die de hele hemel bedekte, iets onvergetelijks.

De landmeter keek naar de zonsondergang en zei dat daar, aan de grens, waarschijnlijk al gevechten met de Duitsers aan de gang waren. De vrouw drukte haar gezicht in haar doek en begon te huilen: ze ging naar Toer, naar haar man en wist niet of ze hem daar nog zou aantreffen of dat hij al naar het front gestuurd zou zijn.

Ik ging naar Moskou om afscheid te nemen van mijn broer Dima die ook onder de wapenen was geroepen. Ik was niet gemobiliseerd vanwege mijn bijziendheid. Bovendien was ik de jongste zoon van het gezin en daarbij nog student en volgens de toen geldende wetten waren jongste zonen en studenten vrijgesteld van militaire dienst.

Het was vrijwel onmogelijk om vanuit de ruimte waar de verwarming stond op het balkon te komen. De gemobiliseerden lagen met hutje en mutje op het dak van de wagons, hingen in kluwens aan de buffers en de treeplanken. Op de stations sloeg ons het luide weeklagen van vrouwen, gejengel van harmonika's, gezang en gefluit tegemoet. Zodra de trein stopte, bleef hij als aan de rails vastgeklonken staan. Er waren niet minder dan twee locomotieven voor nodig om er beweging in te krijgen en dan nog alleen met horten en stoten.

Rusland was op drift geraakt. De oorlog had het als een aardschok van zijn grondvesten losgeslagen. In duizenden dorpen werd met de alarmklok de mobilisatie ingeluid. Duizenden boerenpaarden voerden de gemobiliseerden uit alle hoeken en gaten van het land naar de spoorwegstations. De vijand was vanuit het Westen het land binnengedrongen maar een machtige mensengolf spoelde hem vanuit het Oosten tegemoet.

Het hele land veranderde in een legerplaats. Het hele bestaan lag overhoop. De oude gewoontes en tradities verdwenen in een oogwenk.

Het enige dat we onderweg te eten hadden, was een keihard krentenbrood voor ons drieën en een fles troebel water.

Daarom leek de lucht van Moskou toen ik 's morgens uit de wagon op het natte perron van het Brjanskstation stapte zeker zo fris en geurig. De zomer van 1914 liep op zijn eind–een dreigende, alarmerende oorlogszomer–en de lucht van Moskou raakte reeds doordrongen van zoetige koele herfstgeuren, die van verwelkte bladeren en stilstaand water in vijvers.

Mijn moeder woonde in die tijd in de Bolsjaja Presnja, vlak bij zo'n vijver. De ramen van de woning keken uit op de Dierentuin. Je zag er de blinde muren uit rode baksteen van de huizen van de Presnja-wijk die nog sporen vertoonden van granaatinslagen uit de tijd van de Decemberopstand van 1905, de verlaten paden van de Dierentuin en een grote vijver met zwart water. In de stralen van de zon weerspiegelde het water met een groenachtige slijkkleur.

Ik had nog nooit een woning gezien die zo in overeenstemming was met de aard en de levensstijl van zijn bewoners, als die van mijn moeder in Presjna. Hij was kaal, bijna zonder meubels, op de keukentafels en een paar krakende Weense stoelen na. Oude donkere bomen wierpen hun schaduw in de kamers, zodat het er altijd schemerig en koud was. Koud waren ook de grauwe kleverige tafelzeiltjes.

Wasdoek was een manie van mijn moeder geworden. Het verving de vroegere tafellakens en deed hardnekkig aan onze armoede herinneren en aan het feit dat moeder uit alle macht probeerde zo goed en zo kwaad als het ging orde op zaken te houden. Anders zou ze het niet uitgehouden hebben.

Thuis trof ik alleen moeder en Galja aan. Dima was naar de schietbaan van Gravornovo vertrokken om er reservisten schieten te leren.

In de twee jaar dat ik haar niet gezien had, was moeders gezicht rimpelig en gelig geworden, maar haar dunne lippen waren als vanouds vastbesloten, alsof ze haar omgeving duidelijk wilde maken dat ze nooit voor het leven en het kleinzielige gekonkel van kwaadwillende lieden het hoofd zou buigen en altijd weer zegevierend uit de strijd te voorschijn zou komen.

Galja dwaalde als altijd doelloos van de ene kamer naar de andere, botste, bijziend als ze was, tegen de stoelen en stelde allerlei overbodige vragen: hoeveel momenteel een kaartje Kijev-Moskou kostte en of er op de perrons nog kruiers waren of dat ze allemaal al de oorlog ingestuurd waren.

Bij dit bezoek leek mijn moeder me meer ontspannen dan de keer ervoor. Dat had ik niet verwacht. Ik kon maar niet begrijpen waar ze de rust vandaan haalde in oorlogstijd, terwijl Dima van de ene op de andere dag naar het front gestuurd kon worden. Maar moeder verraadde zich zelf.

'Momenteel hebben we het makkelijker, Kostik,' zei ze. 'Dima is vaandrig, officier. Hij wordt goed betaald. Nu hoef ik niet langer bang te zijn dat ik morgen de huur niet meer kan betalen.'

Ze keek me ongerust aan en voegde eraan toe: 'In de oorlog hoeft niet iedereen te sneuvelen. Ik ben er zeker van dat Dima in de achterhoede zal blijven. Hij staat bij zijn superieuren in een goed blaadje.'

Ik gaf toe dat in de oorlog inderdaad niet iedereen sneuvelde. Die schrale troost mocht men haar niet afnemen.

Wanneer ik naar mijn moeder keek, begreep ik wat het betekent dagelijks de last mee te zeulen van een onbeschermd bestaan en hoe zeer een mens een veilig dak boven zijn hoofd en een stuk brood nodig heeft. Maar ik voelde me onbehaaglijk bij de gedachte dat zij gelukkig was met de bescheiden welstand die het gezin opeens genoot ten koste van de veiligheid van haar zoon. Het kon niet anders of zij zag het gevaar ook in. Ze probeerde er gewoon niet aan te denken.

Dima kwam bruinverbrand en zeer zelfverzekerd thuis. Hij maakte zijn splinternieuwe sabel met het vergulde gevest los en hing hem in de voorkamer op. 's Avonds toen het licht aanging, begon dit gevest te schitteren, als enig pronkstuk in mijn moeders nederige woning.

Moeder had me al weten te vertellen dat Dima's verloving met Margarita uitgeraakt was omdat Margarita zich zoals moeder dat noemde 'tot een hoogst onaangenaam wezen' ontpopt had. Ik was er niet verder op ingegaan.

Een paar dagen later werd Dima ingelijfd bij het infanterieregiment van Navagin. Hij pakte zijn boeltje en vertrok zo snel dat het nauwelijks tot mijn moeder doordrong. Pas de tweede dag na zijn vertrek begon ze voor het eerst te huilen.

Mijn broers regiment werd op transport gesteld vanaf het rangeeremplacement van het Brest-Litovsk-station. Het was een winderige dag die verveling uitstraalde, een door-de-weekse dag met geel stof en laaghangende luchten. Op zulke dagen is het altijd of er niets bijzonders kan gebeuren.

Het afscheid van Dima was helemaal in de trant van deze dag. Dima had de leiding bij het transport. Hij kwam af en toe even bij ons staan praten en halsoverkop afscheid nemen toen de trein al in beweging raakte. Hij holde achter zijn wagon aan, sprong op de treeplank en niet op hetzelfde ogenblik onttrok een uit tegenovergestelde richting komende trein hem aan onze blikken. Toen de treinen elkaar voorbij waren, was Dima al niet meer te zien.

Na Dima's vertrek liet ik mij van de Universiteit van Kijev overschrijven naar die van Moskou. Moeder verhuurde de kamer van mijn broer aan een ingenieur van de Moskouse Trammaatschappij, een zekere Zacharov. Het is mij altijd een raadsel gebleven wat Zacharov in onze woning heeft kunnen aanstaan.

Zacharov had in België gestudeerd, jarenlang in Brussel gewoond en was niet lang voor de Eerste Wereldoorlog naar Rusland teruggekomen. Hij was een vrolijke vrijgezel met een keurig bijgepunt, grijzend baardje. Hij droeg ruim zittende buitenlandse kostuums en een bril waar een doordringende blik achter school. De hele tafel in zijn kamer lag bezaaid met boeken. Maar ik vond er zo goed als geen technisch werk bij. Het waren hoofdzakelijk memoires, romans en nummers van het blad *Kennis*.

Op zíjn tafel zag ik voor het eerst werken van Verhaeren, Maeterlinck en Rodenbach, in Franse uitgave.

In die zomer liep iedereen warm voor België, het kleine land dat de eerste schok van de Duitse legers had opgevangen. Overal werd het lied van de verdedigers van het belegerde Luik gezongen.

België was in twee, drie dagen volledig onder de voet gelopen. Het straalde het aureool uit van het martelaarschap. Het gotisch kantwerk van zijn raadhuizen en kathedralen was verbrijzeld en onder de laarzen van de Duitse soldaten en de met ijzer beslagen wielen van de kanonnen verpulverd.

Ik las Verhaeren, Maeterlinck en Rodenbach en zocht in de geschriften van deze Belgen naar een verklaring voor de moed van hun landgenoten. Maar die vond ik noch in de ingewikkelde verzen van Verhaeren, die de oude wereld verstiet als een vreselijk kwaad, noch in de romans van Rodenbach, die zo dood en broos waren als bloemen onder het ijs en al evenmin in de stukken van Maeterlinck, die als in een droom geschreven waren.

Op een dag kwam ik Zacharov tegen op de Tverskojboulevard. Hij nam me bij de arm en begon een gesprek over de oorlog, over de overhoop liggende beschaving, over België. Hij sprak met een licht Frans accent.

We hadden toen in Moskou net prachtige herfstdagen. De bomen lieten hun vergulde bladeren op de kanonnen neerdwarrelen. Kanonnen en munitiekisten stonden in grauwe slierten langs de boulevards te wachten om naar het front gestuurd te worden.

Een glasheldere, diepblauwe hemel–de route der trekvogels–spande zich in de milde glans van het herfstzonnetje over de stad. En de bladeren dwarrelden al maar neer, bedekten de daken, de trottoirs, de rijbanen, ritselden onder de bezems van de conciërges, onder de voeten van de voorbijgangers alsof ze de mensen eraan probeerden te herinneren dat rondom nog altijd de door hen vergeten aarde bestond, en dat misschien omwille van deze aarde, om de matte glans van een spinneweb in september, om de helderheid van droge en frisse horizonten, om het verstilde water dat oprimpelde door een losgeraakt stukje boomschors, om de geur van de vergelende wilg, om heel dat van bruisend leven vervulde buitengewoon mooie Rusland met zijn dorpen, zijn boerenhutten waaruit de melkwitte rook van strovuur opkringelt, de blauwige nevel over de rivier, zijn verleden en zijn toekomst–dat omwille van dit alles alle rechtschapen mensen over de hele wereld in een reusachtige gezamenlijke krachtsinspanning de oorlog een halt zouden toeroepen.

Ik begreep natuurlijk dat deze hoop vergeefs was, dat zulke gedachten, zoals Borja dat altijd noemde, neerkwamen op 'je reinste

Donquichotterie' en dat degene die het zwaard tegen ons volk en onze beschaving geheven had misschien door ditzelfde zwaard zou worden omgebracht, maar het nooit vrijwillig weer in de schede zou steken.

De oorlog kwam in een niet te stuiten tempo steeds maar dichterbij rollen. Het was of de rook van de oorlogsbrand de hemel van Moskou reeds verduisterde. Later hoorden we dat het ook echt de rook van brand was, maar dan van bosbranden: in de omgeving van Tver stonden de bossen en turfgronden in brand.

Als ik 's morgens in mijn kamer wakker werd – ik sliep op de grond – keek ik het raam uit. In de lucht vlogen bladeren voorbij die wiegelend omlaag daalden. Achter het raamkozijn verdwenen ze uit mijn gezichtsveld en ik kon niet nagaan waar ze neerkwamen.

De gedachte liet me maar niet los dat deze dag in dag uit durende bladervlucht misschien de laatste was die ik meemaakte. En altijd weer leek het als vlogen de bladeren van het Westen naar het Oosten, vluchtend voor de oorlog.

Ik schaam me er niet voor nu zulke gedachten te bekennen, ik was nog zo jong toen. Ik had het gevoel dat alles om mij heen overstroomde van een lyrische kracht die in werkelijkheid waarschijnlijk van me zelf uitging. Toen echter geloofde ik dat dit de kern van het bestaan zelf was.

'Zeg eens, vrind,' zei Zacharov tegen me, 'wordt het zo zoetjes aan niet eens tijd om op te houden met in zo'n dromerige half versufte toestand in de omgeving van Moskou rond te lummelen? Uw moeder heeft me verteld dat u van de week al kans hebt gezien om tot Archangelskoje en Ostankino te komen.'

Het woord 'rondlummelen' zei Zacharov met bijzonder plezier. Zo sprak hij alle voor hem nog wat ongewone Russische woorden uit.

'Ja, ik ben in Archangelskoje en in Ostankino geweest,' gaf ik toe. 'Maar over wat voor half versufte toestand heeft u het eigenlijk?' Zacharov lachte spottend.

'U loopt rond alsof de wereld alleen maar bestaat om ons vol te stoppen met interessante gedachten.'

'En wat dan nog?' vroeg ik scherp. Er kwam een gevoel van erger in me op. Waarom beschuldigde iedereen me als op afspraak ervan dat ik het niet ernstig genoeg opnam en mij in het leven gedroeg als een kleine jongen.

'U hebt zich gewoon tot misselijk wordens toe te goed gedaan aan moderne poëzie,' zei Zacharov vergoelijkend en herhaalde met zichtbaar genoegen: 'tot misselijk wordens toe.'

'Naar uw eigen boeken te oordelen, schijnt u ook de bellettrie te prefereren boven de trams.'

'Dat zit zo,' verklaarde Zacharov me, 'België is het traditionele land van de trams. En van de mystieke poëzie. Ik was nog op het gymnasium toen ik naar het buitenland werd gestuurd. Ik kwam in België, raakte daar ingeburgerd en liep er de HTS in Luik af. Maar daar gaat het momenteel niet om. Het gaat om de oorlog. Hoor maar!'

Van het Strastnajaplein drong marsmuziek door en een gedempt langgerekt hoera. Daar stonden reservebataljons voor hun vertrek naar het front opgesteld.

'Ik kom daar net vandaan,' zei Zacharov. 'Ik was Rusland erg vergeten. Niet door mijn schuld. Ik ben tot in de voorste gelederen doorgedrongen om eens naar de soldaten te kijken. Ze roken sterk naar brood. Een wonderlijke geur! Zo gauw je die in je neus krijgt, geloof je opeens zomaar dat niemand het Russische volk de nek kan breken.'

'En België?' vroeg ik.

'Wat België? Ik begrijp u niet.'

Ik grijnsde wat verlegen en zei het eerste het beste wat er in me opkwam. 'Waarom hebben de Belgen zo verbeten tegen de Duitsers gevochten?'

'Oh là là!' neuriede Zacharov. 'Het is een klein volk dat teert op de herinnering aan een groots verleden. Daar waardeer ik het om. Laten we bij voorbeeld Maeterlinck nemen. Een mystiek dichter met een wazige blik en al even wazige gedachten. De oude katholieke God irriteert hem. Die is gewoon te primitief voor zo'n verfijnde natuur als Maeterlinck. Daarom vervangt hij God door het hiernamaals, hetgeen uiteraard wat eigentijdser en poëtischer aandoet. Dat is een sterker gif dan de religie. Dat klopt allemaal. Maar bovendien is Maeterlinck ook patriot. Uit opvoeding. Uit traditie. En als patriot grijpt hij met zijn mystieke handen het geweer en schiet er net zo goed mee als welke schutter van de koning ook. Niemand bekommert zich om de wazige gedachten van Maeterlinck de dichter. Maar iedereen vraagt naar Maeterlinck de patriot. Daarom bemoeit niemand zich met zijn poëzie. Zo is België. En wat dan nog! 't Is een fijn land. De zeewind scheert eroverheen en het is vol vrolijke mensen. Die overigens de handen uit de mouwen weten te steken. Wat wilt u nog meer over België weten? Voorlopig niets meer? Nou goed, laten we dan ophouden over België en over dingen beginnen die er voor u meer op aankomen.'

Datgene wat er voor mij op aankwam, bleek het volgende te zijn: Zacharov bood aan me te helpen aan een baantje als bestuurder bij de Moskouse Tram. Het zat zo, legde hij uit, dat bijna alle trambestuurders en conducteurs onder de wapenen waren geroepen. Een grote stad kan echter ook in oorlogstijd niet buiten de tram. Men was juist begonnen nieuwe bestuurders en conducteurs te werven.

Ik stond even paf. De overgang van Maeterlinck op de tramconducteur was te bruusk.

Al sinds mijn gymnasiumtijd dacht ik er hardnekkig aan schrijver te worden. Alle veranderingen in mijn leven leken me daar de opleidingsschool toe te vormen. Ik moest het leven in, niets versmaden. Alleen zo kon ik levenswijsheid opdoen en de voorraadkamer opbouwen waaruit ik later met volle handen gedachten, onderwerpen, beelden en woorden zou putten. Daarbij zag ik in dat ik nu niet van moeder weg kon. Ik moest nog een poosje bij haar blijven en haar helpen. En hier lag een baan voor het grijpen. Ik hapte dus toe.

Toen ik mijn moeder en Galja vertelde dat ik tramconducteur wilde worden, zuchtte mijn moeder alleen maar en merkte op dat ze zich nooit voor wat voor werk ook geschaamd had en dat ze ons in dezelfde geest had opgevoed. Galja was er echter niet gerust op omdat ze bang was dat ik door de stroom gedood zou kunnen worden.

'Ik heb eens iets over een circusolifant gelezen,' zei ze angstig, 'die door de stroom van een tram dodelijk werd getroffen. Kan dat nu echt gebeuren?'

Ik antwoordde dat het onzin was.

Ik had geen rust thuis en ging even naar het café in de Koedrinskajastraat. De theepotten stonden er te dampen.

Ongegeneerd hengstte het mechanisch orgel – de 'kroegmachine' – er met zijn pauken en belletjes op los.

Daar stuift ze heen, de koene troïka
Langs de Wolga in haar wintergreep

Aan het tafeltje naast me zat een oude man met de kraag van zijn colbertje omhoog geslagen te schrijven waarbij hij zijn pen voortdurend in de inktpot doopte en er al maar haartjes afhaalde.

Ik kreeg zin een kennis of vriend te schrijven dat mijn leven plotseling een andere wending had genomen, dat ik als trambestuurder ging werken, maar vrijwel meteen schoot het me te binnen dat ik niemand had om aan te schrijven.

De koetsier zweeg en zijn lange zweep
hing slap in zijn hand omlaag,

dreunde de 'machine' en de lege glazen rinkelden mee als antwoord.

III/DE 'KOPEREN LIJN'

Ik werd als bestuurder aangesteld bij de tramremise van Mioesski. Maar lang zou dat niet duren. Ik werd al gauw tot conducteur gebombardeerd.

De remise van Mioesski was in de Ljesnajastraat ondergebracht, in rode bakstenen gebouwen die zwart zagen van de roet. Sinds mijn tijd als conducteur heb ik een hekel aan de Ljesnajastraat. Nu nog vind ik hem van alle straten in Moskou de stoffigste en de stompzinnigste.

In mijn herinnering is deze straat verbonden met het knarsend gepiep van trams wanneer ze bij het eerste ochtendgloren door de ijzeren hekken van de remise kropen, met de zware conducteurstas die in je schouder sneed, met de zurige geur van koper. Wij conducteurs hadden altijd groene handen van het kopergeld. Vooral wanneer we op de 'koperen lijn'-dienst hadden.

'Koperen lijn', zo heette lijn B die langs de Tuinring liep. Wij conducteurs hielden helemaal niet van die lijn, ofschoon de Moskovieten er de tedere benaming 'het beestje' aan hadden gegeven. We werkten liever op lijn A, de 'zilveren lijn'! Deze lijn hadden de Moskovieten de koosnaam 'Annoesjka' gegeven. Daar viel niets tegen in te brengen, maar om nou lijn B het beestje te noemen, sloeg gewoon nergens op.

Lijn B liep langs druk bevolkte stationspleinen, over stoffige bermen. De motorwagens van lijn B hadden aanhangwagens waar je met zware bagage mocht opstappen. De reizigers op deze lijn waren voornamelijk afkomstig uit de buitenwijken: het waren ambachtslieden, tuinders, melkvrouwen. Ze betaalden met koperen munten, zilverstukken hielden ze goed opgeborgen en kwamen niet zo gauw uit hun buidels en zakken te voorschijn. Vandaar de naam de 'koperen lijn'.

Lijn A daarentegen was chic en liep langs theaters en winkels. Er liepen uitsluitend motorwagens op en anders dan op lijn B bestonden de passagiers uit intellectuelen en ambtenaren. Dit soort mensen betaalde gewoonlijk met zilverstukken of papiergeld.

Achter de opengeschoven ramen van de wagens op lijn A ruiste het gebladerte van de boulevards. De tram deed langzaam zijn ronde om Moskou – langs het standbeeld van een moede Gogol en een bedaarde Poesjkin, langs de markt van Troebnij waar altijd gefluit van vogels klonk, langs de torens van het Kremlin, de stilzwijgende Verlosserskerk en de gebochelde bruggen over de rivier de Moskwa, die bijna droog stond.

Vroeg in de ochtend reden we de remise uit en kwamen er pas om één uur 's nachts weer terug, soms nog later. Daar moesten we dan eerst nog afrekenen met de ploegbaas. Pas dan kon ik naar huis. Doodmoe slenterde ik langzaam met de lege tas over mijn schouder langs de Georgiëlaan door het nachtelijke Moskou. Op mijn uniformjasje blonk het nikkelen schildje met mijn conducteursnummer in het groene schijnsel van de gaslantaarns. Elektrisch verlicht waren in die tijd alleen nog maar de hoofdstraten.

In het begin zat ik nog tot laat in de nacht kleingeld te tellen, tot ik van de oude conducteur Babajev, degene die mij in moest werken, leerde hoe je daar vanaf kon komen. Van toen af kwam ik alleen nog met groot geld en wat zilverstukken terug.

Het was een eenvoudig trucje. Een uur of twee voor we naar de remise terugkeerden, begonnen we botweg ons kleingeld weg te werken, dus van een zilveren roebel gaven we bij voorbeeld alleen kopergeld terug, van een drie-roebelbiljet louter kleine zilvermunten. Soms mopperden de passagiers. Dan bonden we gelijk in, om ruzie op de tram zoveel mogelijk te voorkomen. Dat was de levenswijsheid van Babajev.

'Vandaag de dag,' placht Babajev te zeggen, 'heeft de passagier het gauw op zijn zenuwen. Dus moet je iets door de vingers weten te zien. Je moet de passagier welwillend tegemoet komen en er af en toe zelfs eens eentje voor niks meenemen. Ik zie bij voorbeeld al aan de manier waarop iemand opstapt dat hij zonder kaartje mee wil. Ik schep het zo van zijn gezicht af. Je merkt dat ie mee moet maar hij verschuilt zich voor in de wagen, dus is hij platzak. Zo'n passagier mag je absoluut niet lastig vallen. Doe maar net of je hem al een kaartje hebt gegeven en 't zelfs al geknipt hebt. Men moet in elke werkkring toegeeflijkheid aan den dag weten te leggen en voor ons vak geldt dat wel heel speciaal. Wij krijgen met heel Moskou te maken. En in Moskou is net zo veel menselijk leed als er zand is in de zee.'

Babajev leerde me alle fijne kneepjes van het conducteursvak: hoe je de kaartjes moest knippen, welke kleur overeenkwam met welke dag in de week (opdat de passagiers niet met een verlopen kaartje zouden reizen), waar je op letten moest wanneer je de tram aan de opzichter van de remise afgaf, op welke plaatsen in de stad het vaakst passagiers onder het rijden erop sprongen zodat je erop bedacht moest zijn bij een eventueel ongeluk de tram te kunnen stoppen.

Tien dagen lang werd ik door Babajev ingewerkt. Daarna legde ik examen voor conducteur af. Het moeilijkste was het examen waarbij het om de kennis van Moskou ging. Je moest alle pleinen, straten en steegjes kennen, evenals alle theaters, stationspleinen, kerken en markten. En het was niet voldoende ze op te kunnen sommen, nee, je moest ook kunnen vertellen hoe je er kon komen. Op dit punt konden alleen de Moskouse koetsiers zich met de conducteurs meten.

Aan mijn werk bij de tram heb ik het te danken dat ik Moskou goed heb leren kennen, die onoverzichtelijke, rijk geschakeerde stad met al zijn straten en steegjes met namen als Zatsepa, Stromynka, Lenivka, zijn Bozjedomkastraat en -boulevard, Nozjevajalaan, het Annenhof Bosje, Jaoezakaden, met al zijn kroegen, zijn ziekenhuizen, zijn oude-vrouwentehuizen, voorsteden en Krestovskajatorens.

Een korzelige oude baas in een jas met lange panden nam het examen in kennis van Moskou af. Hij slubberde aan een glas koude thee en vroeg zalvend: 'Wel, mijn beste jongen, hoe kom ik het vlugst van het Maria Bosje naar de plaats het Lummeltje geheten? Hè? Weet u het niet? Tussen twee haakjes, waar komt zo'n onaardige naam eigenlijk vandaan, 't Lummeltje? Moskou heeft toch nooit bekend gestaan om zijn gelummel. Waar heeft onze hoofdstad zo'n smaad eigenlijk aan te danken?'

De ouwe baas zaagde ons op een verschrikkelijke manier door. De helft van de conducteurs zakte op dit onderdeel.

De gezakten gingen zich beklagen bij hoofdingenieur Polivanov, een onberispelijk geschoren en overdreven beleefde man. Met grijs gebogen hoofd en keurige scheiding, gaf Polivanov ten antwoord dat de kennis van Moskou een van de grondslagen vormde van het conducteursvak.

'Een conducteur,' zo zei hij, 'is niet alleen maar een kaartjesautomaat, maar ook een gids door Moskou. De stad is erg groot. Er is niet één oude ingezetene die haar op zijn duimpje kent. Stelt u zich de verwarring eens voor onder de passagiers als niemand hen wegwijs zou kunnen maken in deze doolhof van doodlopende straten, stadspoorten en kerken.'

Ik kwam er al gauw achter dat Polivanov gelijk had.

Ik werd geplaatst op lijn 8, een vervloekte lijn die alle stations aandeed en voor nog erger doorging dan lijn B. Lijn 8 liep van het Breststation naar het Kalantsjevskiplein met zijn drie stations, dat van Nikolajevsk, dat van Jaroslav en dat van Kazan. Hij kwam ook nog over het Soecharevplein en de Bozjedomkastraat en -boulevard.

Het gebeurde nogal eens dat bij het Jaroslavstation mijn wagen, zoals de conducteurs dat noemden, 'onder de trein kwam' uit het Sint Serge-klooster van de Drievuldigheid. De tram puilde dan uit van de in lompen gehulde bedevaartgangers. Ze moesten en zouden naar allerlei kerken, waren onbekend in Moskou, zo dom als het achtereind van een koe en overal bang voor.

Het was dan ook dag in dag uit hetzelfde liedje: de ene moest naar de Sint Niklaas-op-de-Kippepootjes, de andere naar de Drievuldigheid-Druppeltjes, de derde naar de Sint Georgius-op-de-Velde. Je moest hun eerst geduldig uitleggen hoe ze er konden komen, waarop de oude vrouwtjes uit de zak van hun onderrok een zakdoek te voorschijn haalden, in de punten waarvan ze hun geld hadden geknoopt. In de ene punt zaten de stukken van één kopeke, in de andere die van twee, in weer een andere die van vijf.

Dan duurde het nog een heel tijdje voor de pelgrimsvrouwtjes de stevige knopen met hun tanden los kregen, waarna ze met een zuinig gezicht hun geld uittelden. In hun haast vergisten ze zich nogal eens en knoopten de verkeerde punt los. Dan trokken ze die knoop met hun tanden weer aan en begonnen de volgende los te peuteren.

Voor ons conducteurs was het een ware bezoeking. Vóór de Rode Poort moesten we alle passagiers afgewerkt hebben. De oude vrouwtjes hielden ons op, we slaagden er niet in iedereen tijdig van een kaartje te voorzien terwijl bij de Rode Poort een bedilzieke controleur klaar stond om ons een loer te draaien en een boete uit te delen voor te langzaam werken.

Op een dag nam Babajev me mee naar huis. Hij woonde met zijn dochter in een scheefgezakt huisje in de buurt van het Paveletskistation. Zijn dochter was linnennaaister.

'Kijk es, Sanja,' riep Babajev vrolijk op de drempel, 'ik breng een vrijer voor je mee.'

Sanja ritselde achter het tussenschot met voeringkatoen, maar kwam niet te voorschijn.

In het lage vertrek hingen een paar kooien met kranten eroverheen. Babajev trok deze weg. Meteen begonnen in de kooien kanaries heen en weer te huppelen en te zingen.

'Bij mijn kanaries kom ik bij van het ras dat mens heet,' lichtte hij toe. 'Voor ons conducteurs geneert de passagier zich niet. Hij laat zich van zijn allerslechtste kant zien. Logisch dat wij het niet zo op de mens voorzien hebben.'

Babajev had gelijk. Waarom weet ik niet, maar nergens gedroegen de mensen zich zo onbeschoft als in de tram. Zelfs beleefde lieden werden, zodra ze in de tram zaten, aangestoken door twistzucht.

Aanvankelijk verbaasde ik me daarover, vervolgens wond ik me erover op, maar ten slotte begon het me zo te deprimeren dat ik alleen nog op de gelegenheid wachtte om bij de tram weg te kunnen en mijn vroegere goede gezindheid tegenover de mensen weer terug te vinden.

Sanja, een knokig meisje, kwam binnen, begroette me zwijgend, zette een grammofoon met een rode hoorn op tafel, wond hem op, ging de kamer weer uit en liet zich verder niet meer zien. De grammofoon speelde de aria uit *Rigoletto*: 'Hoe gauw belooft een vrouw haar trouw...' De kanaries hielden meteen op en luisterden.

'Die grammofoon heb ik voor de kanaries,' zei Babajev. 'Ik leer ze zingen. Het zijn erg leergierige beestjes.'

Babajev vertelde dat de kanariekwekers in Moskou een stamcafé hadden waar ze zondags met hun vogels bij elkaar kwamen en zangwedstrijden organiseerden. Er kwamen vele liefhebbers naar die kanarieconcerten luisteren. Sjaljapin en de miljonair Mamontov waren er zelfs een keer geweest. Het mochten dan vooraanstaande, beroemde lieden wezen, van kanariezang hadden ze geen cent verstand, je kan rustig zeggen dat ze er geen duvel van begrepen en geen benul hadden van de waarde van een kanarie. Ze wilden er twee kopen, voor een heleboel geld. Maar de kwekers van de vogels weigerden, zij het ook met de nodige excuses, deze te verkopen want het dient nergens toe ze aan onervaren handen toe te vertrouwen. Ze zijn zó verknoeid, terwijl er ontzettend veel werk aan hen is besteed. Trouwens, een kanarie is geen stuk speelgoed, je moet ermee om weten te gaan. Dus keerden Sjaljapin en Mamontov onverrichterzake huiswaarts. Sjaljapin zong ten afscheid, waarschijnlijk uit woede met donderende bas *De Koning trok ten strijde*, zodat alle kanariekwekers zorgden dat ze wegkwamen met hun vogels, want een kanarie heeft maar zwakke zenuwen en als je hem schrik aanjaagt wil hij nooit meer zingen en dan is hij geen cent meer waard.

Aanhoudende regens traden in de plaats van de droge herfst. Dat was wel zo'n beetje de zwaarste periode voor ons, conducteurs. Tochtende wagens, klef vuil op de vloer die bezaaid lag met verscheurde kaartjes, de weeë geur van natte kleren, en ramen waar de regendruppels langs biggelden. Daarachter gleden rijen donkere houten huisjes en door de regen gegeselde uithangborden van grossierderijen voorbij.

Op zulke dagen ergerde alles ons, vooral de stomme manie van de passagiers om oude doorweekte kaartjes op de ramen te plakken of met hun vingers smoelen met lange neuzen op de beslagen ruiten te tekenen.

De tram begon al gauw te lijken op een uitgewoond collectief verblijf waar de toevallige bewoners, de passagiers, elkaar voortdurend in de haren vliegen. Het leek wel of Moskou in zijn schulp kroop, wegdook achter zwarte paraplu's en opgezette mantelkragen. De straten raakten uitgestorven. Alleen de Soecharevmarkt rumoerde als een zee, dof golvend van de mensen.

De tram baande zich moeizaam een weg door de krijsende menigte kopers, opkopers en verkopers. Vlak bij de wielen knarsten onheilspellend grammofoons en Vjaltseva zong uitdagend:

Heisa, troïka, vlokkige sneeuw en
vriesnacht rondom...

Zij werd nog overstemd door de petroleumvergassers die hun blauwe vlam ongeduldig snerpend de lucht in spoten. Hun triomfantelijk gebulder kwam boven alle andere geluiden uit.

Er werd getokkeld op mandolines die stijf stonden van het vocht. Rubberen duiveltjes met anilinerode wangen gaven met een doordringende kreet de geest, 'piep-piep'. In reusachtige koekepannen lagen flensjes te sputteren. Het rook naar mest, schapevlees, hooi en spaanhout. Mannen, hees van het schreeuwen, sloegen elkaar bij het afdingen met geveinsde woede in de handen. Karren ratelden. Paarden staken hun bezwete snoeten op het trambalkon, bliezen dichte damp uit.

Op de straat hurkende Chinese goochelaars schreeuwden met een kopstem 'foe-foe, wondelen, wondelen!' De gebarsten klank van kerkklokken werd hoorbaar terwijl een snikkende vrouwenstem onder de zwarte poort van de Soecharevtoren schreeuwde: 'Leg je bleke hand op mijn uitgemergelde borst.'

Zakkenrollers met over hun arm een broek, zogenaamd voor de verkoop, hingen overal rond. Ze hadden een vluchtige, ontwijkende blik. Politiefluitjes sloegen trillers als nachtegalen. Met zware vleugelslag vlogen armetierige duiven die jochies uit hun boezeroen hadden laten glippen, in de wazige hemel op. Deze reusachtige Moskouse marktplaats, die bijna liep van het Samotekaplein tot de Rode Poort, valt met geen woorden te beschrijven. Je kon er van alles krijgen, van een driewielertje en een icoon tot een Siamese haan, van ham van Tambov tot ingemaakte moerbeien. Maar alles was er wormstekig, met een foutje, een roestplekje of een vreemd luchtje.

Het was de vergaarplaats van bedelaars, zwervers, oplichters, dieven en uitdragers uit heel Rusland, van mensen die een schamel en link bestaan leidden. Het was of de lucht van de Soecharevmarkt slechts van één ding vervuld was: van de obsessie van makkelijk geld verdienen en een lekker stuk zult van kalfsvoet.

Het was er een onvoorstelbare warboel van mensen uit alle tijden en van alle rangen en standen, van de godsdienstwaanzinnige met holle blik die met zijn roestige boetketen rammelde en op een gratis tramritje aasde, tot de dichter met zijn geitesik en groenfluwelen hoed, van de volgelingen van Tolstoi die met rode blote voeten nijdig door het vuil van de markt kneterden, tot de in hun korset geregen dames die met opgeschorte rokken door dezelfde modderboel liepen te glissen.

Op een donkere regenachtige dag stapte er bij het Jekaterinaplein een passagier met een zwarte hoed, een tot boven aan toe dichtgeknoopte jas en bruine glacés bij mij op. Zijn langgerekte verzorgde gezicht drukte een ijzige onverschilligheid uit voor de Moskouse modderpoel, voor mij en de rest van de wereld. Maar hij deed bijzonder beleefd, deze man, want toen hij zijn kaartje had, lichtte hij zelfs zijn hoed even op en bedankte me. De andere passagiers sloegen daar steil van achterover en begonnen deze vreemde man met een vijandige nieuwsgierigheid op te nemen. Toen hij bij de Rode Poort uitstapte, begon de hele tram als om strijd de draak met hem te steken. Hij werd 'acteur van een platgebrand theater' genoemd en 'von baron'. Ook mij liet deze passagier maar niet los, met zijn hooghartige en tegelijk verlegen blik, de duidelijke mengeling in hem van nadrukkelijk maniërisme en provinciale hoogdravendheid.

Een paar dagen later had ik een avond vrijaf en ging naar het Polytechnisch Museum waar een poëzie-recital van Igor Severjanin plaatsvond.

'Hoe groot was echter mijn verbazing' – om de geijkte formule van verouderde schrijvers eens te gebruiken – toen mijn passagier in de zwarte overjas het podium beklom, tegen de muur aanleunde en met geloken blik net zo lang wachtte tot het enthousiaste geschreeuw en applaus bestierf.

Er werden bloemen aan zijn voeten geworpen, donkere rozen. Maar hij bleef even onbeweeglijk staan, zonder ook maar één bloem op te zoeken. Toen deed hij een stap voorwaarts, de zaal verstomde en ik hoorde hem met een wat brouwende, zangerige stem heel mondaine maar erg muzikale verzen voordragen:

Champagne in een lelie, een lelie in champagne!
Door haar reinheid kan hij heilig zijn!

Mignon en Escamilio, Mignon en Escamilio!
Champagne in een lelie is een heilige wijn!

Er lag een heel eigen magie in dit zingend voordragen van verzen waarvan de melodie voortsproot uit woorden die niets wilden zeggen. De taal bestond alleen als muziek. Meer werd er niet van gevraagd. De menselijke gedachte nam de vorm aan van schitterende snuisterijen, ruisende geparfumeerde zijde, waaiers van struisvogelveren, schuim van champagne.

Het deed vreemd en eigenaardig aan, dergelijke woorden te horen in een tijd waarin duizenden Russische boeren in van de regen blank staande loopgraven lagen en met een dicht spervuur uit hun geweren de opmars van het Duitse leger tegenhielden. En dat terwijl de vroegere middelbare scholier Lotarjev uit Tsjerepovetz, alias het 'genie' Igor Severjanin op brouwende toon verzen over het boudoir van de smachtende Nelly ten beste gaf.

Dat zag hij plotseling zeker ook in, want hij begon nuffige verzen over de oorlog te reciteren, waarin hij het erover had dat als de laatste Russische veldheer gevallen zou zijn, ook hij, Severjanin aan de beurt gekomen was en dan 'voer ik, uw tedere, uw enige, u naar Berlijn'.

In het leven schuilt zo'n kracht dat zelfs de grootste huichelaars voor de bijl gaan als er ook maar een sprankje poëzie in hen schuilt. En in Severjanin zat wel meer dan een sprankje. In de loop der jaren begon hij zich van het klatergoud te ontdoen, zijn stem kreeg een menselijker klank. De zuivere lucht van onze velden, 'de wind over de golvende korenvelden', drong in zijn verzen door en in de plaats van zijn maniërisme, brak een lyrische eenvoud door: 'O, welk een onuitsprekelijke tederheid, welk een innigheid ligt als een stralenkrans van licht op je gezicht.'

Het lukte mij slechts zelden, mij 's avonds vrij te maken. De hele dag en een gedeelte van de nacht nam mijn afmattende werk mij in beslag, altijd op de been te midden van lawaai en haast was voor mij evenals voor de andere conducteurs doodvermoeiend. Wanneer we helemaal bekaf waren, vroegen we de tramdirectie ons een paar dagen naar het 'stomertje', een stoomtram, over te plaatsen. Het 'stomertje' liep van het Savelovstation naar de Landbouwhogeschool van Petrovsk-Razoemovsk. Dit was de kalmste lijn van Moskou, een 'boemeltje' zoals het in conducteursjargon heette.

De kleine locomotief, die veel van een samovar weghad, zat met schoorsteen en al verscholen in een ijzeren omhulsel. Zij verraadde zich zelf slechts door haar kinderlijke gefluit en door stoomwolken. De locomotief trok een lokaaltreintje van vier wagons. 's Avonds waren deze met kaarsen verlicht, elektriciteit was er op het 'stomertje' niet.

Ik werkte op deze lijn toen het herfst was. Nadat ik de passagiers snel afgehandeld had, ging ik op het open balkon zitten en gaf me volkomen gedachteloos over aan de ritseling van de langs beide zijden van het trammetje voorbijvliegende herfst. Uit berken- en espenbosjes sloeg mij de vochtige lucht van rottend gebladerte in het gezicht.

Als we de bosjes eenmaal voorbij waren, dan vlamde voor ons het prachtige park van de Hogeschool op in alle kleuren der verwelking. Een goudbruine stilte hing rond het gebouw. Het donkere massief van linden en ahornen, doorvlochten met het bleke citroengeel van espen, ontvouwde zich voor onze blikken als het voorportaal naar een land van pracht en stilte. Daar was de herfst in zijn verscheidenheid aan weloverwogen kleuren onderworpen aan de wil en het talent van de mens. Dit park was aangelegd door onze beroemde botanisten, meesters in de tuinkunst.

Al van jongsaf stond bij mij één ding centraal – mijn liefde voor de natuur. Soms liet ik mij er zo door meeslepen dat de mensen in mijn omgeving het er benauwd van kregen. Wanneer ik in de herfst uit de bossen van Brjansk of van de Krim op het gymnasium terugkwam, voelde ik in mij een slopend heimwee opkomen naar de nog maar net voorbije zomer. Ik vermagerde zienderogen en deed 's nachts geen oog dicht. Ik hield deze toestand verborgen voor mijn omgeving. Ik had al lang geconstateerd dat dit niets dan onbegrip teweegbracht. Dat was nu precies dat 'gebrek aan ernst' dat er volgens mijn bloedverwanten bij mij inzat en mij in het leven dwars zat.

Hoe zou ik hen aan het verstand hebben kunnen brengen dat in mijn gevoel voor de natuur iets groters besloten lag dan alleen maar verbazing voor haar volmaaktheid, dat ik mij er niet zomaar een beetje in verlustigde, maar ervan doordrongen was dat zonder zo'n milieu de mens niet tot volle ontplooiing kan komen. De mensen trekken gewoonlijk de natuur in om eens lekker uit te blazen. Ik vond echter dat het leven in de natuur de normale toestand voor een mens behoort te zijn.

Dit valt me momenteel in omdat ik in de herfst van 1914 dit gevoel van saamhorigheid met de natuur heel sterk onderging. Ook zij kreeg de volle mep van de oorlog, niet hier in Moskou weliswaar, maar daar in het Westen, in Polen, en daardoor werd mijn liefde voor haar alleen nog maar sterker en beklemde al maar meer mijn hart.

Ik keek hoe de rook uit de schoorsteen van het 'stomertje' de vergelende bosjes omsluierde. 's Avonds schemerde achter de bomen flauw de blauwige weerschijn van Moskou. De aanblik van deze bosstroken in de omgeving van Moskou riep een heleboel gedachten in mij wakker over Rusland, Tsjechov, Levitan, over de eigenschappen van de Russische ziel, over de scheppingsdrang die in het volk schuilging, over zijn verleden en zijn toekomst die vast, hoe kon het ook anders, heel bijzonder zou verlopen.

IV/BEZIJDEN DE OORLOG

Momenteel, nu er zo'n halve eeuw is verlopen sinds de Eerste Wereldoorlog komt deze toch nog recente periode mij voor als iets dat heel veraf ligt, verloren in de nevel van het verleden.

Het is alsof een rumoerige, stormachtige eeuw zich tussen twee tijdperken heeft genesteld. Alles is van plaats veranderd. Alles is als door een onverwachte schok verschoven. Nu lachen we spottend om dingen die ons vroeger belangrijk schenen. We vergeven ons zelf onze vroegere lichtzinnigheid en ons onvermogen om niet in alle listen en lagen van het leven te lopen, vergeten dat we met de maatschappelijke verhoudingen en met ons zelf geen raad wisten. Kortom, alles wat vóór het jaar 1917 ligt, beschouwen we als behorende tot onze kindertijd, ook al waren de mensen van mijn generatie toen al ruim twintig jaar oud.

De oorlog van 1914 nam niet zo'n overheersende plaats in het bewustzijn in als alles wat erna gebeurde. In Rusland speelde zich toen nog een heel leven bezijden de oorlog af. De auditoria van het Polytechnisch Museum zaten stampvol wanneer de futuristen of Igor Severjanin er optraden. Rabindranath Tagore beheerste de tijdgeest. Het Kunsttheater zocht in arren moede naar een nieuwe Hamlet. In Moskou gingen de 'literaire woensdagen' ten huize van de schrijver Telesjov gewoon door, maar de oorlog kwam er nauwelijks ter sprake. De religieuze filosofie, het zoeken naar God, het symbolisme, de hernieuwde belangstelling voor de Griekse filosofie, dat alles bestond naast het progressief revolutionaire denken en trachtte zich van de geesten meester te maken.

Ik kwam uit het milieu van de gemiddelde intelligentsia. Mijn vader was statisticus en net als de meesten in dit beroep uit die tijd, liberaal.

Van kindsbeen af hoorde ik mijn vader en zijn vrienden woorden verkondigen over vrijheid, de onvermijdelijkheid van de revolutie en het misdeelde volk.

Al dat geredekavel vond hoofdzakelijk plaats in de eetkamer onder theetijd, en iedere keer weer keek mijn moeder dan waarschuwend de kant van ons kinderen uit en zei tegen mijn vader: 'Georgij, je slaat weer eens door.'

Het volk, die vele miljoenen lijdenden en misdeelden, dat waren naar mijn idee alleen de boeren. Over de arbeiders hoorde ik weinig. Het woord 'proletariaat' werd in ons milieu zelden uitgesproken. Soms sprak men van 'werklui' en 'fabrieksvolk' en deze begrippen hingen voor mij samen met de voorsteden van Kijev, met overvolle barakken en stakingen.

Telkens wanneer ik de woorden 'proletariaat' en 'arbeidersklasse' hoorde, had ik op de een of andere manier het gevoel dat heel het proletariaat bij ons in Rusland geconcentreerd was in enkel het rokerige Petrograd en zijn reusachtige fabrieken zoals die van Poetilov en Oboechov.

Deze naïeve, kinderlijke voorstelling van zaken, gepaard aan mijn hartstochtelijke geestdrift voor literatuur, bracht met zich mee dat ik zo ongeveer tot aan het uitbreken van de Februarirevolutie niets zinnigs over de revolutionaire beweging onder de arbeiders wist te zeggen.

In die tijd riep het woord revolutionair bij mij gedachtenassociaties op aan iets ontstellends vermetels, onbuigzaams en zelfverloochenends.

Toch kan men niet beweren dat de revolutionaire beweging volledig aan mijn jeugd voorbijging. Ik was getuige van de gebeurtenissen van 1905, kende heel goed het uiterlijk verloop van de Decemberopstand in Moskou, de gebeurtenissen aan de spoorweg van Kazan, de muiterij op de 'Potemkin' en de 'Otsjakov' en dweepte met luitenant Schmidt. Maar ik was vooral gegrepen door de romantische kant van het revolutionaire gebeuren zoals de ondergrondse beweging, clandestiene drukkerijen, springstofladingen, helse machines, vlucht uit verbanning, vurige redevoeringen.

De eigenlijke inhoud van de gebeurtenissen kwam voor mij gedurende lange tijd neer op een heel vaag begrip dat men zou kunnen aangeven met 'strijd om de vrijheid'.

Met zulke voorstellingen liep ik rond tot de oorlog van 1914. Pas bij het begin van de oorlog begon ik mij bewust te worden van de maatschappelijke gebeurtenissen die zich in Rusland afspeelden.

In 1914 lag Moskou ver in de achterste gelederen. Alleen de talloze gewonden die in hun bruine kamerjassen door de stad zwierven en de rouwkleding van de vrouwen herinnerden aan de oorlog.

Op een keer wist ik mij toegang te verschaffen tot zo'n 'literaire woensdag'. De schrijvers kwamen bijeen in een oud herenhuis in een straatje vlak bij de Georgiëboulevard.

Ik nam op de achterste rij plaats en kwam de hele verdere avond niet meer overeind. Ik was bang dat ik op zou vallen en men mij zou verzoeken weg te gaan; ik voelde me als een passagier zonder kaartje, ofschoon er in mijn buurt meer jongelui van mijn leeftijd zaten. Zij gedroegen zich erg losjes waardoor ik nog minder op mijn gemak raakte.

Mijn gezicht gloeide–voor het eerst zag ik schrijvers van zo dichtbij. Ik kon de gedachte maar niet van mij afzetten dat ze dan wel gewoon een colbertje aanhadden en dezelfde woorden gebruikten als wij gewone stervelingen, maar toch geweldig ver van ons af stonden. Deze afstand heette talent, vrije beheersing van gedachte, beeld en woord–al datgene wat me toen als tovenarij voorkwam. Tegen elke schrijver keek ik op als tegen een regelrechte nakomeling van Toergenjev, Tsjechov, Tolstoï, als tegen de hoeder van de literaire tradities van mijn land.

In die tijd konden de woorden van Poesjkin er bij mij maar niet in dat af en toe schrijvers en dichters 'onder de nietige mensen op deze wereld het nietigst zijn'. Ik kon de schrijver niet los zien van zijn werk.

Daarom keek ik met hetzelfde gevoel van opwinding naar Alekseï Tolstoï met zijn gemillimeterd hoofd als van een koetsier, als naar Ivan Sjmeljov die met zijn ragebol aan een landmeter deed denken, of de zwijgzame Zaïtsev en de ijzige Boenin die met wat doffe stem zijn verhaal *Psalm* voordroeg.

Ik had gehoopt in deze kring Maxim Gorki aan te treffen maar hij was er niet. Naast mij zat een al wat oudere man die één en al vouw en rimpel was en ernaar uitzag dat hij tering had. Hij hoestte in een donkere zakdoek, zijn ogen schitterden, hij had duidelijk koorts. Hij luisterde gespannen naar elk woord dat tot ons doordrong van het podium waar de schrijvers zaten; toen wendde hij zich tot mij en zei: 'Ach, wat is Rusland toch mooi! Ach, wat mooi!'

We liepen samen naar buiten. Hij woonde achter de Presjna-Poort en dat was ook mijn kant uit.

Tussen de kale takken hing een vergrijsde maan. De licht bevroren bladeren knerpten onder onze voeten. Uit de vensters viel licht op de hoge astrakan muts van mijn metgezel. Hij bleek zetter te zijn in de drukkerij Sytin. Zijn naam was Jeliseï Svertsjkov.

'Ik ben in de provincie opgegroeid,' vertelde hij me, om de paar stappen stilhoudend tot zijn zoveelste hoestbui weer over was. 'In de stad Kasjin. Van jongs af aan voel ik me met hart en ziel verknocht aan de schrijfkunst maar ik ben me bewust van mijn eigen zwakte op dit gebied. Ik vind nooit de juiste woorden. Ik voel de woorden goed aan, proef ze als het ware, ken al hun nuances maar ik weet er niet mee om te springen. In elk woord liggen een heleboel betekenissen en het is de zaak van de schrijver, jongeman, de woorden zodanig aaneen te rijgen dat ze in het hart van de lezer de juiste weerklank oproepen. Daarbij komt dan het talent te hulp. De ingeving! De schrijver zoekt niet, hij kiest niet, hij pakt meteen het passende woord, net als de zetter blindelings de juiste letter uit de letterkast haalt. En als hij deze eenmaal op zijn plaats heeft gezet, dan moet je verdraaid knap zijn, wil je daar nog verandering in krijgen. Anders zou zijn hele heerlijke bouwsel ineenstorten.'

'Heeft u dan geprobeerd te schrijven?' vroeg ik de zetter.

'En of ik het geprobeerd heb. Ik probeer het nog altijd. Maar wat haalt het allemaal uit? Ik heb zo de gewoonte aangenomen om op mijn vrije dagen naar de Tretjakov-galerij te gaan. Of naar het Roemjantsev-museum. Ik zoek er een schilderij uit dat me erg aanstaat en bekijk het, tracht helemaal op te gaan in hetgeen erop weergegeven is. Laten we als voorbeeld nemen *De roeken zijn weer terug* van Savrasov of *Maart* van Levitan. Het schilderij van Savrasov belichaamt heel mijn jeugd. De Russische lente met overal modderpoelen, een koude bries, laaghangende luchten, natte schuttingen, regenwolken. Terwijl Levitans *Maart* een andere lente inhoudt, net zo eigen, zo Russisch weliswaar–als het van de daken drupt en de hemel blauw boven een rijtje bomen staat, weet u wel, wanneer het dooiwater al maar van de ijspegels druppelt en er met elke druppel zonlicht van het dak valt. Dat zie ik allemaal heel goed. Zo bekijk ik dan een poosje de schilderijen, keer naar huis terug en probeer alles wat ik gezien heb in een schoolschrift weer te geven met de bedoeling, zuiver met woorden te schilderen zoals laten we zeggen een schilder doet met amber, siënna of kobalt. Zodat iemand die nog nooit van zijn leven dat schilderij zou hebben gezien, zich toch alles wat erop staat haarscherp zou kunnen voorstellen. Opdat hij, met permissie, de geur van de voorjaarsmest en het gekras van de kraaien gewaar wordt. Ik heb meer dan honderd van zulke beschrijvingen gemaakt. Nog niet zo lang terug heb ik ze eens aan een schrijver laten zien, ik zal geen namen noemen. Ik had zo de koude rillingen dat ik gewoon medelijden met me zelf kreeg. Hij las ze door en zei: "Dat doet allemaal natuurlijk wel literair aan en is ook goed geschreven, alleen is het volkomen overbodig. Ik ga liever," zei hij, "naar die schilderijen in het echt kijken dan dat ik ze door uw schrijfsels leer kennen. Hoe heeft u het in uw hoofd gehaald, beste man, om uw krachten te willen meten met Savrasov, Levitan of Korovin? Die hebben toch wel het een en ander in hun mars!" Ik sputterde tegen. "Ik heb het plan opgevat," zei ik, "om het woord zo ver te brengen dat het net zo aanschouwelijk werkt als de kleur op het doek van een schilder." "Nou," zei hij, "gooi dat maar in mijn pet." En daar kon ik het dan mee doen. Eén ding had ik wel begrepen: ik heb de gave van het woord niet! Da's dan jammer! Ik zou grote dingen hebben kunnen scheppen, dat voel ik.'

Ik liep met de zetter mee tot aan zijn huis. Hij woonde achter op een smalle binnenplaats die volstond met kapotte roestige ijzeren ledikanten. Op dezelfde binnenplaats was namelijk een beddenfabriek. Svertsjkov nodigde me uit om eens langs te komen en zei tot slot: 'Ik leef hier midden tussen de bedden, terwijl ik zelf niet meer dan een planken brits heb. Dat daar zijn oude bedden, van een ophaalactie. Ze worden gerepareerd voor de militaire ziekenhuizen omdat het oorlog is. Ik begrijp niets van oorlog. Hij bestaat door een gebrek aan eendracht. Als ons slag mensen nou eens eendrachtig onze wensen uitte, dan zouden we maar één woord hebben gezegd: "Nee!"; en die hele bloedige poppenkast zou voorbij zijn. Ik moet er vaak aan denken wie ons eendrachtig zou kunnen maken. Zou er nou werkelijk op aarde niet zo iemand bestaan?'

Svertsjkov tikte op het venster van een laag raampje. Als enig antwoord hoorde ik hoe een vrouw woedend begon te snikken.

'Die begrijpt 't niet!' zuchtte Svertsjkov. 'Het zwakke geslacht. Ik heb misschien nog een jaar te leven. Maar nee, ze begrijpt 't niet. Neemt u me niet kwalijk, jongeman.'

Ik nam afscheid en ging weg. Op de Bolsjaja Presnja heerste zo'n stilte dat je de nachtwakers kon horen geeuwen. De witte en blauwe tegeltjes in de melkwinkels van Tsjitsjkin en van Blandov weerkaatsten doods in het licht van de straatlantaarns. Als ergens op de hoek van een straat zo'n witbetegelde winkel van Tsjitsjkin werd geopend, dan kon je er donder op zeggen dat aan de overkant een blauwe Blandov werd gevestigd om zijn concurrent het leven zuur te maken.

Alle huizen sliepen al. Zelfs in de kamer van Zacharov was het licht uit. Ik ging in mijn kamer op de grond liggen. Het schijnsel van de lantaarns drong er zwak in door.

Ik lag te denken aan de zieke zetter uit Kasjin. Deze gedachten riepen echter geen bitterheid in mij op, integendeel ze stelden mij gerust. Zoals het land was, waren ook de talenten. Hoeveel van die talentvolle lieden er in de steden en dorpen van Rusland rondliepen, Joost mocht 't weten! Tienduizenden? Honderdduizenden? Hoeveel verstand, inventiviteit, gave hebben zij over gehad voor de verfraaiing, verrijking en meerdere roem en glorie van hun land.

De zetter had inderdaad gelijk. Met de Russische taal kun je wonderen verrichten. Er speelt zich niets in de werkelijkheid of in ons af dat je niet in het Russisch zou kunnen weergeven. De klank van muziek, het kleurenspectrum, het spel van het licht, het ruisen en de schaduw der tuinen, de vaagheid van een droom, het beklemmende rommelen van het onweer, het stamelen van een kind en het schuren van kiezels over het strand. Er zijn geen klanken, kleuren, beelden en gedachten, eenvoudig of ingewikkeld, waarvoor in onze taal geen nauwkeurige uitdrukking te vinden is.

De gedachten komen vanzelf in de nacht van een grote stad wanneer van goederenstations en rangeeremplacementen het fluiten van de locomotieven doordringt en af en toe een huurrijtuig voorbijratelt over het plaveisel.

Ik stond op, liep naar het raam en keek lange tijd naar de Dierentuin. Stil en verlaten lag hij daar als een reusachtig eiland, donker tussen de flauw verlichte wijken van Moskou.

Toen ik me weer omdraaide, merkte ik dat er iets wits op tafel lag. Vast een briefje van mama. Ik pakte het, stak een lucifer aan en las de schuine regels van een telegram uit Kijev: 'Ben ingedeeld bij de genietroepen vertrek naar Westen zal adres aan front nog sturen indien mogelijk schrijven maak je geen zorgen kus jou Galja Kostik–Borja'

Zo! Dus Borja ook! Plotseling schaamde ik me ontzettend. Waarom had ik altijd een hoge borst tegen hem opgezet? Vanwege mijn vage artistieke neigingen? Voordat ik ook nog maar één behoorlijke zin had geschreven, had ik me zelf al onder de uitverkorenen gerangschikt. Ik had moeten lachen om zijn kamer, zijn betonnen bruggen, zijn nuchtere levensfilosofie. Wat was daar voor belachelijks aan? In ieder geval was hij eerlijk. Hij werkte als een paard, loog nooit en probeerde nooit onder zijn verplichtingen uit te komen. En dat hij Henrijk Sienkiewicz verkoos boven Tsjechov, was dat soms een doodzonde? Ik die zelf de strijd aangebonden had met allerlei vooroordelen, had me laten meeslepen door het allerkleinzieligste vooroordeel.

Ik stak nog een lucifer aan, las het telegram nog een keer en dacht er over na. Waarom moeder niet op mij gewacht had maar het telegram op tafel had neergelegd? Waarom eigenlijk? Misschien omdat ze wist hoe ik tegenover Borja stond en het haar te veel pijn zou hebben gedaan wanneer ze dit op zulke moeilijke ogenblikken wel van mijn gezicht af kon scheppen.

Ik kleedde mij aan en ging naar haar toe. Zij lag wakker. Wij waren dicht bij elkaar, ik streek haar grijze, dorre haar en wist niet hoe ik haar moest troosten. Zij huilde stil, om Galja niet wakker te maken.

Toen begreep ik hoe wreed en onrechtvaardig de jeugd kan zijn, hoe vol van verheven gedachten deze ook moge zijn.

Mama viel pas tegen de ochtendschemering in slaap. Ik ging naar mijn kamer, trok mijn conducteursuniform aan, pakte mijn lege tas en ging zachtjes naar buiten.

Grauw licht sijpelde door de smerige ramen van het trappehuis naar binnen. Oude katers zaten als opgeblazen kikkers snorkend op de treden.

Door de Georgië-wijk reden tweewielige huifkarren voor ziekenvervoer met het rode kruis erop geschilderd, ratelend de kant uit van het goederenstation van Brest. Uit de Dierentuin dwarrelden droge verschrompelde bladeren van de seringebomen op straat. Op deze stoffige lilakleurige bladeren en de groene huiven van de karren kletterde een fiks ochtendbuitje.

V/DE OUDE BAAS MET HET BILJET VAN HONDERD ROEBEL

Het is een bekend feit dat mensen die voortdurend onderweg zijn – treinbestuurders, zeelui, vliegeniers, chauffeurs – altijd lichtelijk bijgelovig zijn. Wij conducteurs van de Moskouse tram maakten daar geen uitzondering op.

Het bangst van al waren we voor de oude man met het honderdroebelbiljet, in de wandel een 'katrientje' geheten. Op dit biljet stond namelijk een prachtig portret van Catherina II gegraveerd, in een strak zittend satijnen keurslijf.

Objectief gezien kon deze baas er eigenlijk best mee door, fris gewassen, beminnelijk en beschaafd als hij was. Uit de zak van zijn overjas stak altijd een zorgvuldig opgevouwen nummer van de *Russische tijdingen*, een liberaal professorenblad.

De oude baas stapte altijd 's morgens heel vroeg op, als wij nog maar net de remise uit waren en in onze tas niet meer dan zestig losse kopeken kleingeld rinkelden die wij voor het wisselen meekregen. Meer kregen we niet.

De oude baas stapte in en stak de conducteur met een innemende glimlach het honderd-roebelbiljet toe. Natuurlijk konden we dat niet wisselen. Dat hoefde ook niet van de ouwe. Hij stapte gedwee bij de eerstvolgende halte uit en wachtte daar op de volgende tram.

Daar was het weer van hetzelfde laken een pak.

Zo ging de man al op- en afstappend, dag in dag uit, maand in maand uit, gratis naar zijn werk. En wij konden hem niets maken.

Het was trouwens altijd hetzelfde bankbiljet. Wij conducteurs van lijn 8 kenden het nummer ervan al lang uit ons hoofd: 123715. Soms namen we wraak op de oude baas door op venijnige toon tegen hem te zeggen: 'Vooruit, kom met uw katrientje nummer 123715 voor den dag en duvel dan de tram uit.'

De oude baas trok zich daar niets van aan. Hij stak ons bereidwillig het beruchte bankbiljet toe en stapte even bereidwillig, ja zelfs haastig uit, zoveel mogelijk voorkomend iemand bij het opstappen te hinderen. Het was een ongelooflijk hardnekkige gladakker. Zelfs de strengste controleurs stonden machteloos tegenover hem.

Dat wij de oude baas echter niet zo erg mochten kwam minder door zijn bankbiljet nummer 123715, dan wel doordat hij volgens de oudere conducteurs die hem al jaren kenden, ongeluk bracht.

In de periode dat ik op de tram werkte heb ik vier maal narigheid gehad.

Aanvankelijk was ik bestuurder. Ik reed op het binnentraject van de B-lijn. Dat was verdraaid zwaar werk. Er liepen trams met aanhangwagens op. Aangezien er speling in het koppelingssysteem zat, lukte het bijna nooit de tram op gang te krijgen zonder de aanhangwagens te laten schokken en geen luide verwensingen aan de passagiers te ontlokken.

Op een goeie dag kwam er op de Smolenskijboulevard een witte melkauto van de firma Tsjitsjkin vóór mij op de tramrails rijden. Er zat zowat geen vaart bij hem in. De chauffeur was zeker bang dat de melk uit de bussen zou klotsen. Er bleef mij niet veel anders over dan achter hem aan te sukkelen en zodoende op mijn schema achter te raken. Bij iedere halte stond een dichte rij geïrriteerde passagiers op mijn tram te wachten.

Al gauw had de eerstvolgende tram op mijn traject me ingehaald, toen nog een, toen een derde, ten slotte een vierde. Alle trams lieten een oorverdovend en ongeduldig geratel horen. Toentertijd zat er op motorwagens nog geen bel maar een soort elektrische ratel. Er ontstond een hevige verkeersopstopping op het traject. De chauffeur reed ondertussen nog net zo halfbakken voor mij op de rails en sloeg maar niet af.

Zo reden hij en ik de hele Sadovaja-Koedrinskajastraat af, staken de Toerskajastraat over, de kleine Dmitrovka, de Karetnij-Rjad. Ik ging als een wilde tekeer met de ratel, stak mijn hoofd naar buiten, raasde en tierde, maar als enig antwoord liet de chauffeur wolken tabaksrook uit zijn cabine opstijgen.

Achter mij kropen, zover het oog reikte, de stampvolle 'beestjes', de omliggende straten met hun oorverdovend geratel vervullend. De scheldwoorden van de bestuurders deden de lucht trillen. Als een vloedgolf kwam het van de achterste tram op mij aanrollen om vervolgens weer terug te stromen.

Wanhopig besloot ik tot actie over te gaan. Toen wij de helling naar de Samoteka afreden, schakelde ik de motor uit, deed alsof mijn remmen weigerden en botste onder oorverdovend geratel tegen de achterkant van de auto van Tsjitsjkin op met de hannes van een chauffeur.

Er knalde iets. De auto kantelde om. Witte rookwolken walmden eruit op. De besnorde chauffeur sprong op straat, haalde een politiefluitje uit zijn zak en liet een snerpend geluid horen. Dat kwam volkomen onverwachts voor mij. Van het Samotekaplein zag ik een wijkagent in gezelschap van nog een politieman met getrokken sabel op mijn tram af komen rennen.

Kortom, de dag daarop werd ik van bestuurder tot conducteur gedegradeerd.

Maar daarmee was mijn tegenspoed niet ten einde. Niet lang daarna kreeg ik een geldboete omdat ik op het achterbalkon zat toen mijn tram het Theaterplein overstak. Op dit plein, de drukste plek van Moskou, waar de passagiers voortdurend onder het rijden op en van de tram sprongen, moesten de conducteurs blijven staan.

Op een andere keer hadden wij, jonge conducteurs, een–zo leek het tenminste in het vuur van ons enthousiasme–heel geslaagde methode bedacht om op de drukste momenten van de dag wat uit te kunnen blazen. Wij speelden onder een hoedje met de bestuurder en vertrokken een minuut of twee, drie eerder bij het eindpunt dan het tijdschema aangaf, hetgeen in vakjargon neerkwam op 'interval niet nakomen'.

De bestuurder reed op volle snelheid weg, al gauw hadden wij de voor ons rijdende tram ingehaald en konden we het er eens heerlijk van nemen. De tram voor ons pikte alle passagiers op terwijl wij er leeg achteraan reden. Het was zo leeg en stil in de tram dat je zelfs de krant kon gaan zitten lezen.

Dit systeem leek ons waterdicht. Maar natuurlijk verging het ons zoals het in zulke gevallen dikwijls gaat: wij 'gleden uit over een bananeschil'. Wij begonnen het veel te bont te maken en reden drie, vier keer achtereen leeg door Moskou. Wij 'vingen' veel minder dan de andere conducteurs. Onze chefs voelden meteen nattigheid. Ten slotte werden wij op heterdaad betrapt en wij kregen een fikse geldboete.

Al deze narigheden stonden verder los van de oude man met het honderd-roebelbiljet. Maar op een keer stapte de ouwe bij mij op en meteen vond ik hem er nog verdachter en onheilspellender uitzien dan anders; hij straalde gewoon van welwillendheid tegenover mij, de conducteur. Misschien kwam dat omdat ik hem over het hoofd had gezien en de oude baas dit keer niet één maar twee haltes gratis had kunnen meerijden. Toen hij uitgestapt was, schoof de bestuurder – een zwijgzame, norse man – met een klap de deur van de vooringang open en riep me dwars door de tram toe: 'Nu opgepast, conducteur! Als daar maar geen ongelukken van komen!'

En met al even veel lawaai smeet hij de deur weer dicht.

Ik zat de hele dag te wachten op akelige dingen, maar er gebeurde niets. Ik kwam weer tot rust. Om middernacht begonnen we vanaf het Jaroslavstation onze laatste rit. In de tram zaten maar een paar passagiers en niets deed vermoeden dat er wat op til was. Ik neuriede zelfs onbekommerd een in die tijd populair liedje voor me uit:

Ach, jullie deugnietjes van pietjes
Wissel mijn biljetjes eens netjes...

Bij de halte Orlikovsteeg stapte een stevige heer op, in een jas met een sjaalkraag en met een elegant bolhoedje op. Alles aan hem wees erop dat hij tot de betere stand behoorde – zijn wat gezwollen oogleden, de geur van zijn sigaar, de witte buitenlandse sjaal en de wandelstok met zilveren knop.

Hij liep met de stap van een jichtlijder, zwaar op zijn stok leunend, het hele rijtuig door en ging zwaarlijvig in de buurt van de uitgang zitten. Ik liep naar hem toe.

'Gratis rit!' zei hij korzelig, niet naar mij kijkend maar naar buiten waar de lichten van de nacht voorbijgleden, weerkaatst in de ruiten van de tram.

'Uw plaatsbewijs!' zei ik, al net zo korzelig.

Het heerschap sloeg zijn zware oogleden op en keek mij diep minachtend aan.

'U zou me moeten kennen, beste man,' zei hij geïrriteerd. 'Ik ben burgemeester Brjanski.'

'Helaas staat dat niet op uw voorhoofd te lezen,' antwoordde ik. 'Mag ik uw plaatsbewijs zien.'

De burgemeester werd witheet. Hij weigerde zijn gratis vervoersbewijs te tonen. Ik liet de tram stoppen en vroeg hem uit te stappen. De burgemeester stribbelde tegen. Nu begonnen, zoals gebruikelijk, de overige passagiers zich er eendrachtig mee te bemoeien.

'Da's me een mooie burgemeester!' klonk een spottende stem achterin. 'Een burgemeester, dat rijdt op zijn minst in een eigen rijtuig met volbloeds. Zo gek zijn we nou ook weer niet, dat we dat niet zouden weten. We hebben dat soort al meer gezien!'

'Waar bemoeien jullie je mee!' schreeuwde de heer met de bolhoed.

'Goeie genade!' zei een oude vrouw met een bundeltje appels geschrokken. 'Wat zet die een grote mond op! Rijkelui, die beknibbelen altijd op alles. Vijf kopeken voor een tramkaartje, daar vallen ze al voor dood. Zo schrapen ze dan ook hun kapitaal bij elkaar, per kopeke en halve kopeke.'

'Nou, misschien is hij ook wel gewoon platzak,' zei lachend een jonge knul met een pet. 'Hier conducteur. Wat ervan overblijft geeft u hem maar, dan kan hij wat te eten kopen.'

Het draaide erop uit dat de burgemeester des duivels van de tram stapte waarbij hij de deur met zo'n klap dichtsmeet dat de ruiten ervan rinkelden. Dat leverde hem nog een paar opmerkingen van de bestuurder op over zijn onbeschoftheid, bolhoedje en dikke smoel.

Twee dagen later werd ik bij de chef van de remise van Mioesski geroepen, een erg spotzieke man met vuurrood haar. Met donderende stem zei hij: 'Conducteur nummer tweehonderdzeventien, hier is je tweede berisping met een waarschuwing. Teken maar hier! Zo! En ga maar een kaarsje offeren voor de Maagd van Iver omdat het allemaal nog zo is afgelopen. Heb je ooit, de burgemeester uit de tram smijten en dat nog wel midden in de nacht en bovendien in de derde Mesjtsjanskajastraat waar alleen op klaarlichte dag al iedereen tegen je opbotst!'

De chef van de remise stond erop dat ik hem tot in alle details de geschiedenis met de burgemeester vertelde. Ik deed dat en zei zo langs mijn neus weg iets over de oude man met het honderdroebelbiljet en dat die volgens de conducteurs ongeluk bracht.

'Ik heb al es over die verdraaide kerel gehoord,' zei de chef van de remise. 'Hoe kunnen we die snoeshaan erin laten lopen.'

Daar droomden de conducteurs van lijn 8 al tijden van. Iedereen had zo zijn eigen plan. Ik had ook iets bedacht. Ik vertelde het aan de chef van de remise. Hij lachte enkel.

De volgende morgen kreeg ik tegen reçu voor honderd roebel wisselgeld.

De oude man liet drie dagen lang op zich wachten. De vierde dag had ik hem eindelijk te pakken.

Niets vermoedend, hartelijk en doodkalm stapte hij op en stak me zijn 'katrientje' toe. Ik nam het aan, bekeek het aan beide kanten, hield het tegen het licht en stak het dan in mijn tas. De mond van de ouwe viel open van verbazing.

Langzaam telde ik negenennegentig roebel en vijfennegentig kopeken uit, telde het nog eens twee keer na en stak hem het geld toe. Hij was om bang van te worden. Zijn gezicht was donkerpaars aangelopen. Hij keek zo vuil dat ik hem niet graag in een stille straat tegengekomen zou zijn.

Zwijgend pakte de oude het wisselgeld aan, stak het zonder het na te tellen in zijn jaszak en liep naar de uitgang.

'Waar gaat u nu heen?' vroeg ik beleefd. 'Nu heeft u eindelijk een kaartje. U kunt blijven zitten zo lang u wilt.'

'Ellendeling,' zei de man met schorre stem, deed de deur naar het voorbalkon open en stapte bij de eerstvolgende halte uit. Waarschijnlijk omdat dit ouder gewoonte was.

Toen de tram wegreed, sloeg hij uit alle macht met zijn dikke wandelstok tegen de zijkant van de tram en schreeuwde nog eens: 'Ellendeling! Schurk! Jou krijg ik nog wel.'

Sindsdien ben ik hem nooit meer tegengekomen. Volgens zeggen heeft één van de conducteurs hem daarna nog eens gezien. Hij ging lopend naar zijn werk. Net als vroeger stak er een nummer van de zorgvuldig opgevouwen *Russische tijdingen* uit zijn jaszak.

Het honderd-roebelbiljet nr. 123715 werd als een trofee uitgestald op het met gaas bespannen mededelingenbord in de remise van Mioesski. Het bleef er verscheidene dagen prijken. Groepjes conducteurs verdrongen zich ervoor, noemden het biljet met naam en toenaam en lachten. Ik had mij de twijfelachtige faam verworven van een vindingrijk man. Maar diezelfde eigenschap redde mij voor ontslag toen ik op een keer twintig bewapende personen zonder kaartje mee liet rijden en door een controleur gesnapt werd.

Dat gebeurde 's nachts. Bij het Jaroslavstation stapten soldaten op die zeker op veldtocht waren, want ze hadden tenminste een strak aangehaalde leren gordel met patroontas om hun spiksplinternieuwe uniformjas en droegen een geweer. Het waren reservisten, baardige, verweerde mannen, een beetje onder de indruk van het voor hen vreemde en onbekende Moskou. Ze moesten van het Jaroslavstation naar dat van Brest en vandaar naar het leger te velde.

Drie soldaten waren vergezeld van hun vrouw, tot hun neus schuil in een warme omslagdoek. Ze hielden hun man stevig bij de mouw van hun jas en zeiden niets. Ook de soldaten zwegen.

Ik beging twee dienstovertredingen: ik liet de soldaten en hun vrouwen gratis meerijden en liet bovendien mensen opstappen die bewapend waren, hetgeen ten strengste verboden was.

Op het Jekaterinaplein stapte een controleur op de tram.

'Doet u maar geen moeite,' zei ik tegen hem. 'Die soldaten hebben toch geen vervoersbewijs.'

'Die laat u dan zeker meerijden op kosten van de koning van Denemarken?' vroeg de controleur onverstoorbaar.

'Ja, inderdaad.'

'Fijne boel,' mompelde hij, noteerde mijn nummer en sprong van de rijdende tram.

Al gauw daarna moest ik opnieuw bij de rood-gebaarde chef van de remise komen. Hij bekeek me uitgebreid, haalde zwaar piekerend zijn wenkbrauwen op en zei daarop, ditmaal in de u-vorm: 'U deugt niet voor dit werk met de passagiers. Dat is duidelijk. U hebt goddank al drie berispingen.'

'Nou goed! Ontslaat u me dan.'

'Dat is zo gebeurd. Maar waarom zou ik? U komt bij het ziekentransport in de nachtdienst. U kunt dan zorgen voor het vervoer van de gewonden tussen de stations en de ziekenhuizen. U bent immers student?'

Ik nam het aanbod aan. Dit soort werk leek me veel dankbaarder dan het vermoeiende gedoe met passagiers, kaartjes en wisselgeld.

Opgelucht gaf ik mijn conducteurstas bij de ploegbaas af en ging naar huis.

Ik kwam door de Georgische buurt. De vlammetjes van de gaslantaarns flakkerden in de wind. De nachtlucht, met zijn lichte geur van gas, leek mij een belofte in te houden van een wending in mijn leven, van reizen en nieuwe indrukken.

VI/DE NACHTEN VAN LEFORTOVO

Het station van Brest, zo hel verlicht door booglampen dat alle contouren vervaagden in het krijtachtige sissende schijnsel, was toentertijd het belangrijkste militaire spoorwegstation van Moskou. Daarvandaan vertrokken de troepen naar het front. 's Nachts kwamen langs de halfduistere perrons lange, naar jodoform ruikende hospitaaltreinen aansukkelen en dan begon het uitladen van de gewonden.

Elke nacht tegen zo'n uur of twee, wanneer alle leven in de stad verstierf, reden wij, mensen van de tram, met onze wit geschilderde ziekenwagons naar het station van Brest. In de wagons waren springveren britsen opgehangen.

Meestal moesten we lang wachten. We rookten een sigaretje in de buurt van de wagons. Telkens weer kwamen er vrouwen in warme omslagdoeken op ons af die verlegen vroegen of de gewonden al gauw zouden worden ingeladen. Alleen die uitdrukking al 'de gewonden inladen', dat wil zeggen levende, door granaatscherven opengereten mensen als dode vracht in de wagons sjorren, behoorde tot één van de absurditeiten van de oorlog.

'U wacht maar af!' antwoordden wij. De vrouwen liepen zuchtend naar het trottoir terug, bleven in de schaduw staan en hielden zwijgend de zware deur van het station in de gaten.

Deze vrouwen kwamen voor alle zekerheid maar naar het station want misschien was hun man, broer of zoon toevallig onder de gewonden, of anders één van hun kameraden uit hetzelfde regiment die nieuws zou kunnen geven.

Waar wij conducteurs, mensen van uiteenlopende leeftijd, karakter en opvatting, het bangst voor waren was dat één van die vrouwen bij ons een verminkte bloedverwant zou ontdekken.

Wanneer in de deur van het station de ziekendragers met hun draagbaar verschenen, stormden de vrouwen op hen af, tastten met bezeten blik de grauwe gezichten van de gewonden af en stopten hen van alles toe, een sliert kransjes, appels, goedkope, los gekochte sigaretten die ze keurig in een pakje gestopt hadden. Sommigen van hen huilden van medelijden. De gewonden trachtten hun gesteun te onderdrukken en kalmeerden de vrouwen met woorden waarmee ze de juiste snaar wisten te raken. Zulke woorden draagt de gewone Russische mens in zijn hart voor de onheilsdag en hij vertrouwt ze slechts toe aan net zo'n gewoon iemand uit het volk als hij zelf.

Waren de gewonden eenmaal in de tramrijtuigen binnengedragen, dan begon de kwellende tocht door het nachtelijke Moskou. De trambestuurders reden langzaam en voorzichtig.

Meestal brachten we de gewonden naar het militair hoofdziekenhuis in Lefortovo. Sindsdien is voor mij de herinnering aan Lefortovo verbonden met koude herfstnachten. Het is wel al veel jaren geleden maar toch stel ik me de nachten in Lefortovo nog altijd zo voor, met het schijnsel van de saaie rijen vensters van het militair ziekenhuis. Ik kan me niet van dit beeld losmaken omdat ik sindsdien nooit meer in Lefortovo ben geweest en het militair hospitaal en het grote plein ervoor nooit bij daglicht heb gezien.

In Lefortovo hielpen we de hospitaalsoldaten bij het overbrengen van de zwaargewonden naar de ziekenzalen en barakken die ver van het hoofdgebouw in de tuin verspreid lagen. Er ruiste een naar chloor ruikende beek ergens diep in een ravijn. Het overbrengen ging erg langzaam in zijn werk en we waren dan ook dikwijls tot in de vroege morgen in Lefortovo bezig.

Soms transporteerden we gewonde Oostenrijkers. Toentertijd werd Oostenrijk spottend het 'lompenimperium' genoemd en het Oostenrijkse leger een 'zigeunerkermis'. Op het eerste oog bood dit uit allerlei volksstammen opgebouwde leger de indruk van een allegaartje aan donkerharige, onwaarschijnlijk magere lieden in blauwe uniformjassen en verschoten kepies met een tinnen kokarde waarin de letters F en J geponst stonden. Dat waren de initialen van de kinds geworden Oostenrijkse keizer Franz Joseph.

Wij hoorden de krijgsgevangenen uit en waren altijd weer met stomheid geslagen over wat er zoal niet in dat leger zat! Er waren Tsjechen, Duitsers, Italianen, Tirolers, Polen, Bosniërs, Serviërs, Kroaten, Montenegrijnen, Hongaren, zigeuners, Herzegoviniërs, Hoezoelen en Slowaken... Ik mocht dan het gymnasium afgelegd hebben met een tien voor aardrijkskunde, van het bestaan van sommige van deze nationaliteiten had ik geen flauw benul gehad.

Op een keer werd er samen met onze eigen gewonden een lange bonestaak van een Oostenrijker met grijze beenwindsels in mijn rijtuig gebracht. Hij was aan zijn keel gewond en lag te reutelen terwijl zijn geel doorlopen ogen in hun kassen draaiden. Toen ik langs hem kwam, bewoog hij zijn tanige hand. Ik dacht dat hij drinken wilde hebben, boog me over zijn ongeschoren gezicht met de strakke uitgedroogde huid en hoorde een klokkend gefluister. Het leek wel of de Oostenrijker iets in het Russisch zei en ik deinsde even terug. Maar hij herhaalde moeizaam in een eigenaardig Russisch: 'Ik ben Slaaf. In de grote, grote slag krijgsgevangen, mijn broeder.'

Hij sloot de ogen. Blijkbaar hechtte hij aan die woorden een voor hem heel belangrijke betekenis die ik niet kon begrijpen. Blijkbaar had hij lang op de gelegenheid gewacht om deze woorden te kunnen zeggen. Ik dacht er vervolgens lang over na wat deze stervende man met het verband vol gestold bloed om zijn hals had willen zeggen. Waarom had hij niet geklaagd, om drinken gevraagd, het identiteitsplaatje met het adres van zijn familie dat aan een stalen kettinkje op zijn borst hing, te voorschijn gehaald, zoals alle Oostenrijkse gewonden deden? Hij had zeker willen zeggen dat tegen geweld geen kruid gewassen is en het niet zijn schuld was dat hij de wapens had moeten opnemen tegen zijn broeders. Deze gedachte had zich in zijn koortsige bewustzijn vermengd met de herinnering aan de bloedige slag waar hij door toedoen van de 'Schwaben' zo uit zijn dorp in verzeild was geraakt. Uit zo'n dorp waar eeuwenoude notebomen groeien die een brede schaduw werpen en waar op feestdagen een getemde Illyrische beer bij het geluid van een buikorgeltje op het marktplein danst.

Toen we dan in Lefortovo begonnen met het uitladen van de gewonden en bij een roodharige rekruut uit Vologda kwamen, zei die: 'Pak eerst die Oostenrijker maar. Jullie zien toch dat ie niet meer kan. Wij wachten wel.'

We tilden de Oostenrijker op. Hij was zwaar en onderweg begon hij zacht te kreunen. 'Oi-oi-oi,' kermde hij, 'moedertje Maria! Oi-oi-oi, moedertje Maria!'

Toen we hem de barak, helemaal achter in de vertrapte tuin, binnenbrachten, leefde hij al niet meer.

De veldarts beval ons hem naar het lijkenhuisje te brengen. Dat was een schuur met brede deuren, als van een poort, die wijd openstonden. We droegen de Oostenrijker er naar toe, tilden hem van de brancard en legden hem op het door zovele lichamen geplette, half vergane stro. Er was verder niemand. Aan het plafond brandde een vergeelde elektrische gloeilamp.

Ervoor oppassend niet om mij heen te kijken, trok ik het identiteitsplaatje van de Oostenrijker, een dubbel gevouwen plaatje wit geoxydeerd metaal, tussen de losgeknoopte kraag van zijn uniformjasje vandaan. De naam van de soldaat, zijn nummer en het adres van de zijnen stonden erin gegraveerd.

Ik las het over en noteerde: Jovan Petric, 38719, Veseli Doebnjak (Bosnië).

Thuis stuurde ik een (om de een of andere reden in drukletters geschreven) briefkaart met het bericht over de dood van Jovan Petric naar Bosnië, naar het dorp Veseli Doebnjak, aan de familie Petric.

Toen ik deze kaart schreef, zag ik in mijn verbeelding een laag wit huis, zo laag dat de vensters op slechts enkele handbreedten van de grond zaten. Ik zag een wirwar van verdord klissekruid om de vensters en een havik die doodstil boven het huis aan de hete hemel stond. Ik zag een vrouw die een kind van haar getaande borst nam en met een sombere blik over de heining tuurde, daar waar de wind het stof deed opdwarrelen. Misschien kwam die wind wel van het veld waar haar Jovan lag, maar de wind kan niet spreken en vertelt nooit iets. En er kwamen ook geen brieven.

'In de grote, grote slag gevangen, broeder...' klonk zijn zwaar gefluister mij nog in de oren. Wiens schuld was het dat de 'Schwaben' in hun groene nauwe uniforms hem, Jovan, van zijn geboortegrond hadden losgerukt? Hij was gedwee en goedig, Jovan, dat kon je zien aan zijn grijze ronde ogen, de ogen van een jongen in het gezicht van een al niet meer zo jonge man.

O, deze nachten van Lefortovo! Nachten van oorlog, van lijden en van piekeren over de gang van de mens langs de kronkelpaden van het leven. Dat waren de nachten waarin ik een man werd. Het eens zo blinkende klatergoud van mijn voorstellingen over de werkelijkheid verschrompelde en schilferde iedere dag wat meer af. Het drong tot mij door dat het leven hard is en voortdurend moeite vergt, wil men het zuiver houden, vrij van vuiligheid en bedrog, en het in heel zijn pracht en eenvoud kunnen zien.

VII/ZIEKENOPPASSER

In oktober gaf ik mijn baan bij de Moskouse tram op en werd ziekenoppasser op de hospitaaltrein die voor de Unie van Steden achter de frontlijn dienst deed.

Ik hield het niet langer uit in Moskou. Met al mijn gedachten was ik in het Westen, op de drassige velden van Polen waar het lot van Rusland voltrokken werd. Ik zocht naar een mogelijkheid om dichter bij de oorlog te zijn en mij eindelijk los te rukken van de mistroostige sfeer van ons eigenlijk al lang uiteengevallen gezin.

Bijna alle ziekenoppassers op de hospitaaltrein waren vrijwilligers, studenten. We droegen een militair uniform. Alleen onze studentenpet mochten we blijven dragen. Dit redde ons nogal eens van de onbeschofte en 'leuke' opmerkingen van de militaire commandanten.

Ieder van ons had de verantwoordelijkheid over een wagon met veertig gewonden. Het was een erezaak om je wagon zo op te poetsen dat hij glom als het dek van een schip en de hoofdarts, gedeputeerde Pokrovskij, als hij de trein voor het vertrek inspecteerde, alleen maar wat in zijn blonde puntbaardje wist te grijnzen zonder verder commentaar. En toch stond Pokrovskij bekend als streng en spotziek.

Ik kneep 'm voor de eerste reis. Ik wist niet of ik het redden zou veertig liggende gewonden te verzorgen. Zusters waren er nauwelijks op de trein. Daarom moesten wij, gewone ziekenoppassers, niet alleen alle gewonden wassen en te eten en te drinken geven, maar ook hun temperatuur opnemen en hun verband in de gaten houden en hun op tijd hun medicijnen toedienen.

De eerste reis leerde me dat het ronddelen van het eten de zwaarste klus was. De keukenwagen was een eind bij me vandaan. Ik moest met twee emmers vol hete koolsoep of kokend water door achtenveertig deuren heen. Andere ziekenoppassers die niet zo ver van de keuken zaten, hoefden maar een tien tot vijftien deuren open en dicht te doen. Wij waren jaloers op deze geluksvogels en voelden een soort stiekeme voldoening vanwege het feit dat we zo vaak per dag met onze emmers voedsel door hun wagon moesten, waarbij er uiteraard onwillekeurig wel eens wat over de rand klotste. De 'geluksvogel' moest dan met een dweil aan de gang om al vloekend en scheldend de boel achter ons op te ruimen.

Aanvankelijk maakten deze achtenveertig deuren mij wanhopig.

Er waren gewone deuren die naar binnen toe opengingen en schuifdeuren in de harmonika's tussen de wagons. Iedere deur moest open en weer dicht gedaan worden, waarbij je de volle emmers moest neerzetten en erop letten dat er niets overheen golfde. De trein had er flink vaart in. Hij wiegde en deinde heen en weer en denderde over de wissels en het is goed mogelijk dat ik er daarom momenteel nog niet tegen kan wanneer een trein over een wissel rijdt en alle wagons met een schok naar één kant geslingerd worden.

Dan moest je er ook nog spoed in zetten, wilde je voorkomen dat de soep of de thee koud werden, vooral 's winters wanneer op de beijzelde open overlopen tussen de wagons een snijdende wind stond die ons uitlachte en je voor je het wist languit lag en onder de wielen kon komen.

Als ik daar nu nog aan toevoeg dat je minstens twaalf maal per dag naar de keuken moest (om brood en vaatwerk, thee, soep en pap te halen en dan weer terug met de vuile vaat, emmers en zo), dan wordt het alras duidelijk hoezeer wij de al lang in vrede rustende uitvinder vervloekten die voor elke wagon niet minder dan zes en soms zelfs acht deuren had weten te bedenken. We dankten god op onze blote knieën wanneer etenstijd samenviel met een stopplaats van de trein. Dan sprongen we met onze emmers naar buiten en renden langs de wagons, blij weer eens vaste grond onder de voeten te hebben in plaats van de deinende vloer van de treinstellen.

Vele gewonden waren niet in staat zelf te eten. We moesten hen voeren en te drinken geven. 's Morgens werden ze gewassen, daarna werden de vloeren geboend met een carboloplossing.

Pas 's avonds na het eten konden we wat op verhaal komen, maar dan begon ook dat eeuwige gezeur met de kaarsen in de blikken lantaarns. De kaarsen doofden óf uit, óf ze brandden scheef af, óf ze vlamden plotseling op als vurige fakkels. De kaarsen op de balkons werden steeds gestolen door oom Vasja de remmer, een man met een enorme neus en korte beentjes, die aan deze bijzondere eigenschap de bijnaam 'kaarsensnuiter' te danken had.

Het zou vast niemand van ons gelukt zijn ons volledig van onze taak te kwijten als niet in iedere wagon één van de licht gewonden zich vrijwillig bereid verklaard had om een handje te helpen. Maar uiteindelijk was dat allemaal nog maar tot daar aan toe. Ik was bij deze eerste reis niet zo bang voor deze gebruikelijke moeilijkheden. Er was een veel lastiger punt waar alle ziekenoppassers mee zaten, ook al kwamen ze er niet openlijk voor uit. Het was vooral voor ons, van militaire dienst vrijgestelde studenten erg zwaar om met veertig verminkte mannen om te moeten gaan. We vreesden de schimpscheuten en gerechtigde verontwaardiging van deze mensen die alle last en gevaar van de oorlog op hun schouders hadden genomen terwijl wij, jonge en gezonde mannen, een veilig bestaan kenden zonder ontberingen te hoeven doorstaan.

Gedurende de eerste reis had ik aanvankelijk gewoon geen tijd om met de gewonden te praten en naar hun verhalen te luisteren. Tegen de nacht werd eindelijk alles stil. Ik ging wat in mijn compartiment zitten roken en keek het raam uit. Daar stoof een station voorbij terwijl de lantaarns lichtstriemen door de wagons lieten buitelen. Dan was er buiten weer niets dan de nacht met het gedender van de wielen en beverige lichtpuntjes van verloren dorpen.

'Oppasser!' riep een schorre opeisende stem uit de wagon. 'Hee, oppasser!'

Ik sprong op, liep de wagon door. Het roepen kwam van een gewonde met een bruin, pafferig gezicht.

'Slaap je, klisteerspuit?' vroeg hij me kalm, zonder spot. 'Je hoort bij jouw soort werk niet te slapen. Geef me eens wat te drinken. Anders lig ik hier de hele nacht met een uitgedroogde keel te zweten.'

'Slapen hoort een ieder te doen,' zei op de brits ernaast een gewonde met een iel baardje en een uitgemergeld gezicht verzoenend. Hij had een hoge jongensstem. 'De een voor eeuwig, de ander heel eventjes.'

'Ben je soms uit het klooster of zo?' vroeg de pafferige spottend.

'He-he-he, landsman,' lachte de magere. 'Het klooster waar ik monnik zou willen zijn, bestaat nog niet. Ik heb een speciaal klooster nodig, in overeenstemming met mijn levensopvatting.'

'Tsjonge-jonge-jonge, wat benne we speciaal!' merkte een derde gewonde met een verband om zijn hoofd geërgerd op. Tussen de witte zwachtels blonken scherp zijn kleine oogjes als van een bunzing.

'We lachen elkaar nu wel uit,' zei degeen met het magere gezicht, 'maar van het verloop van het leven snappen we niks.'

'Vertel jij dat dan maar, geneer je niet!' eiste de pafferige onbehouwen. 'Vertel jij ons maar hoe alles zich wendt en keert.'

'Dat wil ik wel,' stemde de magere gretig toe en hij zweeg even. 'Er leefde bij ons in Rusland een vrij bekende oude baas, graaf Tolstoï. Hij had zo veel boeken geschreven dat naar men zegt, zijn rechterhand een beetje verdorde. Die hand deed hem dus pijn en hij hield hem altijd achter zijn gordel gestoken. Dat verlichtte hem dan een beetje, zijn hand kwam als het ware weer een beetje bij.'

'Dat is waar,' zei de gewonde met het hoofd in verband. 'Ik heb het zelf op een portret gezien.'

'Er is niets ergers dan dat je hand of je voet inslaapt,' zei de pafferige instemmend. Hij draaide zich met moeite op zijn brits om en zei tegen me: 'Ga toch zitten, oppasser. Nou ik je toch wakker heb gemaakt blijf je maar effe bij ons zitten luisteren.'

'Je mag iemand ook niet altijd maar wakker maken,' klonk een slaperige stem achter uit de wagon. 'Daar wordt je bloed zuur van.'

'Hou jij je nou maar stil!' schreeuwde de bolle. 'Laat de mensen praten.'

'Tja,' zei de magere terwijl hij met zijn tong langs zijn lippen streek, 'de ouwe baas was een beetje verdord en hij heette Lev, leeuw dus. Men had hem geen betere naam kunnen geven. Want er wordt gezegd dat er echt de kracht van een leeuw in hem school. In zijn gedachten natuurlijk, zijn verstand. Lichamelijk was er niets bijzonders aan hem, hij was zelfs eerder klein van stuk. Nou woonde er bij ons op het dorp een huisschilder met de bijnaam Koloriet. Die kreeg het op een keer eens aan de stok met deze graaf Tolstoï. Geen ruzie eigenlijk, gewoon een woordenwisseling. Die Koloriet zat eens ergens op een station, god weet waar, in ieder geval een heel stuk onder Moskou, dagen te wachten op een trein om over te stappen. 't Was volop zomer, stoffig en 't station uitgestorven en ingeslapen. En dan verschijnt op dat station graaf Tolstoï, die ook op de trein wacht. Koloriet zegt dat hij naar de zuidelijke stad Odessa wil omdat hij er genoeg van heeft in deze omgeving te schilderen. "Waarom dat?" vraagt Tolstoï hem. "Omdat de huizen hier in zo'n donker koloriet geverfd worden en daar een licht kleurtje krijgen. En dat is onvergelijkelijk veel vrolijker. Als je daar, laten we zeggen een huis gewoon wit kalkt–krijt zoals ze dat daar noemen–dan staat dat huis, mits je witkalk maar zuiver en zorgvuldig gezeefd is als een wit blinkende parelende steen tussen hemel en zee. En dan wordt het zo luchtig alsof de bewoners van het paradijs het met hun hemelse vingers gebouwd hebben." "Er bestaat helemaal geen paradijs," zegt Tolstoï tegen Koloriet en hij moet lachen, maar zijn lach klinkt geërgerd. "Dat weet ik ook wel, dat het niet bestaat," antwoordt Koloriet, "dat zei ik zomaar omdat het in mijn kraam te pas kwam. En waar is uw reis naar toe, als het geen geheim is?" "En als het nou wel een geheim is?" vraagt Tolstoï hem. "Als het wel een geheim is, dan moet u me maar niet kwalijk nemen. Ik ben maar een boer op klompen." Dan slaat de oude man zijn arm om hem heen, geeft hem een klopje op de schouder en zegt: "Dat noemt zich een boer op klompen. Kijk 's, wat een trots! Je bent gewoon een levenskunstenaar en dat weet je zelf ook best. Blijf zo leven als je tot nu toe leefde, de mensen welgevallig. Daarin ligt de waarheid. Wat mij aangaat, ik zoek heel Rusland af naar een kluizenaarswoning, zo stil als maar enigszins kan, een toevluchtsoord waar ik een poosje kan leven en zonder verdere kopzorgen mijn laatste boek kan schrijven." "Waar moet dat boek van u dan wel over gaan?" vraagt Koloriet. "Vergeeft u mij nogmaals mijn onwetendheid." "Over al het mooie hier op aarde en over wat ik zoal in mijn leven heb gezien," antwoordt het oude baasje hem. "Dat is geen eenvoudige zaak," merkt Koloriet op. "Vooral omdat de keus groot is. Alleen mooie kleuren zijn er al bij tientallen. Hoe wilt u dan over al het mooie in het leven schrijven?" "Zover ik kom, kom ik. Eerst zal ik het erover hebben hoe een oude man in een hut aan de rivier woont, iedere ochtend in de deuropening verschijnt en ziet hoe de gorzen zich in de dauw wassen. En denkt: vandaag ga ik bessen plukken in het bos, misschien kom ik wel met een slof vol terug of misschien vind ik er niet een maar ga ik onder een den liggen en slaap voor eeuwig in. Gezien mijn leeftijd. 't Maakt ook niet uit of 't nu zus uitvalt of zo uitvalt, wat er ook gebeurt, hoe 't ook loopt, 't is allemaal best–nog een tijdje op deze aarde te mogen vertoeven of anders 't veld te moeten ruimen voor de jongeren. Zelf heb ik al zoveel meegemaakt en zoveel vreugde gekend, laat dus nu de anderen maar in mijn plaats leven en zich verheugen." "Nee hoor!" zegt Koloriet. "Dat kan er bij mij niet in, zo'n taal. Vreugde is er wanneer de spaanders onder de schaaf wegspatten of laten we zeggen, de verf zo glad en gelijkmatig als een waterspiegel uitvloeit. Ik", zegt hij, "put mijn grootste vreugde uit de arbeid. En uw woorden, Lev Nikolajevitch, hebben voor mij niets om het lijf." '

'Precies!' zei de gewonde met het verbonden gezicht vergenoegd. 'De hele wereld hangt van werken aaneen. En op de werkende mens, daar berust alles op. Zorg eerst dat je zo veel mogelijk werk verzet, dan kun je daarna je hart ophalen. Aan de dauw of de gorzen. Net wat je wilt.'

'Tolstoï heeft meer werk verzet dan alle anderen,' klonk de slaperige stem achter uit de wagon. 'Ik heb nogal wat van hem gelezen.'

'Dat klopt!' schreeuwde opeens de pafferige. 'Ik bij voorbeeld, pak voor het zaaien een kluit aarde, verpulver die, ruik eraan en dan weet ik hoe het zaad het in deze aarde zal vergaan, hoe vochtig ze is en of dat voldoende zal zijn om de aren volop te laten drinken.'

'Waarom al die drukte?' zei de slaperige stem achterin weer. 'Die Koloriet heeft het misschien allemaal maar bij elkaar gelogen. Schilders staan bekend als grote kletsmajoors. 't Is alleen jammer dat Tolstoï dat boek over al het mooie op aarde niet heeft geschreven. Wat zouden we dat graag gelezen hebben!'

'Oppasser!' blerde onverwachts de dikke op de oude strenge toon. 'Trek het gordijn eens opzij. Het is al ochtend buiten. We willen wel eens weten hoe het er achter het raam uitziet. We zitten al bijna weer in Kostroma, onze geboortestreek.'

De gewonden werden stil. Ik haalde het grove linnen gordijn op en zag buiten het herfstige Noord-Rusland. Tot aan de horizon ontvouwde zich een panorama van in wazig goud gehulde berkenbosjes, beemden en naamloze, kronkelige rivieren. De trein stormde voort, de baanwachtershuisjes in dikke stoomwolken hullend.

Nog nooit had ik zo'n herfst gezien, zo'n heldere hemel, zo'n broze lucht, zo'n zilveren schittering van spinnewebben, zulke dicht met zuring begroeide ravijnen en vijvers waar de zanderige bodem door het water schemerde, met de glans van nevelige verten en broze wolkenbanken, verstard in het vochtige ochtendblauw van de hemel...

Ik was zo gespannen aan het kijken dat ik niet dadelijk voelde dat er iets op mijn rug drukte. De dikke had een loodzware hand op mijn schouder gelegd, zich half opgericht en keek strak naar buiten.

'Ach, mijn beste vrindje!' zei hij op zangerige toon. 'Wat zou ik graag op blote voeten dit land zijn doorgetrokken, thee drinkend in ieder boerenhuis. Maar ik heb pech gehad. Ik heb momenteel niets meer om mee te lopen.'

Ik keek om en zag onder zijn kamerjas de stijf omzwachtelde stomp van een geamputeerd been.

De trein reed soepel tussen bedauwde heuvels door. De locomotief stootte plotseling een vreugdevolle kreet uit, net of hij een lang verwachte blijde boodschap aankondigde.

'Tja,' voegde de dikke eraan toe. 'Zo stormen we in volle vaart recht op de tranen van onze vrouwen en moeders af. 't Zou beter zijn om niet terug te keren! Maar dat gaat ook niet. Helemaal niet, vrindje!'

VIII/RUSLAND ONDER DE SNEEUW

We maakten verschillende reizen met de hospitaaltrein tussen Moskou en verscheidene steden van Midden-Rusland. Zo kwamen we in Jaroslav, Ivanono-Vosnessensk, Samara, Arzamas, Kazan, Simbirsk, Saratov, Tambov en andere steden. Op de een of andere manier zijn ze me slechts vaag bijgebleven. Veel beter herinner ik me kleine stationnetjes, zoals bij voorbeeld Bazarny Syzgan, bepaalde dorpen en vooral een ingesneeuwde hut ergens in een gehucht. In welk gouvernement het was, Kazan, Tambov of Penza, weet ik niet eens meer. Die hut staat me nog altijd voor de geest, met de grote oude man die in een los om zijn benige schouders geslagen schapepels door de lage deur naar buiten was gekomen en met zijn hand op de klink de eindeloze trein natuurde met het rode kruis op de wagons. De stormwind joeg sneeuw op die over de daklijst op de ruige haardos van de oude man neerdwarrelde.

Het was winter. Rusland lag onder de sneeuw.

Tijdens het transport van de gewonden had ik geen tijd om op de omgeving te letten. Maar op de terugreis bleef elke ziekenoppasser in zijn eentje achter in zijn schoon geboende en lege wagon en dan had je volop tijd om naar buiten te kijken, te lezen en uit te slapen.

Van deze terugreizen blijft mij de herinnering bij aan onmetelijke sneeuwvlakten, aan hun verblindende witheid die de wagon in licht deed baden en grijs-blauwe, laag hangende luchten.

Steeds weer schoten mij een paar verzen te binnen die ik eens een keer had gelezen: "t Zwijgende land geheel in 't wit gehuld als een jonge bruid in sluiers...' En de sneeuwwitte kapjes en jasschorten van de zusters wanneer ze 's morgens de trein rondgingen, pasten heel eigenaardig bij deze sneeuw en deze verzen.

Bazarny Syzgan... Dit station herinner ik me door een onnozele gebeurtenis. We stonden daar een hele nacht op een rangeerspoor. Er woedde een sneeuwstorm. Tegen de morgen was de trein helemaal ingesneeuwd. Ik ging met mijn buurman uit de wagon ernaast, de goedmoedige, wat lompe Nikolaï Roednev, student aan de Landbouwhogeschool van Petrovskoje, krakelingen kopen aan het stationsbuffet.

Zoals altijd na een sneeuwstorm was de lucht glashelder en vriezend. In de restauratie was niemand. Van de kou vergeelde hortensia's stonden op een lange tafel waar een zeiltje over lag. Bij de deur hing een affiche dat een gems uitbeeldde boven op de besneeuwde toppen van de Kaukasus. Onder de gems stond het opschrift: 'Drink cognac van de firma Saradzjev.' Het rook er naar gebakken uien en koffie.

Een dienstertje met een wipneusje, een schortje over haar jakje, zat sip aan een tafeltje naar een jongen met een vaal gezicht te kijken. De jongen had een lange, wasbleke hals, tot bloedens toe stuk geschuurd door de kraag van zijn boerenkiel. Piekerig vlasblond haar hing in zijn ogen.

De jongen dronk thee uit een aarden kroes, zijn voeten in de afgetrapte schoenen waar een heel plasje smeltwater onder lag, ver onder tafel gestoken. Hij brak grote stukken van een homp roggebrood, veegde vervolgens de kruimels op tafel bijeen en strooide die in zijn mond.

We kochten onze krakelingen, gingen aan een tafeltje zitten en bestelden thee. Achter het houten tussenschot bulderde een aan de kook gebrachte samovar. Het meisje met de wipneus bracht ons thee met een paar uitgedroogde schijfjes citroen, knikte naar de jongen met de kiel en zei: 'Ik geef hem altijd wat te eten. Op mijn kosten, niet van de restauratie. Hij leeft van het bedelen. Gaat de treinen langs, de wagons door.'

De jongen dronk zijn thee op, draaide de kroes om, sloeg een kruis voor de cognacreclame, maakte zich onnatuurlijk groot en begon te zingen, met starre blik door het grote raam van de wachtkamer naar buiten starend. Blijkbaar wilde hij zo het barmhartige dienstertje zijn dank betuigen. Hij zong met hoge smartelijke stem en het kwam mij voor alsof in het lied van deze jongen heel het verweesde Russische platteland doorklonk. Van de woorden van dit lied herinner ik me er nog maar een paar.

...Hij borg haar lijk
diep in het bos
het vochtig bos
onder de eik
de gevelde eik...

Onwillekeurig volgde mijn blik die van de jongen. Een besneeuwde weg stortte zich tussen hazelnootstruiken in een ravijn. Daarachter kringelde boven de strodaken van de graaneesten rook uit de kachels op naar de grijze schuchtere hemel. In de ogen van de jongen stond heimwee-heimwee naar zo'n scheve hut die hij niet had, met brede banken langs de muren, met een gebarsten raampje waar een reep papier voor zat, met de geur van roggebrood, zo uit de oven, gruisjeskool meegebakken in de korst.

Ik dacht: wat heeft een mens toch weinig nodig om gelukkig te zijn als hij het niet is en wat heeft hij veel nodig zodra het geluk om de hoek komt kijken.

Sindsdien heb ik heel wat dagen van mijn leven gesleten in boerenhutten en zijn ze mij dierbaar geworden door de doffe glans van hun balkenwanden, de geur van as en hun strenge schoonheid, verwant met zulke vertrouwde zaken als bronwater, een spanen mandje of de onooglijke aardappelbloesem.

Zonder gevoel voor zijn land, zo heel anders, hem tot in alle kleinigheden lief en vertrouwd, kan een mens nooit volledig zich zelf zijn.

Dit gevoel is vrij van eigenbelang en doet ons overlopen van belangstelling voor alles. Alexander Blok schreef eens, lang geleden, in de moeilijke jaren:

Rusland mijn doodarm Rusland,
Mij is het grauw van je hutten
Mij is het gezang van je wind,
Als de eerste tranen der liefde gezind

Blok had beslist gelijk. Vooral met zijn vergelijking. Omdat er niets menselijkers is dan tranen van liefde, niets dat zo heftig en heerlijk het hart verscheurt. En niets is afschuwelijker dan de onverschilligheid van iemand tegenover zijn land met zijn verleden, zijn heden en zijn toekomst, zijn taal, zijn zeden en gewoonten, zijn bossen en velden, zijn dorpen en mensen, of dat nu genieën of dorpsschoenmakers zijn.

In die jaren, gedurende mijn tijd op de ziekentrein, voelde ik mij voor het eerst Russisch in hart en nieren. Opgelost als het ware in die stroom mensen van het volk, soldaten, arbeiders, boeren en ambachtslieden. Dat gaf me een erg vertrouwd gevoel. Zelfs de oorlog had daar verder geen enkele vat op. 'Groot is de god van de Russische aarde,' placht Nikolasja Roednev te zeggen. 'Groot is het genie van het Russische volk! Niemand zal ons eronder weten te krijgen. De toekomst is aan ons!'

Ik was het eens met Roednev. In die jaren kwam Rusland voor mij enkel naar voren in de gedaante van soldaten, boeren en dorpen met hun schamele bezittingen en overdadig leed. Veel Russische steden en arbeidersnederzettingen zag ik voor het eerst van mijn leven, en hun gemeenschappelijke trekken versmolten in mijn herinnering en lieten in mij een hunkering achter naar het typische dat zij uitstraalden.

Ik herinner me Arzamas met zijn rieten manden vol blozende stevige appels en zo'n overdaad aan op deze appels lijkende koepels, al net zo rozerood, dat het leek alsof de stad in een atelier onder de vaardige vingers van kundige goudborduursters tot stand gekomen was.

In Nizjny Novgorod sloeg de geur van bastmatten mij tegemoet die de wind van de Wolga aandroeg. Dit was de stad van de Russische ondernemingszin, de vemen, vaten, zouterijen, de in Ruslands geschiedenis zo roerige overslaghaven.

En Kazan met het standbeeld van Derzjavin, met sneeuw bestoven. Daar viel ik in de Opera doodmoe in de engelenbak in slaap onder de uitvoering van het *Sneeuwmeisje* [Opera van Rimski-Korsakov, noot vert.] met in mijn gedachten alleen nog maar de net opgevangen woorden: 'Zijn de deuren voor meisjes soms gesloten, de ingangen verboden?'

Ik werd midden in de nacht wakker. De nachtwakers grepen me in mijn kraag en brachten me naar het politiebureau. Het rook er naar zegellak en een lijvige commissaris maakte proces-verbaal op wegens 'ongeoorloofd slapen in een schouwburgzaal'.

Ik liep naar het station. De sneeuw woei me klef in het gezicht en ik had medelijden met de door en door verkleumde Derzjavin die met harde bronzen blik de duisternis in staarde.

In Simbirsk was ik ook in een winternacht. Heel deze op dat tijdstip verlaten stad was met een laag rijp bedekt. Haar verwilderde tuinen leken wel een tinnen gebladerte te hebben gekregen.

Vanaf de Stary Venetz keek ik neer op de nachtelijke Wolga, maar meer dan wazige, vorstige nevel was er niet te zien.

Toen wist ik nog niet dat Simbirsk de geboorteplaats was van Lenin. Nu lijkt het me natuurlijk dat ik toen al dat houten huis gezien heb, waarin hij in Simbirsk gewoond heeft. Misschien is dat zo omdat daar zo veel van die gezellige huizen zijn waaruit 's avonds licht door de vensters over de smalle trottoirs valt.

In die tijd wist ik alleen dat Gontsjarov in Simbirsk had gewoond, een trage man die een bijna sprookjesachtig gevoel voor de Russische taal bezat. Deze taal leeft in zijn werken luchtig, innig en krachtig voort.

Saratov leek me wat te recht toe recht aan en zelfs saai. Deze stad droeg het stempel van welgesteldheid en orde. Die indruk wekten tenminste de hoofdstraten. Maar dan belandde ik in zijstraten, stegen en op de Opoetjes Kluft waar jochies op sleetjes de heuvel afsuisden terwijl de droge sneeuw opstoof.

Ik sleede met de jochies mee. Het was heerlijk, zo op je buik liggend langs de kleine huisjes te suizen waar de geraniums vlammend voor de vensters stonden. En ik moet toegeven dat ik de bewoners van die huisjes benijdde. Ik ben er namelijk binnen geweest.

Een joch bracht me naar een zekere Sofia Tichonovna in één van die huizen, om warme melk te gaan drinken.

Ik zag een met glas afgeschoten voorportaal. Het zwakke zonlicht lag in ruiten op de geboende vloer. In het verwarmde portaal er naast stond een ton koud water. Er dreef een houten schepvat in. De volgende deur leidde naar de mooie kamer met bordeaux-rode fluwelen gordijnen voor de ramen. Een wandklok met reusachtige wijzers tikte zo luid dat je met stemverheffing moest spreken, wilde je met het bedeesde oudje Sofia Tichonovna een gesprek kunnen voeren. Op een tafeltje bij het raam, met een kanten kleedje erover, lag een dikke stapel van het tijdschrift *Niva* in blauwe papieren omslagen en stond een al lang verdorde bos bloemen.

Aan de muur hing te midden van foto's en aquarelletjes een

groot, wat vergeeld affiche van het toneelstuk *Kinderen van de zon* van Gorki.

'Mijn zoon is toneelspeler,' zei Sofia Tichonovna. 'Bij het Petersburgs Toneel. Eens per jaar komt hij 's zomers een of twee weken bij mij doorbrengen, de ene keer op de heenweg naar een badplaats in de Kaukasus, de andere keer op de terugweg.'

Ik trachtte mij dit leven voor te stellen, vervuld van wachten op je zoon. Dat moest toch een bitter leven zijn; maar het oudje droeg het opgewekt en zonder mopperen. Hier werd ieder voorwerp steeds weer afgewassen, opgepoetst, bewonderd, alleen omdat de zoon het gedurende die ene te snel voorbije week per jaar wel eens nodig kon hebben. Misschien zou zijn blik er gewoon op vallen ofwel zou hij vragen: 'Zeg mama, waar zijn dat koperen waaklampje en de steen uit de Krim terecht gekomen die ik vijf jaar geleden voor je heb meegenomen uit Simeïs?'

Het met tandpoeder opgewreven koperen waaklampje stond dan ook op zijn oude plaats te blinken. En op de stapel *Niva*'s lag de platte steen uit de Krim, de dik geschilderde cipres in olieverf ernaast en de azuurblauwe zee met het witte stipje van een zeil.

Wat een steden zagen we. En de lente kwam en sierde de onbebouwde terreinen in de provinciesteden en de afvoergreppels met geurig, ietwat kleverig jong groen.

In de lente deden we het hooggelegen Koersk aan, een stad die tot aan haar daken in het pas uitgebotte groen leek weg te schuilen. De beroemde nachtegalen van Koersk, vol aandacht voor hun eigen geluid, sloegen hun trillers in het vochtige struikgewas. Het koude riviertje, de Toeskor stroomde lui tussen de lage, met boterbloemen bezaaide oevers door.

Koersk is een eigenaardige stad. Veel mensen houden van deze stad zonder er ooit geweest te zijn. Want Koersk is de poort naar het Zuiden. Wanneer de reizigers in de sneltrein Moskou-Sebastopol door de ruiten van de zware stoffige rijtuigen de huizen en kerktorens van Koersk op de heuvels ontdekten, dan wisten ze dat er nog geen dag later in de zeenevel van de pasgeboren dag roze meren van bloeiende amandelbomen voorbij zouden glijden; en dat de 'streek van het Zuiden' nabij was, zou gewoon uit het felle oplichten van de horizon zijn af te leiden.

Heel Rusland stond in volle lentebloei. Waar wij onze gewonden ook heen brachten, naar Vladimir-aan-de-Kljasma, Tambov of Tver, overal bloeide de lente.

Bij iedere nieuwe reis viel het ons op dat de gewonden steeds zwijgzamer en ruwer werden. Heel het land zweeg trouwens, alsof het erover nadacht hoe de opgelopen klap beantwoord moest worden.

Al gauw werd onze hele ploeg overgeplaatst naar een hospitaaltrein die dienst deed in de eerste frontlinies. Wij begonnen onze eerste reis westwaarts, naar Brest-Litovsk, naar het eigenlijke strijdtoneel.

IX / EEN HOORNBLAZER EN VERSCHEURD PAPIER

De hospitaaltrein in de frontlinie bestond uit verwarmde goederenwagons die ingericht waren voor het vervoer van gewonden. Er zaten slechts vier passagiersrijtuigen bij. Een ervan was ingericht als operatiezaal.

Ik werd verpleger bij de operatiedienst. Van toen af aan stond ik er helemaal alleen voor. Behalve de dokters en verpleegsters had niemand toegang tot de operatieafdeling.

Dagen achtereen was ik bezig de witte wanden van de wagon met terpentijn schoon te wrijven, de vloer te schrobben, verband en gaas in de autoclaaf te steriliseren en ik luisterde hoe Romanin, onze 'apotheker', student aan het Moskouse Instituut voor de Handel, allerlei liedjes zong om in de eenzaamheid van zijn verblijf de moed erin te houden.

Romanin had een uitgebreid repertoire. Wanneer hij in een uitgelaten stemming verkeerde dan zong hij:

Ik zou een vrijer willen,
met een sjiek plastronnetje,

met een sjiek plastronnetje,
in zijn hand een parasolletje.

Wanneer hij echter door droevige gedachten werd overvallen, zong hij met snikkende stem:

Ach, waarom heb jij mij gekust
Met je hart vol wilde lust...

Had hij ruzie gehad met de hoofdarts Pokrovskij omdat hij de verkeerde medicijnen had afgegeven dan verviel Romanin in een sombere stemming en in zo'n geval hief hij de lofzang van de anarchisten aan:

De alarmklok luidt, de kanonnen donderen
Broeders, staat op, en volgt Ravachol!

Romanin had de afschuwelijke gewoonte om urenlang stil in zijn apotheek te zitten druilen zonder antwoord te geven als ik van achter het tussenschot iets naar hem riep. Ik schrok me dan ook steeds weer een hoedje en zette het op een schelden wanneer in de stilte van de apotheek plotseling een doldriest gekrijs losbarstte:

Hij had een beetje buikje
een buikje, een buikje
en ook een kale kop,
hop hop, hop hop!

Onder de klanken van deze liedjes reed de trein leeg van Moskou naar Brest, door de van lenteregens drassige vlakten van Wit-Rusland.

Voor het slapen gaan 's avonds verhuisde ik van het operatierijtuig naar de 'bak', de wagon voor de ziekenoppassers. Ik deelde daar een coupé met Romanin, Nikolasja Roednev en Hugo Lachman, een zwijgzame Pool, die niets anders deed dan zijn laarzen verscheidene malen per dag poetsen totdat ze bijna hinderlijk glommen.

Er heerste rust aan het front en daarom bleven we een hele tijd staan in Brest, een vlakke stad te midden van trieste vlakten. De lente die hen beroerde, was even triest als de vlakten zelf. Langs de ploegvoren bloeiden alleen paardebloemen. Het zonlicht was bleekig, de hemel was bijna steeds in nevel gehuld.

De oorlog was vlakbij maar dat merkte je alleen aan de grote hoeveelheden soldaten en vaandrigs op het station van Brest en aan de lange militaire konvooien, waar de met afval bezaaide rangeersporen mee vol stonden.

Luchtmacht had je toen nog niet. De kanonschoten waren in Brest niet te horen. De gevechten vonden verderop plaats, in de buurt van Kielce.

Wij wachtten ongeduldig op ons vertrek naar het front. We waren het wachten al lang zat. Het was voor ons net alsof de wielen aan het verroesten waren en de trein aan de rails vastzat.

In ons jeugdig vuur vergaten we dat, door zo lang in Brest te blijven staan, gewonde, verminkte mensen ons nog bespaard bleven. Alleen Romanin vergat dit niet en zei: 'Jullie zijn naar de oorlog gekomen als naar het Kunsttheater. Als het lang duurt voor het gordijn opgaat, beginnen jullie met je voeten te stampen. Stelletje uilskuikens!'

Na die woorden van Romanin werd het eventjes stil in de 'bak'. Maar al gauw laaide de discussie weer op, op de voor Russische studenten zo typerende wijze-rumoerig, breedvoerig en altijd met de allerbeste bedoelingen, ook al stonden de opvattingen nog zo lijnrecht tegenover elkaar.

De meeste gesprekken gingen over Duitsland, over de monsterachtige botheid en brutaliteit van het Pruisische militarisme. De snor met de opgekrulde punten van Wilhelm II–het ideaal van alle soldatenvolk en pooiers–waren als het ware het symbool van het toenmalige Duitsland. Dit alles viel gewoon niet te rijmen met het feit dat uit dit land Schiller, Heine, Richard Wagner en de toen nog jonge, geweldig goeie schrijver Heinrich Mann voortgekomen waren.

Maar eindelijk was het dan zover! Er kwam beweging in de trein. Ik sprong onder het rijden uit de 'bak' en haalde mijn operatierijtuig in want een andere mogelijkheid om van het ene in het andere te komen dan buitenom, was er niet.

Ik opende de deur met een driekantige loper, ging op het balkon zitten, liet mijn benen naar beneden bungelen en bleef zo een paar uur zitten kijken naar de Poolse velden en stroken bos, turend naar eventuele sporen van de zo nabije oorlog.

Maar ik kon niets ontdekken. Wij gleden langs dorpen waar de ranken van de haagwinde langs het hekwerk omhoogkropen en waar men, net als bij ons in de Oekraïne, aarden kannen ondersteboven op de palen ervan te drogen had gezet. Op het dak van de kleine boerenwoningen stonden verwaande ooievaars op enorme nesten. Er hing een bleek-gouden gloed in de lucht, net als over de haren van de kinderen die zorgelijk naar de voorbijrijdende trein zwaaiden.

Het was of ook over het gezicht van een Pools meisje dat twee emmers water aan een houten juk droeg, datzelfde bleek-gouden waas hing. Ze zette de emmers op de grond, hield haar hand boven haar ogen, keek uitgebreid de langzaam voorbijdaverende wagons na, wierp dan een streng haar die in haar gezicht sliertte terug en greep de emmers weer beet.

Hoge zwarte kruisen stonden aan de kruisingen van de weg. Vlak erbij zaten oude vrouwtjes met een breiwerk en graasden geiten aan de kuur.

In een klein kapelletje brandden kaarsen maar ik zag er verder niemand. En nog steeds hing die bleek-gouden gloed over de velden, waar riviertjes doorheen liepen met bleek-goud water dat langzaam over de zanderige bodem voortkroop.

Waar is die oorlog nou? vroeg ik bij me zelf. De trein reed langs de vesting Ivangorod. Aan de overkant van de Weichsel doken in de verte de groene forten en de hoge boomstompen van de tijdens de belegering gevelde, oeroude zwarte populieren op.

En plotseling zag ik dan dat er van de spoordijk tot aan de horizon dwars door een klein moerassig dal rechte rijen van inderhaast uitgegraven loopgraven lagen die vol water stonden.

De trein reed over een hoge dam. De locomotief floot, de remmen knarsten en we bleven staan–de weg over de Weichsel was om de een of andere reden versperd.

In de plotselinge stilte klonk duidelijk een hoornsignaal vanuit de vesting.

De ziekenoppassers sprongen achter elkaar de wagons uit.

'Hier staan we voorlopig wel een uur!' riep Romanin mij toe. 'Laten we wat gaan lopen!'

We renden langs de steile berm naar beneden en liepen langs de loopgraven en toen zag ik in het gras dat kennelijk na de slag opgekomen was, overal papiersnippers en verbogen conservenblikjes. Je kon zien dat ze in aller ijl opengemaakt waren, misschien wel met een bajonet. Aan de gekartelde randen zat roest dat aandeed als opgedroogd bloed. Ik begreep gewoon niet waar op een slagveld zoveel verscheurd papier vandaan kwam. Het waren kapot gelezen en van zweet doortrokken stukjes brieven, kranten, ansichtkaarten, boeken, legitimatiebewijzen, foto's. Er lagen ook in de grond gestampte soldatenpetten. Aan een afgebrande struik hing een Oostenrijkse pet met een afgerukte klep. Aan omvergelopen prikkeldraadversperringen flodderden, net alsof ze daar opzettelijk waren opgehangen, flarden soldatenondergoed van neteldoek. Op het prikkeldraad zaten roestige knobbeltjes als wratten.

'IJzer blijkt dus niet alleen door water te roesten,' merkte Romanin terloops op.

'Waardoor dan nog meer?'

'Soms ook door bloed,' antwoordde Romanin met tegenzin.

Rondom zwierven soldatenkistjes, knopen, patronen, stalen patroonhouders, sigarettendoosjes van het merk Ira, een rood zijden lint, drijfnatte etiketten van pakjes zware shag, grijze patroongordels, spijkers, heiligenbeeldjes, riemen, zolen van laarzen, met kruisjes geborduurde tabakszakken, verpakkingen van leeftocht, vuile, aan elkaar geknoopte verbanden, Oostenrijkse bajonetdolken, vertrapte houten lepels, stalen granaatkoppen met verdeelstreepjes erop, met kogels doorboorde veldflessen, verbrijzeld glas.

Dat was de vuilnis van de oorlog, alles wat de mens op de akker van de dood achtergelaten had, alles wat hij tijdens zijn leven zo lang en zorgvuldig bewaard had en hier weggesmeten had, overgelaten aan het vrije spel van zon, wind en regen. Ik moest eraan denken dat hier volwassen mannen gevochten hadden en gesneuveld waren, als kinderen zo bezorgd om hun eigen boeltje dat ieder met zich meezeulde, bang ervan te moeten scheiden.

Naast een granaattrechter lag een door de raven tot op het bot kaal gevreten, dood paard dat met zijn lange gele tanden bloot leek te lachen. In de trechter zag het zwart van de dikkopjes, vet en rond als gummiblaasjes.

Het was erg stil. Alleen wat veldmuizen scharrelden in de vuilnis rond. Maar toen schalde achter de vestingwallen opnieuw zwaarmoedig het hoornsignaal. Deze klank deed mij denken aan mijn kinderlijke voorstelling van de oorlog als van iets plechtstatigs. In dit trompetgeschal lag heel de mij – en niet alleen mij – ingeprente, opgesmukte onwaarheid over de oorlog zoals ik die van kinds af aan had moeten horen. Ruisende vaandels, schallende fanfares, onstuimig hoefgetrappel, fluitende kogels door de lucht, wat een gevoel van gevaar oproept, blinkende sabels, stalen omhoogpriemende bajonetten...

Uit de periode van mijn jongensachtige geestdrift voor Victor Hugo wist ik de volgende pompeuze verzen nog van buiten:

O, vaandels van Frankrijks roemruchte historie
Vaandels van een verleden vol machtige glorie
Door de vluchteling geducht
Van kogels doorzeefd, een heldendaad waard
Doordrenkt van het bloed van Hoche en Bayard
Wapperend hoog in de lucht.

Mijn vader had drie dikke delen van de *Geschiedenis van de kunst* van Gneditsj. Ik keek vooral graag naar de reprodukties van de schilderijen van Mateïko, Villevalde, Meissonier, Gros – schilders van slagen als bij Eylan, la Fère-Champenoise, met de charges van de huzaren, de lansen van de Ulanen, de rookwolkjes uit de kanonsmonden en de generaals met een koperen verrekijker in hun hand, een stafkaart voor zich uitgespreid op de grote trom. Natuurlijk wist ik dat de oorlog heel anders was dan op deze schilderijen. Maar de opsmuk waar men de oorlog mee omgaf had toch zijn uitwerking op mijn hersenkronkels niet gemist en zich er stevig in vastgenesteld.

Hier zag ik nu niet de oorlog zelf maar alleen zijn sporen, zijn vuil, stank en afval. Dat kwam onverwachts. Maar ik zweeg er verder over en zei niets tegen Romanin.

De locomotief floot en stootte twee stoomwolkjes uit, naar elke kant van de spoordijk één. We moesten terug.

Zwijgend liepen we naar de trein. Op het balkon van de wagon keek Romanin me schuins aan en zei: 'Daar zul je aan moeten wennen, intellectueeltje. Gewoon wennen! Dit is nog niks.'

Ik werd woedend en gaf hem een lelijk antwoord–het eerste en het laatste gedurende onze hele frontkameraadschap.

X/REGEN IN HET VOORGEBERGTE VAN DE KARPATEN

De volgende rit zou ons van Brest naar Kielce brengen, die verafgelegen Poolse stad, maar het leek wel of we er nooit kwamen. Steeds weer bleven we ergens onderweg steken. Zo stonden we bij voorbeeld langer dan een week in Skarzjysko, een knooppunt van spoorwegen.

Wat deden veel van die stations in die tijd eigenaardig aan, gebouwd als ze waren aan een spoorwegkruising, ver van elke menselijke nederzetting. Een grote wachtkamer met een restauratie, schelle gloeilampen, een wirwar van rails, een rokerige remise, houten baanwachtershuisjes te midden van acaciastruiken en meteen achter het station niets dan kale velden. Kraaien zwalkten er op de wind en waarheen je ook keek, nergens een teken van menselijk leven, geen boerenwoning, geen rook, hoogstens een saaie landweg die langs een heuvelrug omhoogliep.

Zo was het ook in Skarzjysko, waar op honderd pas afstand van het grote stationsgebouw de leeuweriken kwinkeleerden en een smalle verharde weg zich in de golvende velden verloor.

Niet ver van het station stond midden in de velden het stenen gevaarte van een half afgemaakte kerk. Wie had het in zijn hoofd gehaald hier op deze uitgestorven plaats een kerk neer te zetten? Wie zou er hier iets aan hebben gehad? Niemand die daar antwoord op wist te geven.

Binnen in de lege kerk schoten pijlsnel steenzwaluwen heen en weer. Een stenen trap zonder leuning voerde naar het koor. Op de trap groeide gras dat ruiste in de wind.

Toen ik in mijn operatierijtuig klaar was met opruimen, nam ik een boek van Rabindranath Tagore en ging naar de kerk. Op een maar half afgemetselde muur hoog boven de velden gezeten, begon ik te lezen. Zoals dat soms gebeurt verdrongen mijn eigen gedachten al gauw die van Rabindranath Tagore en ik vond het allemaal uitstekend zo.

Kinderen van Poolse spoorweglieden waren in ganzepas achter mij aan gelopen. Ze werden op de voet gevolgd door een stelletje honden en weldra was de kerk één grote kinderspeelplaats.

't Waren stille kinderen, een beetje geïntimideerd zelfs, met een heel opmerkzame blik. Diep in hun ogen lag steeds een glimlach vol vertrouwen gereed.

Ik probeerde Pools met de kinderen te spreken, maar als enig antwoord keken ze elkaar verlegen aan – ze begrepen me niet. Ik gebruikte dat afschuwelijke Pools-Russisch-Oekraïens jargon dat men bij ons in Kijev voor Pools hield.

Later begonnen Romanin, Nikolasja Roednev en zuster Jelena Petrovna Svesjnikova me te vergezellen naar de kerk. De zuster werd door iedereen Lolja genoemd. Het was een eigenzinnig meisje met een wat slepende stem en een altijd bleek gezicht, als van ingehouden emotie. We hadden vroeger in de etappetrein al vriendschap gesloten, toen Lolja tijdens een nachtelijke ronde gemerkt had dat ik, terwijl het helemaal niet mocht, in slaap was gevallen en mij zo stevig door elkaar geschud had dat de stearine van de kaars die ze in haar hand hield, op mijn gezicht druppelde.

Ik sprong op, blind van pijn. Lolja verbond mij, nu eens bijna huilend van schrik en schaamte, dan weer door haar tranen heen lachend om haar domheid en mijn zielige aanblik.

Op een keer kwam Lolja de kerk binnen, besloop me van achteren, rukte me het boek van Rabindranath Tagore uit de handen en smeet het een heel eind weg. Het boek vloog met ritselende bladen in een wijde boog door de lucht en plofte op het gras neer. Ik keek om en kruiste Lolja's blik, zwart van woede.

'Zo kan 't wel,' zei ze. 'U zo vol te pompen met vage filosofie.'

Ik gaf geen antwoord. Lolja zweeg eveneens, tot ze ten slotte vroeg: 'Wat is dat daar aan de horizon? Kijk, daar!'

'Dat zijn de uitlopers van de Karpaten.'

'Bent u boos?' vroeg ze. 'Anders zoek ik uw boek wel weer op.'

'Nee, dat hoeft niet.'

'Goed zo! Laten we liever naar de brug lopen.'

We liepen naar de spoorbrug over een riviertje waarvan de oevers dicht begroeid waren met braamstruiken.

Lange tijd stonden we aan de brug te kijken naar de uitlopers van de Karpaten. Ze lagen zwaar in de verte als onweerswolken. De soldaat die bij de brug de wacht hield, kwam naar ons toe en bleef ook staan kijken.

'Je kunt doen wat je wilt,' zei hij ten slotte, 'maar aan vreemde bodem kunnen wij mensen niet wennen. Zelfs de regen is hier anders. En het gras ziet er dan wel bekend uit maar het is niet als thuis.'

'Is dat dan zo erg?' vroeg Lolja.

'Erg is 't niet, zustertje,' antwoordde de soldaat geërgerd. 'Ruimte is hier genoeg maar je voelt je er niet lekker bij. Net alsof je overdag geslapen hebt.'

Lolja moest lachen en zweeg verder. De wacht zuchtte en liep weg.

'Het is verboden hier te blijven staan,' zei hij onder het weglopen met een onzekere stem. 'Jullie horen wel bij ons, maar niemand mag hier blijven staan.'

Door Lolja ondervond ik de grootste vernedering van mijn leven.

Op een keer werd ik van Brest naar Moskou gestuurd om geneesmiddelen op te halen. Van de artsen, zusters en ziekenverplegers kreeg ik een hele vracht boodschappen en brieven mee. In die tijd probeerde iedereen zoveel mogelijk zijn brieven met iemand mee te geven, om aan de militaire censuur te ontsnappen.

Lolja gaf me haar kleine gouden polshorloge en vroeg of ik het aan haar oom wilde geven die professor in Moskou was. Lolja voelde zich niet op haar gemak met het kleine gouden polshorloge. Het was natuurlijk een volkomen overbodige luxe in een hospitaaltrein.

Lolja gaf me ook nog een brief voor haar oom mee. Er stond veel goeds over mij in en ze verzocht hem mij zo nodig onderdak te verschaffen.

In Moskou spoorde ik de woning op van de geachte professor en belde aan. Het duurde even voor mij open werd gedaan. Dan vroeg een ontevreden vrouwenstem vanachter de deur wie ik was en wat ik moest. Een schele bejaarde dienstmeid deed open. Achter haar stond, plechtstatig als een monument, een rijzige oude dame in een sneeuwwit gesteven jakje met een zwarte vlinderdas–de vrouw van de professor. Haar grijze haar zat in een hooghartige rol op haar hoofd gestoken en glom, net zoals de glazen van haar lorgnet. Ze hield zoals ze daar stond, de deur naar de eetkamer versperd. Daar zat het gezin van de professor.

Ik overhandigde de professorsvrouw het doosje met het horloge en de brief.

'Wacht u even hier,' zei ze en ging de eetkamer binnen, na eerst het dienstmeisje een veelbetekenende blik te hebben toegeworpen. Dat begon dan ook meteen in de vestibule een gelakt tafeltje dat al lang afgestoft was en akelig glom, nog eens af te stoffen.

'Wie heeft er gebeld?' vroeg een krakerige oudemannenstem in de eetkamer. 'Wat is er nou weer?'

'Moet je nagaan,' antwoordde zijn vrouw terwijl ze met papier ritselde–ze maakte het pakje zeker open–, 'Lolja doet in de oorlog al net zo mal als normaal. Stuurt ze haar gouden horloge. Met een of andere soldaat. Dat is toch wel erg onvoorzichtig. Op en top haar moeder!'

'Hm, hm!' bromde de professor, blijkbaar met volle mond. 'Dé methode om het kwijt te raken.'

'Ik begrijp Lolja trouwens toch niet,' zei zijn vrouw weer. 'Hier schrijft ze of we hem onderdak willen geven. Waarom moet dat? Waar moeten we hem leggen? In de keuken slaapt Pasja al.'

'Dat ontbrak er nou nog net aan,' bromde de professor. 'Geef hem een roebel en laat hem weggaan. Lolja moest zo langzamerhand weten dat ik geen vreemde mensen kan velen.'

'Een roebel, dat vind ik een beetje vervelend,' zei zijn vrouw weifelend. 'Wat denk jij ervan, Pjotr Petrovitsj?'

'Nou, dan geef je hem twee roebel.'

Ik smeet de deur van het trapportaal wijd open, liep naar buiten en sloeg de deur zo hard achter me dicht dat er in de woning van de professor iets op de grond viel en onder veel gerinkel brak. Op de overloop bleef ik staan.

Dadelijk daarop ging de deur op de veiligheidsketting open. Achter het dienstmeisje, dat de deur op een kier hield, stond het voltallige gezin: de hooghartige professorsvrouw, een student met een paardegezicht en de oude professor zelf, die een verfrommeld servet met vlekken van eigeel tussen zijn boord had zitten.

'Is dat een manier van doen?' schreeuwde het dienstmeisje tussen de kier van de deur door. 'En dat nog wel voor een frontsoldaat! Een verdediger van het vaderland!'

'Zeg die bazen van je maar dat 't vuilakken zijn,' zei ik.

Daarop ontstond in de vestibule een verward gedrang. De student stormde naar de deur en greep naar de ketting, maar de vrouw van de professor trok hem weg.

'Laat dat, Genja!' riep ze. 'Hij zou je doodmaken. Ze zijn aan het front gewend geraakt iedereen dood te schieten.'

Dan baande de oude professor zich een weg naar voren. Zijn helder gewassen baardje beefde van verontwaardiging. Met zijn handen als een toeter voor zijn mond, schreeuwde hij tussen de deurspleet door: 'Kwajongen! Ik zal je naar de politie brengen!'

'Doe maar flink,' zei ik. "t Licht der wetenschap!'

De eerbiedwaardige grijsaard werd door zijn vrouw weggetrokken en zij sloeg de deur dicht.

Sinds die dag heb ik mijn leven lang wantrouwend gestaan tegenover de zogenaamde 'Hogepriesters der wetenschap', die pseudo-geleerden, dat soort mensen dat mateloos opgeeft over hun geleerdheid maar in het dagelijks leven kleinburgerlijk en laag-bij-degronds blijft. Er zijn veel vormen van platvloersheid die aan ons voorbijgaan. Zelfs Tsjechov, die er toch wel een heel speciale neus voor had, zijn een heleboel verschijnselen ontgaan.

O, deze professorsgezinnen met hun verafgoding van onzinnige familiegewoonten, met hun aan de weg timmeren van hun eigen ordentelijkheid, met hun hooghartige beleefdheid, met hun eerbiedwaardige pedante huisvaders voor wie het bepalen van het aantal haartjes bij schildwormen iets heiligs is, met hun ijselijk nette, grammaticaal juiste taalgebruik, met hun preutse, ziekelijk pietepeuterige echtgenotes, met hun stiekeme bijhouderij van andermans wetenschappelijk of ambtelijk succes of tegenspoed.

En dan die professorswoningen met hun bedreven personeel en ondraaglijke verveling volgens een geijkt patroon, van de wieg tot het graf.

Ik vertelde Lolja niets over dit voorval.

We kletsten graag, bekvechtten vaak en gingen 's avonds naar een Pools cafeetje, waar we koffie dronken met eigengebakken koekjes erbij en keken hoe de bedaagde waardin rode bloemen zat te borduren op een tafellaken van linnen uit Gérardmer.

Ook hier bespeurde men niets van de oorlog. Was de schildwacht bij de brug er niet geweest, dan had het kunnen lijken of we met vakantie waren in een gebied ergens ver in de Poolse achterhoede. En Lolja's meisjesachtige bleekheid paste helemaal niet bij de oorlog, net zomin als de uiteenzettingen van Tagore over de zuivering van de menselijke ziel van alle smetten.

Stilletjes doofde het avondrood boven de velden en de uitlopers van de Karpaten. Telkens weer stierf er in deze smeulende diepte een dag die vervuld geweest was van allerlei gedachten en vreugden. Jonge mannen en meisjes, net als wij toen, hebben veel meer om over te peinzen dan volwassen mensen en kennen ook veel meer vreugden, zelfs in tijd van oorlog.

Maar op zekere avond ging de zon onder in een loodgrijze waas. 's Nachts begon de regen op de daken van de wagons te trommelen.

De volgende morgen vertrokken we uit Skarzjysko naar Kielce. De uitlopers van de Karpaten kwamen meteen dichterbij. Uit de beukenwouden woei een vochtige wind door de open ramen naar binnen. De wolken bleven aan de toppen van de heuvels haken, beurtelings de kruisen langs de wegen verhullend en onthullend.

Plotseling rolde traag en gewichtig een eenzaam kanonschot door de grauwheid. Het leek wel of de trein vaart verminderde. Dan volgde er een tweede kanonschot, een derde en vervolgens werd alles stil.

'Romanin!' schreeuwde ik door het tussenschot heen. 'Heb je het gehoord?'

'Ik heb het gehoord!' antwoordde Romanin. 'En ik verbaas me.'

'Waarover?'

'Kom maar hier. Dan zal ik het vertellen.'

Ik liep naar de apotheek. Intiem en schoon, prettig vond ik. Er hing een geur van gedroogde frambozen. Romanin was poeders aan het afwegen op een weegschaal met paarlemoeren schaaltjes.

'Ga zitten!' zei hij. 'Rook maar gerust, 't kan mij niet barsten. Ik steek er zelf ook een op. Waarom ik me verbaas weet ik eerlijk gezegd eigenlijk ook niet.'

'Hoezo?'

'Ach, 't is waarschijnlijk niet eens de moeite van het begrijpen waard. Moet je eens kijken: alles blinkt hier, alles staat op zijn plaats. Elk potje in zijn houten vakje. Gezellig, nietwaar? Ik zit hier de hele dag, ook als 't niet hoeft. Te lezen, naar buiten kijken. En af en toe doe ik eens een dutje in deze stoel.'

Hij liet zijn blik langs de rijen aardewerk potjes gaan en zuchtte.

'En dat alles wordt naar de verdommenis geholpen door de eerste verdwaalde granaat. En wat me nou zo verbaast, is dat ik naarmate het gevaar dichterbij komt, almaar meer van deze breekbare, bijna ijle potjes begin te houden, van de boeken, de orde, de stilte en zo'n sigaret hier.'

'Wij krijgen geen granaat op ons dak,' zei ik, 'wij niet!'

Buiten stoven zwarte rangeersporen voorbij, kriskras door elkaar. We kwamen in de buurt van Kielce.

Op de door granaten doorzeefde daken van de goederenloodsen druilde motregen neer.

In Kielce moesten we drie dagen lang wachten op gewonden.

De chef-arts gaf Lolja, Romanin en mij verlof om naar Chencin te gaan, een gehucht dat in de voorste frontlinie lag.

In Chencin was een artillerieregiment gelegerd. Daarbij diende een neef van Lolja.

We gingen laat in de ochtend met een ziekenkar op weg. Het regende aan één stuk door. De stad lag gehuld in de zurige rook van locomotieven. Aan de rand van de stad stond in diepe leemgroeven rood water. Ook de blaasjes die aan de oppervlakte uiteenspatten, waren roodachtig.

We reden langs een kapot geschoten steenbakkerij. Tussen de hopen verbrijzelde bakstenen woelden vrouwen en kinderen die lege korven bij zich hadden, op zoek naar weet ik wat. Dan kwamen we op een volkomen stukgereden frontweg die meer op een ondiepe modderrivier leek.

Over de velden langs de weg bewogen zich soldaten voort, de panden van hun doorweekte jassen opgeslagen. Aan stangen sleepten ze rollen prikkeldraad voort.

In de droge gracht naast de weg stond een kar van het veldlazaret waar een wiel vanaf gelopen was. Soldaten waren er druk bij in de weer. Om beurten klommen ze erin om te schuilen voor de regen en een sigaretje te roken.

De soldaten wachtten zonder mopperen hun beurt af om in de kar te klimmen, daar met hun natte vingers en een stukje vochtig krantepapier een sigaret te draaien van grove tabak, er de brand in te jagen en genietend de scherpe rook in zich op te zuigen.

Ze stonden voorovergebogen te wachten, hun handen in de mouwen van hun jas en spuugden op de grond als ze naar het westen keken. Daarvandaan kwam met vlagen een vochtige wind aanjagen die door de wilgetakken striemde en de wolken voortjoeg.

'Echt een plek om een sigaret aan te steken,' merkte onze koetsier, een kleine donker uitziende soldaat die zijn jaskraag hoog opgezet had, op. 'Wat er voor tabak al niet wordt gedaan!'

'Wat is er niet goed aan die plek?' vroeg Romanin. 'Ze kunnen tenminste schuilen.'

'Dat stuk weg wordt de hele tijd door de Duitsers onder vuur genomen,' antwoordde de soldaat. 'Eenmaal per uur, soms ook vaker, vuren die een stuk of wat granaten af. Zuiver even bang maken. Een Duitser voert namelijk oorlog met de klok in de hand. Alles even keurig op tijd, de hondsvotten! Ik zorg zoveel mogelijk meteen na een beschieting hier langs te komen.'

'En lukt je dat ook?'

'Dat hangt ervan af,' antwoordde de soldaat. 'Meestal wel. Maar ja, de ene dag is de andere niet. 't Moet gewoon een beetje meezitten.'

De soldaten bij de kar kwamen plotseling in beweging. Sommigen gingen vlug op hun hurken zitten, anderen holden naar een klein ravijn niet ver van de weg. Maar degenen die in de kar zaten te roken, verroerden geen vin, ze trokken alleen maar heftiger aan hun sigaretten, verbrandden hun vingers en kreunden iets uit.

'Klaar met roken, stelletje schutters?' riep onze koetsier de soldaten spottend toe. 'Jullie krijgen nog wel een rokertje gepresenteerd van de moffen!'

Meteen daarop flitste er iets op, er klonk een doordringend gegier, een luide droge knal, en niet ver van de kar spoot een fontein van gele aardkluiten en vuil de lucht in.

'Hu-u!' schreeuwde de koetsier tegen de paarden. 'Krengen! Jullie horen bij de viller thuis en niet in de actieve dienst.'

Maar de paarden liepen geen stap harder. De tweede granaat sloeg achter ons in de rand van de weg. Voor het eerst hoorde ik granaatscherven door de lucht fluiten.

Een oorlogsvrijwilliger, een jongen haast nog, kwam op onze kar toerennen. Zijn gezicht had nog geen kans gezien te verweren. Je kon aan alles zien dat hij uit de grote stad kwam, uit een gezin van intellectuelen.

Hij greep het achtereind van ons voertuig beet en vroeg met hortende stem maar heel beleefd: 'Zegt u me alstublieft of ze gauw ophouden met schieten.'

Deze vraag kwam zo onverwacht dat onze koetsier zich bijna in zijn eigen speeksel verslikte en de paarden inhield.

'Dat moet je de moffen zelf maar vragen,' zei hij met ijzige spot. 'Je gaat maar op je blote knietjes liggen. Je bent tenslotte een gestudeerd iemand, misschien dat ze hun pet wel voor je afnemen. Nou, vooruit! 't Is te zien dat het voor 't eerst is voor je. Klim er maar op. Maar kom niet met je smerige laarzen op mijn hooi. Daar heb ik 't niet voor neergelegd, sodemieter nog an toe!'

De vrijwilliger kroop haastig op de kar en keek ons schuldig aan. Het was net of zijn hoofd op zijn hals geschroefd zat, zo moeilijk bewoog hij het. Er sloeg een derde granaat achter ons in, maar verder weg dan de vorige.

'Zo, dat was 't dan weer!' zei de koetsier. 'Nu kan er rustig worden gerookt. De moffen hebben zich aan hun schema gehouden en zitten nu koffie te zuipen.'

De uiteengestoven soldaten verzamelden zich weer bij hun kar. Maar nu stonden ze toch wel te morren. Je kon ze elkaar horen uitschelden.

'Wat nou, pokdalig kreng? Nog een tweede opsteken? Waar heb je dat aan verdiend? Aan de beschieting? Vort, eruit! Anders zal ik je eens bij je lurven pakken!'

'Handen thuis, baardmans! Ik heb anderen dan jij in elkaar geslagen, mannetje!'

'Zitten-me daar bij elkaar als een stelletje ouwe bakers! De moffen kwamen zeker mooi in hun kraam te pas.'

'Ho, ho, we komen er al uit. Hou op met dat stomme geklets. Kom maar gauw, je plekje is warm gehouden!'

We reden door. We waren net aan een gevaar ontkomen en misschien leek de regen ons daarom minder koud. De geur van vochtig gras dreef over de velden. Aan de horizon brak een heldere streep door. De weg liep onder hoge populieren door. We waren bij de eerste uitlopers van de Karpaten aangeland. De regen sliertte eroverheen als strengen uitgeplozen touw. Langs de stenen wegkanten liep regenwater in heldere beekjes naar beneden. De steenslagweg schitterde. De natte ruggen van de bruine paarden dampten.

In de verte lag op een hoogte een minuscuul stadje, als speelgoed in een blauwe waas van wolken en regen. De wind droeg het slepend luiden van de klok naar ons over.

'Dat is dan Chencin,' zei de koetsier. 'Waar moet u heen? Naar het schijnwerpersbataljon of naar de artilleristen?'

'Naar de artilleristen.'

Onze kar hield stil bij een huis met een verdieping. In de voorgevel zaten geen ramen. Alleen maar een smalle deur en daarboven aan de muur een zwart crucifix.

Christus aan het kruis achtervolgde ons overal sinds we in Polen waren. Sommige van die crucifixen waren met een dusdanige anatomische nauwkeurigheid gemaakt, met inbegrip van de geronnen bloeddruppels op de met een speer doorboorde magere borstkas van Jezus, dat het gewoon afstotelijk aandeed. Romanin zei dat hij schoon genoeg had van die aan alle wegkruisingen opgehangen lijken en dat hij naar thuis verlangde, naar de rivier de Sakmara waar tot op een afstand van honderd werst alleen de beboste uitlopers van de Oeral, met de erdoorheen vlietende rivier en zijn vaders imkerij te zien waren. Vader Romanin, een gepensioneerd plattelandsarts bracht zijn oude dag door op een klein landgoed aan de oevers van de Sakmara.

We werden ontvangen door officieren van de artillerie. Ze onthaalden ons op thee en stonden ons hun veldbedden af. We waren doornat. Van de thee en de warmte zakten we al gauw zalig weg. Ik viel als een blok in slaap.

Midden in de nacht werd ik wakker door kanongebulder. Vlakbij vond een artilleriegevecht plaats. In de kamer naast me flakkerde een kaars en de officieren zaten fluisterend aan tafel te ruziën. Ze hadden hun uniformjasjes uit en zaten in hemdsmouwen te kaarten.

De ruiten rinkelden en bij elk kanonschot bengelde hoog onder het dak een kerkklok. Het stroomde van de regen. Buiten was het zo stikdonker dat je bang werd als je ernaar keek.

Ik stak een sigaret op. Romanin lag te woelen op zijn kooi.

'Tja,' zei hij voor zich uit. 'Stromen van bloed door de schuld van schurken en idioten.'

'Van wie?' vroeg ik.

'Idi-o-ten!' herhaalde Romanin met lange uithalen. 'Al die opgeblazen Wilhelms en halve gare Nikolaïs. En inhalige geldwolven. Sommigen zijn zielepoten, anderen gewoon vuile schoften. Maar dat maakt 't ons niet makkelijker.'

'Hoor eens,' zei Lolja, die dus ook wakker was. 'Hou op met die gesprekken. Anders moet ik verschrikkelijk huilen...'

We zwegen. 't Bleef maar doorregenen. Ik had trek maar het was nog lang geen ochtend.

Ik sluimerde weer in. Door mijn slaap heen zag ik hoe Lolja opstond, naar het raam liep, lang het duister in keek waar af en toe iets oplichtte, dan een zucht slaakte, de van me afgegleden soldatenjas over me heen trok, op een krukje naast mijn bed ging zitten en zich een hele tijd niet meer verroerde, als dood bleef zitten, haar handen op haar knieën samengeperst.

XI/AAN DE OVERKANT VAN DE TROEBELE SAN

Als een gloeiende bol zakte de zon weg achter het spaarzame dennenbos aan de overkant van de rivier de San.

Tussen boomstronken en struiken stonden eenzame dennen, hoog en fijn, gekromd onder de last van hun toppen. De purperen gloed van de zon gleed langs hun stammen neer tot op de zanderige bodem en weerspiegelde zich golvend in het snelle water van de San.

Achter de bosrand begon een vlakte, blauwig in de avondhemel. Daarvandaan kwam de bittere amandelgeur van moerasbloemen aandrijven.

Dat was Galicië.

Onze trein stond aan de grens, op een zijspoor voor een houten brug over de San. Troepentransporten kwamen ons tegemoet.

Ik ging voor het eerst een grens over. Aan de overkant van de San lag Oostenrijk. Mij leek het dat over de grens alles anders zou zijn dan bij ons: niet alleen de mensen, de dorpen en de steden maar zelfs de hemel en de bomen.

Zo had ik mij als jongen het buitenland voorgesteld. Van dit domme idee was ik eigenlijk in zekere mate, zo groot als ik was, nog altijd niet af.

Maar voorlopig was alles nog net als thuis. Dezelfde dorre cichorei groeide hier ook langs de paden. Net als in Rusland zakten je voeten ook hier in het zand weg en zelfs het water van de San was troebel, terwijl het volgens mij helder klaterend voorbij had moeten stromen.

's Nachts reden we de brug over de San over en Galicië binnen. 's Morgens hielden we halt in het stadje Mielec.

Ik kreeg geen kans het te bezichtigen. Verderop, in de buurt van Dembitza, werd zwaar gevochten en we werden meteen daarheen gestuurd. Het enige wat ik uit de trein zag, waren vrolijke groene heuvels, pannendaken, muren waar hop langs groeide en krijtwitte wegen omzoomd met populieren.

Dan hoorden we een zware, niet aflatende kanonnade en zagen een dichte stofwolk die naar het zuiden toe de hele horizon bedekte. Misschien was het wel helemaal geen stof maar de rook van brandende dorpen.

Voertuigen met vluchtelingen spoedden zich spoorslags in een lange stoet langs onze trein in noordelijke richting, naar het overzetveer bij de San. Afgematte infanterietroepen trokken in wanorde voorbij. Steeds sterker begon de aarde te rommelen. In de wagons rinkelden de ruiten.

De trein hield eindelijk halt in een brede vallei. In de ruige bossen langs de hellingen ontvlamden hier en daar schrapnels in gelige rookwolkjes.

Ruiters galoppeerden de trein langs. Oorverdovend dreunde een in naburige struiken verborgen veldbatterij. De hoofdarts Pokrovskij beval ons twee grote Rode-Kruisvlaggen boven de trein uit te hijsen.

Daarna werden we nog wat verder naar voren geschoven tot we voor een vernield baanwachtershuisje stonden. Daar lagen in het stoffige gras tientallen gewonden provisorisch verbonden. We begonnen ze meteen in de wagons te laden. De trein was eigenlijk al vol, maar er kwam maar geen eind aan de gewonden. We legden ze in de gangpaden, op de platforms, in de 'bak'. De trein was één en al gekreun uit vele kelen.

Het gevecht leek duidelijk dichterbij te komen maar we hadden er geen erg in. Ik merkte alleen in een flits op dat er een raam verbrijzeld was en hoorde half verdwaalde kogels tegen de rails ketsen.

Een van onze hospitaalsoldaten raakte aan de schouder gewond.

Romanin werd door een hete golf lucht tegen de grond geslagen. Maar dat gebeurde allemaal buiten ons om. Iedereen was nog maar van één gedachte doordrongen: 'Zo snel mogelijk de gewonden inladen! Zo snel mogelijk!'

Een bezwete officier kwam op de trein af galopperen en riep om Pokrovskij. Op zijn epauletten lag zo'n dikke laag stof dat de sterren niet meer te zien waren.

'Snel!' schreeuwde de officier met overslaande stem. 'Lazeren jullie een eind op met die trein! Over een kwartier is het te laat. Jullie zijn twee keer zo zwaar als normaal! Weg wezen!'

De officier liet zijn rijzweepje zwiepen dat hij in zijn hand geklemd hield en wees naar het noorden. Zijn paard tolde als bezeten onder hem in 't rond.

'We kunnen nog gewonden op de daken kwijt!' schreeuwde Pokrovskij hem toe.

'Dan trek je ze er maar onder het rijden op!' brulde de officier terwijl hij zijn paard met een ruk wendde en naar de locomotief galoppeerde. De trein zette zich meteen in beweging. Een aantal gewonden slaagde erin zich aan de leuningen vast te klampen en werden door hospitaalsoldaten de balkons opgehesen. Pas nu viel het me op dat de schemering al gevallen was – je zag de vuurschijn van de explosies nu veel duidelijker en het stof aan de horizon kleurde zich onheilspellend purperrood.

Dan begonnen er kogels tegen de buitenkant van de wagons te ratelen. Maar dat duurde slechts een paar minuten. De trein reed ontzettend snel. Toen hij eindelijk vaart minderde, beseften we dat we niet langer 'in de val' zaten.

De trein zeulde een paar honderd gewonden mee, inderhaast verbonden. Hun zwachtels waren doorweekt van het bloed, hun verband was afgegleden, hun gezichten zagen grauw van dorst en van pijn. Ze moesten allemaal opnieuw verbonden worden. De zwaargewonden die onmiddellijk geopereerd moesten worden, moesten ertussenuit gehaald worden.

We gingen meteen aan de slag en vanaf dat moment stond voor ons de tijd stil. We letten er niet meer op. Om het kwartier waste ik in het operatierijtuig het bloed van de linoleumvloerbedekking en ruimde korstige zwachtels op; dan werd ik weer naar de operatietafel geroepen, waar ik zonder goed te beseffen wat ik deed, het been van een gewonde vasthield en probeerde niet te kijken hoe Pokrovskij het witte bot, bros als suiker, doorzaagde met een scherp gepunt stalen zaagje. Opeens werd het been dan heel zwaar en door een soort nevel heen begreep ik dat de operatie achter de rug was. Ik droeg het afgezaagde been naar een zinken bak zodat ik het bij de volgende halte ergens kon begraven.

Het rook naar bloed, valeriaan en brandspiritus. Op spiritusbranders werden voortdurend instrumenten uitgekookt. Sindsdien is de blauwige spiritusvlam in mijn herinnering verbonden met het ondraaglijke lijden waardoor op iemands gezicht het grauwe zweet van de doodsstrijd komt te staan.

Sommige gewonden schreeuwden, anderen lagen met opeengeklemde kaken te knarsetanden en te vloeken. Maar er was er één die door zijn taaiheid zelfs de onverstoorbare Pokrovskij versteld deed staan. Hij had een bekkenfractuur. Hij stond onmenselijke pijnen uit maar hij kwam helemaal alleen zonder hulp van een verpleger naar het operatierijtuig gestrompeld, zich aan de wanden vastgrijpend. Onder het verbinden vroeg hij alleen toestemming te mogen roken, omdat het zo lekker opluchtte. Hij kreunde niet en schreeuwde niet, praatte almaar geruststellend met Pokrovskij en Lolja, die assisteerde bij het verwijderen van de granaatscherf en het aanleggen van een ingewikkeld, stevig verband.

''t Geeft niets,' zei hij. ''t Is wel om uit te houden. 't Is zelfs best uit te houden. Trekt u er zich maar niets van aan, zustertje.'

Alleen zijn ogen verraadden pijn. Van minuut tot minuut werden ze kleurlozer, er kwam een gelig waas over te liggen.

'Waar kom jij vandaan, kerel?' vroeg Pokrovskij nijdig.

'Ik ben uit Vologda, mijnheer,' antwoordde de gewonde. 'Mijn moeder heeft me ergens midden in de drijfnatte wouden ter wereld gebracht. Ze heeft me helemaal alleen gekregen. Ze heeft me gewassen met water uit een plas. Bij ons zijn ze trouwens allemaal zo, dokter. Een gewond dier, natuurlijk schreeuwt dat. Maar een mens hoort niet te schreeuwen.'

Ik kan me nu niet meer herinneren hoe lang dat onafgebroken

verbinden en opereren duurde. Voor erg ingewikkelde operaties stopte de trein ergens op een station. Ik herinner me alleen dat ik het schelle elektrische licht nauwelijks had aangestoken (er was een accumulator in het rijtuig), of ik deed het al weer uit omdat buiten de zon reeds scheen.

Maar lang scheen die niet, leek me; een uurtje of zo, en ik stak het verblindend witte licht al weer aan.

Op een keer nam Pokrovskij mij bij de arm, trok mij opzij naar het raam en dwong mij een glas met een bruinig kleverig goedje leeg te drinken.

'Doorzetten,' zei hij, "t is bijna gebeurd. We kunnen momenteel niemand vervangen.'

En ik hield vol, verwisselde alleen af en toe mijn jasschort vol bloed voor een schone.

De gewonden bleven binnenstromen. We hielden hun gezichten niet langer uit elkaar. Ze leken nu allemaal hetzelfde ongeschoren groenige gezicht te hebben, dezelfde witte ogen die rond stonden van pijn, precies dezelfde gejaagde hulpeloze ademhaling en dezelfde ijzerharde vingers die ze om onze armen knelden wanneer we ze tijdens het verbinden vasthielden. Onze armen zaten onder de krabben en blauwe plekken.

Slechts één keer ging ik de wagon uit, ergens op een onbekend station in Polen, om een sigaretje te roken.

't Was avond. Het had zoëven nog geregend. Op het perron blonken plassen. Aan de groenige hemel hing als een kolossale druiventros een onweerswolk, rozerood omfloerst door het licht van de ondergaande zon.

Bij de trein stond een hele schare vrouwen en kinderen. De vrouwen wisten met een punt van hun hoofddoek hun ogen af. 'Waarom huilen ze?' dacht ik niets vermoedend, tot ik ineens het zwakke gesteun hoorde dat uit de wagons kwam.

De hele trein steunde ononderbroken, vermoeid. Natuurlijk kon geen moederhart zonder tranen deze onuitgesproken bede om hulp, om erbarmen aanhoren. Iedere gewonde was immers weer tot kind geworden en riep door zijn koortsige nachten en tergende pijnen heen om zijn moeder. Maar die was er niet. En vervangen kon niemand haar. Zelfs de meest opofferingsgezinde zusters niet. Toch straalden als het ware hun warme en behoedzame handen barmhartigheid uit, zo teder raakten ze de uiteengereten lichamen, etterende wonden, verwarde haren aan.

Ik weet niet meer op wat voor dag we in de vroege ochtend in Lublin aankwamen. Daar stonden drie lege hospitaaltreinen op ons te wachten.

Ze pikten onze gewonden op en reden hen naar Rusland terwijl wij in Lublin achterbleven. We kregen drie dagen verlof.

Ik liep langs de spoorbanen naar de waterpomp en waste me langdurig onder de krachtige schuimende straal. Dat het zo lang duurde kwam ook omdat ik tijdens het wassen half stond te slapen. Een vluchtige slaap, vervuld van een geur van water en zeep van Marseille.

Daarna verkleedde ik me en liep het station uit. Ernaast rees een muur van seringen op. In de perken lieten bloemen in paarse en witte jurkjes, net bedrukt katoen, hun kopjes hangen.

Ik ging op een houten bank zitten, leunde lekker achterover en keek langzaam wegdommelend naar de stad die vlakbij tegen een hoge groene heuvel midden tussen de velden lag te baden in het zonlicht.

Aan de smetteloos blauwe hemel schitterde de zon. De zilveren klank van klokken uit de stad. Het was die dag Goede Vrijdag.

Ik viel in slaap. Het zonlicht kaatste in mijn ogen, maar ik voelde het niet want ik zat met mijn gezicht in de schaduw van een parasol. Een oud baasje met een vergeeld, gesteven boordje was naast me op de bank komen zitten, had zijn parasol opgestoken en hield hem zo dat ik geen last meer van het icht had.

Hoe lang ik zo gezeten heb, weet ik niet. Ik werd wakker toen de zon al tamelijk hoog aan de hemel stond.

Het oude baasje stond op, lichtte zijn bolhoed, zei 'przepraszam', wat in het Pools 'neemt u mij niet kwalijk' betekent en ging.

Wie was dat? Een oude leraar of een loketbediende van de spoorwegen? Of de organist van de kerk daar? Wie het ook geweest mag zijn, ik ben hem nog altijd dankbaar voor dat eenvoudige menselijke gebaar midden in die oorlogsdagen. Als een brave oude ziel was hij opgedoken uit de beschaduwde straten van Lublin, van die straten waar gepensioneerde militairen een karig en keurig bestaantje leiden, waar iemands laatste vreugde een perk vol Oostindische kers is of een doosje zelfgedraaide sigaretten van geurige Krimtabak. Want hun kinderen hadden al lang hun vleugels uitgeslagen, hun vrouw was al lang dood en oude tijdschriften, de Russische *Niva* zowel als het Poolse *Geïllustreerd Weekblad* waren allemaal al lang gelezen en nog eens gelezen. Alles was voorbijgegaan. Er restte nog slechts verstilde wijsheid, ijle rook van sigaretten en ver gebeier van klokken uit de stad, dat altijd eender klonk, of het nu een feestdag of een begrafenis aankondigde.

XII/LENTE AAN DE OEVERS VAN DE WIEPRZ

In oorlogstijd is stilte wel heel erg lieflijk.

Lublin baadde in zo'n stilte. Het rumoerige oorlogsbestaan ging aan deze stad voorbij, zoals de militaire treinen bijna zonder vaart te minderen aan zijn station voorbij reden.

Het station stond vol bittere tabakswalm, galmde van het lawaai van veldflessen, gonsde van stampende laarzen en kletterende geweren. Maar je hoefde maar langs de brede straat naar de stad omhoog te lopen, of de stilte en de geur van pas ontloken seringen omringden je. Daar nam je je pet af, veegde je voorhoofd af waar de harde petrand een rode striem op had achtergelaten, haalde eens diep adem en zei je bij je zelf: 'Wel verdraaid nog an toe, wat is dat voor afgrijselijk boze droom! Er is toch zeker helemaal nooit oorlog geweest!'

Dan keek je omhoog en zag je hoe de zwaluwen over de daken scheerden. Luchtige wolken kwamen uit blauwe verten aangezwommen waar ze met dezelfde vaart weer verdwenen, zonder de aarde ook maar een zonnestraal te hebben ontfutseld. De zonnestralen wrongen zich tussen de hartvormige bladeren van de seringen door, vlijden zich op de trottoirtegels en koesterden ze in hun lentewarmte.

In de Saksische tuin studeerde een blaasorkest operamelodieën in.

De klanken droegen ver door de over de stad liggende stilte. Ergens in een steegje dat tussen de schuttingen met hun smalle poortjes naar de rivier afdaalde, kon je zomaar van verre een bekende melodie horen: 'Hij is ver weg, mijn bruidegom, in verre vreemde landen.'

Boven de poortjes hingen smeedijzeren lantaarns. De seringestruiken hingen zwaar over de schuttingen. En van 's ochtends tot 's avonds klonk voortdurend klokgelui.

Met Pasen zaten we nog altijd in Lublin. De paasdagen betekenden afwisseling, na de drukte en het stof van de recente gevechten. Maar in de netjes opgeruimde en schoon geboende trein stuitten we toch nog wel eens op een stukje watten, korstig van het bloed, dat achter het handvat van de rem was blijven steken of een van pijn helemaal stuk gekauwd sigarettepeukje dat achter een brits was weggerold.

We gingen naar de paasnachtdienst in de Bernardijnenkerk. Alles was er even theatraal: de kanten misdienaartjes, de bergen seringen aan de voeten van het in hemelsblauw brokaat gehulde houten kindeke Jezus, de grijze pastoors die zeurderig Latijnse gezangen zongen, het dreunen van het orgel.

In de ogen van de biddende vrouwen stond slechts één ding te lezen: het bezeten wachten op een wonder, een onmetelijke hoop dat misschien dit jochie of die bleke vrouw met de zware wimpers, de moeder van deze goddelijke zuigeling, alle oorlogen, afmattende arbeid en armoede uit de wereld zouden helpen en men eindelijk de rug boven de tobbe met vuil wasgoed zou kunnen strekken en het zonnetje dat zich in het zeepwater spiegelde, zou kunnen toelachen.

De religie was voor deze vrouwen een zoet zelfbedrog, een wereld van steriele bedenksels voor vermoeide lieden. Ze zagen geen andere uitweg en geloofden daarom met zo'n fantastische felheid, in weerwil van alle gezond verstand en levenservaring, dat de rechtvaardigheid belichaamd werd in de gestalte van een bedelaar uit Galilea, in de gestalte van een god. Maar waarom bleef deze god, bedacht door de mensen om het spoor niet bijster te raken in de bloedige en vreselijke warwinkel van het bestaan, dan almaar talmen, almaar zwijgen, zonder in het verloop van hun leven in te grijpen. En toch bleef men maar in hem geloven, al duurde het nu al eeuwen dat deze god werkeloos toezag. De dorst naar geluk was zo groot dat de mensten trachtten de poëzie van het geluk op de religie over te brengen, in deze snikkende orgels te leggen, in de walm van de wierook, de plechtige bezweringen.

Op eerste paasdag liep ik met Lolja en Romanin een heel eind buiten de stad tot de oevers van de Wieprz. Helder stroomde de rivier tussen tarwevelden door. Het riet werd als een zwarte muur in het diepe water weerspiegeld. Boven het riet schoten kleine meeuwen heen en weer. Het was fijn, zo langs de verharde landweg door een onbekend land te lopen, zonder te weten waar die ons heen voerde.

Veldbloemen stonden wiegend aan weerszijden. Voor onze ogen baarde de hemelschoot sneeuwwitte hellingen van wolken. En niemand–noch toen aan de Wieprz, noch later in de loop van mijn verdere leven–heeft me kunnen verklaren waar zo nu en dan die plotselinge opwellingen van geluk vandaan komen, op zo'n ogenblik dat er niets bijzonders gebeurt.

Ik was toen innig gelukkig.

Aan de oever van de Wieprz stond een boerenwoning met een strooien dak. Aan de gevlochten haag hing een vissersnet. Erop zaten bruine karekieten die de opgedroogde algen uitpikten.

Door ons opgeschrikt fladderden ze rumoerig op en maakten een zuigeling wakker die in een rieten wiegje op de aarden bank onder de vensterbank lag te slapen.

Het kind begon te huilen. Een jonge boerin met een opgeschorte rok aan kwam het huis uitlopen. Ze zag ons en bleef met haar handen tegen haar borst gedrukt staan.

Een grijze hond kroop onwillig onder een kapotte tobbe vandaan, liep naar de aarden bank en keek geeuwend en vol onbegrip in het wiegje. Toen hij zich ervan vergewist had dat alles in orde was, ging hij zitten en begon verwoed te schurften terwijl hij ons met zijn oude gele ogen aankeek.

'Vort, Sivyj!' riep de vrouw hem zachtjes toe. Ze nam het kind in haar armen, draaide zich naar ons toe en er kwam zo'n hartelijke glimlach op haar gezicht dat we onwillekeurig teruglachten, zonder dat we eigenlijk wisten wat we moesten zeggen; we stonden daar zomaar wat te staan. De vrouw bood ons bedeesd aan melk te komen drinken. We bedankten haar en gingen het huis binnen.

Daar was alles van hout–niet alleen de muren, vloeren, tafels, banken en het bed, maar ook de borden, de kam op de vensterbank, het zoutvaatje en het waaklampje voor de icoon. Op de vensterbank was ook nog een houten vork blijven liggen. Al die houten voorwerpen versterkten nog de indruk van armoede en properheid.

Lolja nam het kind over en de vrouw des huizes daalde door het luik in de kamervloer in de kelder af en kwam terug met melk in een kruik die meteen besloeg.

Ze nam de tafel af met een handdoek en stond daarbij diep voorovergebogen zodat het zonlicht over haar gouden haar speelde. Ik keek naar dit golvende fijne haar. De vrouw voelde mijn blik en sloeg verward haar groenige ogen naar mij op. Daaruit en ook uit andere tekens maakte ik op dat in deze bescheiden woning een stil geluk zijn intree had gedaan.

Op de een of andere manier moest ik daaraan denken toen ik naar het plafond keek. Daar hing een kleine kroonkandelaar met fijne waskaarsjes. Hij was van gedroogde bloemen gevlochten. Grote purperrode distels dienden als kaarsenhouders. De kaarsjes hadden nog nooit gebrand.

'Wat is dat?' vroeg ik aan de vrouw. 'Wat een prachtig ding!'

'Dat is zomaar voor de grap,' antwoordde ze verlegen. 'Hij kan niet aan. Mijn man heeft hem gevlochten om het hier in huis wat op te vrolijken. Hij is mandenmaker. Hij vlecht manden en krukjes van wilgetenen en niet zo lang geleden nog heeft hij voor juffrouw Jaworska een parasolletje gevlochten.'

Romanin kende het woord parasol niet en was erg verbaasd toen we hem uitlegden dat het gewoon zonnescherm betekende.

Op dat ogenblik ging de deur open en een jonge grote boer stond op de drempel. Een witleren vest met groen borduursel was achteloos over zijn schouder geslagen. Hij was erg mager en glimlachte net zo verlegen als zijn vrouw.

'Dat is Staś, mijn man,' zei de vrouw. 'Hij is helemaal niet zoals iedereen.'

Staś boog zwijgend, legde een bundel lindebast in een hoek neer, ging aan een tafel zitten en nam ons al glimlachend één voor één aandachtig op.

Voor het open raam zongen de leeuweriken. Je kon zien hoe ze met sidderende vlerkjes recht uit de groene tarwe opstegen en in de blauwe hemel verdwenen. Staś keek naar buiten en begon te grijnzen.

'Onze helpers, de leeuweriken,' zei hij.

'Waarom helpers?' vroeg Lolja.

'Ze vrolijken de mensen op bij het werk,' antwoordde Staś met dezelfde vertederde grijns. 'Ik heb 't zelf niet gezien maar er wordt verteld dat er een leeuwerik met een gouden snavel is. Hun aanvoerder.'

'Maar Staś!' riep zijn vrouw verwijtend uit. 'Wie heeft dat nu weer bedacht!'

'De mensen zeggen het,' antwoordde Staś. 'Misschien zullen de leeuweriken ons redden van de oorlog, zoals onder koning Janko de Verschrikkelijke gebeurd is.'

'Je moet de mensen niet zulke fabeltjes vertellen,' waarschuwde zijn vrouw.

Staś gaf geen antwoord. Hij glimlachte alleen precies zo beminnelijk, terwijl hij met zijn vingers op tafel trommelde.

'Wat wil je,' zei hij na even te hebben gezwegen, 'wie 't niet gelooft, gelooft 't maar niet. Maar wie 't wel gelooft die zal misschien hier op aarde een wat makkelijker bestaan hebben. Koning Janko de Verschrikkelijke was ten strijde getrokken tegen een naburstaat en in die staat woonden alleen maar boeren, die ploegden de aarde en zaaiden koren. In hun witte kielen trokken ze met hun hooivorken op tegen ridder Janko. En de ridders hadden koperen kurassen en ze bliezen op koperen hoorns en met hun aan beide zijden geslepen zwaarden konden ze met één slag een os in tweeën klieven. Het was een onrechtvaardige oorlog, zo onrechtvaardig dat de aarde het vergoten mensenbloed niet wilde opnemen. Het bloed stroomde als langs een ruit over de akkers de rivieren in. De boeren kwamen bij honderden om, hun huizen brandden af, de vrouwen werden waanzinnig van verdriet. En onder die boeren leefde een oude gebochelde muzikant. Hij speelde bij bruiloften op een eigengebouwde viool. En deze gebochelde zei: "Er zijn op de wereld verschillende soorten vogels, zelfs paradijsvogels, maar de beste van allemaal is onze leeuwerik. Omdat het een boerenvogel is. Hij zingt over de ploegers om hun het ploegen lichter te maken en over de maaiers om boven het geluid van hun zeisen uit te komen en hun hart op te vrolijken. De leeuweriken hebben een aanvoerder, jong en het kleinst van allemaal, maar met een gouden snavel. Bij hem moeten we hulp gaan halen. Hij zal de boeren geen duistere dood laten sterven. Hij zal ons allemaal redden, u en uw vrouwen en uw groene velden." En de boeren stuurden ijlbodes naar deze leeuwerik uit.'

'Wat voor?' vroeg de vrouw des huizes opeens.

'Van alles. Mussen, zwaluwen en zelfs de kale specht, dezelfde die een gat in het houten kruis op de kerktoren van Lubartowo had geklopt. En dan' – Staś keek ons met sluwe blik één voor één aan – 'kwamen duizenden leeuweriken het boerenland binnengevlogen, ze streken op de daken neer en zeiden tegen de vrouwen: "Jullie daar, moeders en vrouwen, zusters en verliefden, wat zouden jullie ervoor over hebben als deze oorlog voorbij was?" "Alles zouden we ervoor over hebben. Nemen jullie alles maar, tot het laatste kruimeltje." "Nou, als 't zo zit," zeiden de leeuweriken, "brengen jullie dan maar al het brei- en borduurgaren dat jullie zo zorgvuldig hebben opgespaard, op de weideplaats achter het dorp." Aldus deden de vrouwen. Midden in de nacht kwamen duizenden leeuweriken naar de weide vliegen, pakten er de kluwens draad weg, stoven ermee naar het leger van Janko de Verschrikkelijke en begonnen er in wolken omheen te vliegen en de kluwens af te wikkelen, zodat de ridders door de draden werden ingesponnen zoals de spin een vlieg in zijn web verstrikt. Aanvankelijk rukten de ridders de draden kapot, maar de leeuweriken wikkelden de ridders steeds vaster in tot ze op de grond vielen en geen hand en voet meer konden verroeren en alleen nog maar wol spuwden die hun mond binnenpropte. Toen werden de ridders door de boeren van hun kurassen ontdaan, het zwaard werd hun ontnomen, ze werden op karren geladen, tot aan de grens van hun land gevoerd en daar aan de overkant van de rivier in het ravijn gesmeten zoals je oud vuil op de belt gooit. En Janko de Verschrikkelijke zelf had zoveel wol ingeslikt dat hij er blauw van zag en stikte, tot groot genoegen van alle brave mensen.'

Staś zweeg even.

'Dus, mijne heren, zouden wij ook op zoek moeten gaan naar deze leeuwerik met de gouden snavel,' zei hij half lachend.

We verlieten het huisje van Staś pas tegen de avond. Zijn vrouw liep met ons mee tot de grote weg naar Lublin. Staś bleef thuis. Hij stond ons in de open deur na te kijken, zwaar aan zijn pijp trekkend.

De vrouw droeg haar kind in haar armen en vertelde dat Staś helemaal niet zo was als iedereen en dat we het hem maar niet kwalijk moesten nemen.

Op de kruising namen we afscheid van elkaar.

De zon zakte weg achter de Wieprz. Boven de verstilde bossen en velden kwam de sikkel van de maan, zilverig in de schoot van de hemel opstijgend, de zon aflossen.

De vrouw stak me haar hand toe. Zonder te weten waarom, boog ik me voorover en kuste deze ruwe, naar brood ruikende hand. De vrouw trok haar hand niet terug. 'Dank u,' zei ze eenvoudig en sloeg haar rustige ogen naar me op. 'Komt u beslist nog eens langs. Dan bak ik boterbiesjes en Staś zal in de Wieprz wat vis vangen.'

We beloofden dat we terug zouden komen, maar de volgende dag werd onze trein naar Siedlce gestuurd en vandaar naar Warschau en ik heb Staś noch zijn jonge vrouw met haar kind ooit teruggezien. De spijt daarover heeft lang aan mijn hart geknaagd, waarom weet ik zelf niet. Misschien omdat voor mij, als voor zovelen van mijn tijdgenoten, zelfs een zo eenvoudig geluk als dat van die vriendelijke Poolse boerin toen in mijn leven niet bestond.

Toen we weer eens in Brest stonden, kwam een manke maar tiptop geklede luitenant met een chic lorgnet zonder randen op zijn neus naar de hoofdarts Pokrovskij toe.

Hij stelde zich voor als Sokolovskij en vertelde een bijzonder banaal verhaal: hij was gewond geraakt en had na zijn ontslag uit het hospitaal drie maanden ziekteverlof gekregen. Maar omdat hij geen familie had en niet wist waar hij heen moest, vroeg hij of we hem drie maanden als gewoon hospitaalsoldaat op de trein wilden nemen. Hij voelde zich prima, op dat beetje hinken na.

Al zijn papieren waren in orde.

De hoofdarts ging akkoord en bracht hem bij ons in de 'bak'. Wij studenten hadden niets op met officieren en waren daarom erg op onze hoede. Als het nou nog een vaandrig was geweest, dan hadden we hem nog wel op de koop toegenomen, maar een luitenant leek ons het levend voorbeeld van een beroepsofficier.

Sokolovskij had zijn intrede in de 'bak' nog niet gedaan, of er gebeurden allerlei wonderlijke dingen.

''t Is hier een mooie boel, monniken!' zei Sokolovskij met donderende stem. 'Jullie boenen de vloer anders maar zuinigjes. Haal eens een emmer kokend en een emmer koud water, dan zal ik jullie eens leren, stelletje intellectuelen, hoe je een vloer moet aanpakken. Vooruit, vlug! Twee emmers water en niet staan te zaniken!'

Niemand verroerde een vin. Allen keken hem zwijgend aan.

'Trots soms?' vroeg Sokolovskij spottend. 'Dat ben ik zelf ook, maar ik zal jullie de duvel en zijn ouwe moer wel eens laten zien.'

Hij trok zijn uniformjasje met het Georgiuskruis uit en ging zo in zijn smetteloos witte overhemd met hemelsblauwe bretels naar de keukenwagon. Vandaar keerde hij terug met twee emmers water. Hij brulde ons toe onze benen op te trekken en boende in een handomdraai de vloer van de wagon zo schoon dat we, al was het ook met tegenzin, moesten toegeven dat hij op dit gebied een mannetjesputter was. Maar de dingen die toen gebeurden, konden we helemaal niet meer bijhouden.

Sokolovskij nam de gitaar van Lachman van de wand, sloeg een paar akkoorden aan en zette een weemoedig Georgisch lied in. Daarna zong hij een Armeens lied en vervolgens een Oekraïens, een Pools, een Fins, een Lets, en beëindigde dat onverwachte concert met een virtuoze vertolking van het lied *Een span bruine paarden*, in onvervalste zigeunertrant.

Het bleek dat Sokolovskij een heleboel talen vloeiend sprak en heel Rusland op zijn duimpje kende.

Er scheen geen stad te zijn waar hij niet geweest was en waar hij niet alle min of meer vooraanstaande personen kende.

Deze vreemde kwaliteiten van Sokolovskij deden ons nog meer op onze hoede zijn, vooral nadat hij op een vals recept met de keurig nagemaakte handtekening en het artsenstempel van dokter Pokrovskij in een apotheek in Brest een liter alcohol had gekregen, die hij in één nacht tijds soldaat maakte.

'Let op, vrienden,' zei de zwijgzame Grekov, ook een student uit Moskou. 'Het noodlot heeft ons met een vreemde sinjeur opgescheept. We kunnen de ergste dingen verwachten. We moesten er eerst maar eens achter zien te komen wat hij vóór de oorlog was.'

Dezelfde dag nog vroeg Romanin dat Sokolovskij recht op de man af. Sokolovskij kneep even zijn mooie ogen toe waar een brutale schittering in lag. Hij keek hem een hele poos strak aan en antwoordde ten slotte met een dreigende ondertoon in zijn stem: 'Ah, zit 't zo! 't Interesseert de heren wie ik was! Cantor in de synagoge. Dat is één! Ik slikte brandende worstjes in een circus. Dat is twee! Ik was hoffotograaf. Dat is drie! En ik was tussen twee haakjes trouwens ook nog Michaïl Sjervasjidze, prins-regent van Abchazië. Is dat genoeg voor jullie? Of niet? Dan mag ik natuurlijk niet verzwijgen, waarde collega's, dat ik nog gynaecoloog was en voorzanger in het zigeunerkoor van het restaurant "Jar". Verder nog vragen?'

Allen zwegen. Sokolovskij lachte trouwhartig en vatte Romanin om de schouders.

'Beste knul, dat je me bent! Ik was gewoon handelsreiziger. Vandaar al mijn talenten. Maar ik had net zo goed student kunnen zijn als jij.'

Sokolovskij nam ons duidelijk in de maling. Hij probeerde vrolijk te lijken, maar was zo wit van woede geworden dat het kleine litteken op zijn lip helemaal doorzichtig werd. De wonderlijke dingen waren niet van de lucht. Bij welk kaartspel Sokolovskij ook mee aanschoof, of 't nu zwartepieten of baccarat was, hij won altijd. Hij bekende al gauw dat hij alle foefjes kende en gaf ons een hele uiteenzetting over valsspelerij aan de hand van een historisch overzicht en een demonstratie van alle trucs.

Hij haalde tussen duim en wijsvinger een stapeltje van een spel kaarten af en zei: 'Hier zijn negentien kaarten. Wilt u zo vriendelijk zijn dat even na te gaan!'

We telden de kaarten. Er waren er altijd zo veel als Sokolovskij zei. Dat was onbegrijpelijk. En net als alles wat buiten ons ervaringsveld ligt, onprettig en verontrustend. De omgang met Sokolovskij bezorgde je gewoon hoofdbrekens.

Zijn duivelse toeren gingen zo ver dat Sokolovskij een doosje lucifers of een sigarettenetui op een brits legde en ons er zo lang ingespannen naar liet kijken tot het voor onze ogen verdween alsof het in de lucht was opgelost. En dat terwijl Sokolovskij met zijn handen in de zakken van zijn rijbroek zat toe te kijken en even later het verdwenen voorwerp uit de zak van een van de ziekenoppassers te voorschijn toverde.

'Dat is een koud kunstje!' zei Sokolovskij. 'Alstublieft geen opwinding! Zo simpel als wat. De zaak is gewoon dat het zwak ontwikkeld menselijk oog alleen maar langzame bewegingen opmerkt. Er bestaat echter een snelheid die het oog niet kan opmerken. Ik heb tien jaar geoefend om die snelheid te bereiken. Tien jaar! Dat is wat anders dan histologie of Romeins recht erin zitten te stampen, hè? Dit is gewoon werk van de bovenste plank, uit de kunst! De rest, dat lap ik allemaal aan mijn laars!'

Aan het front heerste op dat ogenblik een periode van stilte. Er waren bijna geen gewonden maar wel zieken, vooral veel epileptici. In die tijd werd het woord 'epilepsie' zelden gebruikt. Meestal noemde men deze ziekte net als in de volksmond, 'vallende ziekte'.

Het was verboden, epileptici samen met gewonden te vervoeren. Daarom werden ze in de veldlazaretten bijeen gestopt en apart op transport gesteld naar de achterhoede. Dat was een onprettig en langdurig gedoe. Daarom gebruikte men in de veldlazaretten een trucje om de epileptici sneller kwijt te raken. Men verbond zogenaamd hun armen en benen, soms werden hun armen zelfs gespalkt of in het gips gelegd, en werden ze zo als gewonden vermomd naar de hospitaaltrein gestuurd. Onderweg kregen deze soldaten dan vaak een aanval, waardoor de hele wagon tot aan het hysterische toe opgewonden raakte. Daarom probeerden onze artsen tijdens het inladen met man en macht de epileptici tussen de gewonden vandaan te vissen en terug te sturen naar het hospitaal. Dat lukte maar zelden want uiterlijk wees niets op deze ziekte.

Sokolovskij kwam de artsen te hulp. Hij vroeg Pokrovskij toestemming om één keer aanwezig te mogen zijn als de artsen alle wagons nog eens rondgingen, voordat de trein van het station vertrok waar we de gewonden opgepikt hadden.

Pokrovskij moest lachen maar stemde toe – ook hij was in de ban van deze eigenaardige ziekenoppasser.

Aldus vond deze 'historische' ronde plaats.

Sokolovskij ging samen met de artsen de wagon binnen, liet snel zijn blik over de gewonden gaan en zei tegen een of andere 'baardmans' met een verbonden arm: 'Hee, boertje, kom 's hier!'

De soldaat stond van zijn brits op en kwam dichterbij.

'Zo, kijk me maar es aan!' beval Sokolovskij en zijn scherpe ogen boorden dwars door de ontdane soldaat heen. 'Kijk maar naar de poppetjes in mijn ogen. Er helpt toch geen lievemoederen aan.'

Hij ging pal boven op de soldaat staan en vroeg op heel vertrouwelijke en medelevende toon en zo zacht dat de overige gewonden het niet hoorden: 'Vallende ziekte?'

De soldaat ging met een schok in de houding staan.

'Ja, precies, mijnheer,' antwoordde hij fluisterend en smekend. 'Ik kan er niets aan doen...'

'Hoepel dan de wagon uit!'

Op één transport speurde Sokolovskij zo een zevental epileptici op. Ze werden naar het hospitaal teruggestuurd. Sindsdien waagde de hospitaalleiding het niet meer, ons met epileptici op te schepen.

'Jullie hebben,' zo werd er verteld, 'een chiromant of een zwendelaar of de duivel weet wat voor vent op de kop getikt. Hoe doet ie dat nou eigenlijk, dat raden?'

Maar Sokolovskij glimlachte slechts beleefd als de artsen hem wilden uithoren.

'Ik kan u absoluut geen antwoord geven. U moet me maar geloven als ik zeg dat ik zelf niet begrijp hoe ik het gedaan krijg.'

De meeste artsen en ziekenoppassers bekeken Sokolovskij met een welwillende nieuwsgierigheid. Deze verscheurde, beslist begaafde maar oppervlakkige man vermaakte hen eigenlijk wel. Maar anderen, onder wie Romanin en ook ik, irriteerde deze gedwongen omgang met Sokolovskij. Zijn onvermoeibare grappenmakerij en opschepperij, zijn drukke gedoe en zijn koude cynisme wekten onze afkeer op.

Het eigenaardigste van alles was dat diep in de ogen van deze man die van alle markten thuis was, af en toe een soort hondse blik om medelijden school.

Waar komen zulke mensen vandaan, uit welke omgeving, via welke toevallige omstandigheden kruisen ze je pad?

Nooit heb ik Sokolovskij droevig gezien. Sindsdien is het voor mij vast komen te staan dat de ware mens droefenis moet kunnen gevoelen. Degene die deze eigenschap mist, is net zo zielig als iemand die geen vreugde kent of die alle gevoel voor humor is kwijtgeraakt.

Het ontbreken van ook maar één van deze eigenschappen getuigt van een onherstelbare geestelijke beperktheid.

Ik had geen enkel vertrouwen in Sokolovskij, ook al had hij me op een keer gezegd dat hij zijn hele leven lang goed had willen doen maar dat hij daar niet dom genoeg voor was.

De ongezonde sfeer die was ontstaan op de trein, vooral in de 'bak', sinds Sokolovskij zijn opwachting had gemaakt, kon niet blijven voortduren.

Op een keer kwamen we in Kielce. 's Avonds mocht van de chef-arts een aantal ziekenoppassers de stad in.

Daar was het donker en verlaten. We gingen een cafeetje binnen. Er brandde volop licht, het rook er naar chocolade, en twee zusters die daar bedienden zaten gezellig met de soldaten te praten.

Zo achter de donkere ruiten leek de natte nacht ons lang zo ongezellig niet als buiten.

We dronken in alle pais en vree koffie. Aan een tafeltje, een heel eind verder, zat een luitenant van de genie te soezen, helemaal loom van de dampende koffiegeur, de lucht van vanille, de zoete banketbakkerswarmte en het flemende gefluister van de twee blonde zusjes.

Toen vloog de glazen buitendeur met een knal open en Sokolovskij stapte naar binnen.

Hij was zonder jas, maar had wel een splinternieuw uniform aan van vaandrig bij de huzaren. Op zijn schouders schitterden zilveren nestels. Een cavaleriesabel sleepte kletterend achter hem aan over de rode klinkervloer van het café.

We hielden op met praten en staarden Sokolovskij stomverbaasd aan. Hij liep langzaam op ons af. Zijn gezicht was tot een grimas verwrongen en het wit van zijn ogen bloeddoorlopen.

Hij bleef staan en keek Romanin strak aan.

'Ik wist niet dat je lijfhuzaar was, Sokolovskij,' zei Romanin. 'Kom bij ons zitten.'

'Opstaan!' brulde Sokolovskij woest. 'Waarom groeten jullie een officier niet? Zootje onopgevoed tuig!'

'Hou op met de gek uit te hangen,' zei Romanin ongerust. 'Je bent dronken.'

'Stilte!' brulde Sokolovskij en hij trok zijn sabel. 'Ik hak jullie allemaal in de pan! Stelletje intellectuelen! Ik zal jullie 's laten zien wat Sokolovskij er voor eentje is!'

Hij gaf een enorme houw op het tafeltje, dat in tweeën spleet, de kopjes vlogen op de grond. De meisjes begonnen wild te krijsen. De luitenant van de genie schrok wakker en sprong op.

Sokolovskij zwaaide als een bezetene met zijn sabel naar Romanin, maar de ziekenoppasser Grekov gaf hem uit volle macht een zet in zijn rug. Sokolovskij viel op het kapotte tafeltje en verloor zijn sabel. We renden als de bliksem naar buiten en belandden via een binnenplaats bij de spoorlijn en gingen zo naar de trein terug.

We liepen rechtdoor naar Pokrovskij om hem te vertellen wat er allemaal gebeurd was in het café.

Pokrovskij gaf het bevel de 'bak' die nacht goed af te sluiten en, mocht Sokolovskij op komen dagen, hem er niet in te laten. De volgende ochtend moesten we dan het voorval aan de commandant melden.

Ik bracht de nacht door in mijn operatiewagon. Ik moest verbandmateriaal steriliseren dat de volgende dag nodig zou zijn voor de nieuwe lading gewonden.

Midden in de nacht scharrelde er iemand bij de deur en werd er geprobeerd deze met een loper open te krijgen. Maar omdat ik de deur van binnen ook nog vergrendeld had, haalde een loper niets uit.

De persoon rommelde nog een hele tijd aan de deur en klopte op het raam. Ik ging eens kijken wie het was. Voor het raam stond Sokolovskij, zonder pet, een soldatenjas over zijn schouders geslagen.

'Laat me er voor de nacht in,' zei hij tegen me. 'Verberg me, studiosus!'

'Nee,' antwoordde ik. 'Je komt er niet in.'

'Als ik een revolver bij me had,' zei Sokolovskij met een scheve glimlach, 'dan kreeg je nu mooi een blauwe boon van me naar je raap, vrijer! Ik zou je mooi naar je ouwe grootje helpen. Dus je laat me er niet in?'

'Nee.'

Sokolovskij kwam dichter bij het raam staan.

'We komen mekaar, God geve het, nog wel eens tegen. Kijk nog maar eens goed naar me, vrijer. Dan zul je me meteen herkennen en je schietgebedje maken vóór ik je om zeep help.'

'Romanin!' riep ik, al wist ik dat hij niet in de apotheek was. 'Kom eens gauw hier.'

Sokolovskij spuwde met kracht tegen het raam, stapte achteruit en verdween in het duister. Ik doofde het licht, haalde uit de kist met zalf en smeersels een revolver die daar verborgen lag, en wachtte de dingen af die komen gingen.

Sokolovskij daagde niet meer op. Hij was verdwenen. Maar een dag of vijf, zes na zijn verdwijning kwam er een goedig uitziende boerenknul naar de trein, die toen op het station van Radom stond, overhandigde de planton een in zeildoek genaaid kistje en maakte meteen rechtsomkeert.

Op het kistje stond geschreven: 'Voor de zusters der barmhartigheid van de veldlazarettrein nr. 217.'

De planton bracht het kistje naar de hoofdzuster. Tussen het zeildoek en het kistje zat een briefje: 'Voor iedere zuster een paar oorringen. Als vriendelijke herinnering aan luitenant Sokolovskij.'

Het kistje werd opengemaakt. In zwarte, met paars fluweel gevoerde etuis lagen briljanten oorhangers. Er waren net zo veel etuis als er zusters op de trein waren.

Pokrovskij beval de oorringen onmiddellijk naar de stationscommandant te brengen.

Drie dagen later lazen we in een klein dagblad van Brest een bericht over een buitengewoon brutale roofoverval op een juwelierswinkel in Vilno.

Diezelfde dag nog kreeg Pokrovskij de commandant op bezoek, die hem vroeg: 'Heeft er bij u iemand als ziekenoppasser gediend die zich luitenant Sokolovskij noemde?'

'Ja, dat is zo.'

'Waar is die nu?'

'Dat weet ik niet.'

''t Zou me toch maar liever interesseren.'

'Waarom?'

'Omdat het een vreemde vogel was.'

'Ik ben geen jager,' antwoordde Pokrovskij schertsend.

'Dat is dan zonde,' zei de commandant raadselachtig en hij ging weg, zonder de hoofdarts uit te leggen wie Sokolovskij nu eigenlijk was.

We braken ons er aanvankelijk het hoofd nog over, maar al gauw vergaten we de hele Sokolovskij.

Pas twee jaar later kwam ik toevallig meer over hem aan de weet. Ik werkte toen op de fabriek Novorossysk in het Donetzbekken, in de rokerige stad Joezovka. In onze werkplaats werkte als tekenaar, een voormalige sociaal-revolutionair, Grinko, een teringachtige man die met een vilthoed rondliep en met onverholen ironie tegenover alles stond wat er om hem heen gebeurde.

Ik had een goedkope kamer in het hotel 'Groot-Brittannië' gehuurd. Daar, in deze bedompte kamer vertelde Grinko me hoe hij in Jekaterinoslav veroordeeld was tot vijf jaar verbanning naar Siberië omdat hij tot de partij van de sociaal-revolutionairen behoord had.

Op weg naar Siberië, werd in Charkov een jongeman die een knijpbrilletje zonder randen op zijn neus had, geboeid de arrestantenwagon binnengevoerd.

In de wagon zaten een heleboel kruimeldieven, echt wat je 'schorremorrie' noemt. Toen de man de wagon binnenkwam en alleen maar 'zo zei werd het schorremorrie gelijk stil, maakte een hele coupé voor hem vrij, al was er nauwelijks plaats in en begon op alle mogelijke manieren te flemen en te flikflooien.

Grinko had wel gemerkt dat ook de gewapende escorte de jongeman met een zekere eerbied behandelde en hem ontzag.

De geboeide nodigde de tekenaar bij zich in de coupé uit, na te hebben verklaard dat hij zelf ook een gestudeerd iemand was, meerdere talen sprak en buitengewoon van muziek hield.

De tekenaar vertelde hem van zijn eigen tegenspoed. Na aandachtig naar hem te hebben geluisterd, zei de ander, zich naar hem toe buigend: 'Ik zorg dat u vrijkomt.'

'Wat!'

'Zonder gekheid! Het is gewoon te mal om naar Siberië te moeten om zo'n idiote zaak als die van u. In ballingschap bent u binnen twee jaar de pijp uit.' Toen liet hij de tekenaar de zaak in geuren en kleuren vertellen. Die deed dat, ofschoon hij natuurlijk geen moment geloofde dat deze gevaarlijke misdadiger hem zou kunnen helpen. Het leek eerder je reinste ophakkerij.

Maar ergens in het gouvernement Penza, aan een of ander spoorwegknooppunt, kwam een officier van de gendarmes de wagon binnenstappen met een telegrafisch bevelschrift, dat uit Jekaterinoslav de trein achterna gestuurd was en waarin het heette dat in verband met het bevel tot revisie van de zaak Grinko, vermelde Grinko van de trein gezet en naar de gevangenis in de stad Narovtchat gebracht moest worden, waar verdere instructies moesten worden afgewacht.

De tekenaar werd dus uit de trein gehaald, terwijl de jonge geboeide man in het voorbijgaan nog even naar hem knipoogde en hem de raad meegaf om 'maar goed op de bochten te passen'. Lang zat onze tekenaar niet in de gevangenis van het van god en alle mensen verlaten Narovtchat. Al spoedig kwam er uit Jekaterinoslav een gerechtelijke uitspraak dat de zaak Grinko in revisie was geweest en de veroordeelde bij gebrek aan bewijzen was vrijgesproken.

De gevangenisdirecteur wenste Grinko geluk en liet hem in vrede gaan. Grinko keerde naar huis terug in Jekaterinoslav, maar werd bij aankomst op het station aldaar meteen gearresteerd en veroordeeld wegens poging tot vlucht. Toen pas begon het tot hem door te dringen dat heel die hoogst ingewikkelde geschiedenis met zijn vrijlating en de vervalste gerechtelijke documenten door de jonge geboeide man op touw gezet was.

'Het was een bekende bedrieger, het hoofd van een machtige organisatie van vervalsers en oplichters. Hij heeft blijkbaar in Koersk via een omgekochte bewaker allerlei informatie over mij doorgegeven aan een van zijn "mannen". Alles was even minutieus als handig in elkaar gezet; alleen ik, stommeling, nam heel die schelmerij voor klinkende munt aan en stonk er daarom voor de tweede keer in.'

'Zeg eens,' vroeg ik, 'had die jonge geboeide man niet een of ander bijzonder teken?'

'Hij had een litteken op zijn lip. Zijn naam was Sokolovskij. En hij was mank.'

Daarop vertelde ik de tekenaar over de raadselachtige ziekenoppasser Sokolovskij.

'Dat is hem!' zei de tekenaar. 'Hij hield zich gewoon bij jullie op de trein verborgen.'

'Maar waarom werkte hij dan onder zijn echte naam?'

'Omdat er duizenden Sokolovskij's zijn. En bovendien hebben mensen die zo'n roekeloos bestaan voeren, soms gewoon zin om met vuur te spelen en het noodlot te tarten.'

In de loop van vele jaren ben ik erachter gekomen dat elke ontmoeting in het leven zijn sporen achterlaat, ook met zo iemand als

Sokolovskij. Uit sommige van zijn opmerkingen viel af te leiden dat hij al in zijn kinderjaren veel onrechtvaardigheid had moeten slikken. Daardoor verbitterd, had hij al zijn talent ervoor ingezet om hoe dan ook zijn door het slijk gesleurde leven te wreken.

XIV/DE OCEAANSTOMER DE 'PORTUGAL'

De zomer van het jaar 1915 was heet en droog. Uit de ramen van de trein zagen we grijze stofwolken als gordijnen boven de Poolse velden hangen. Het leger was op de terugtocht.

Alles was met het bittere, naar brandende puinhopen stinkende stof van de aftocht gedekt: de gezichten van de soldaten, de korenaren op de velden, de stukken geschut, de paarden en onze trein. De rode wagons werden grijs.

Nu bleven we nergens langer dan een uur of drie, vier staan. De trein was voortdurend in beweging. Almaar werden er gewonden aangevoerd.

Op zekere dag pikten we op de rechter oever van de Weichsel, in de Warschause voorstad Praga gewonden op. Er werd gevochten binnen de stad zelf, in de buurt van de Mokotovska-Poort. Lage brandende huizen weerspiegelden zich in de Weichsel. Rook en duisternis omhulde de huizen. Aan de andere kant van de rivier knetterden geweersalvo's. Het klonk net of iemand met krampachtige rukken linnen aan repen scheurde.

De wind woei uit het oosten. Hij vervulde Praga met nachtelijke koelte. Maar in onze wagon zinderde de dag nog na, vooral bij mij in het operatierijtuig waar de ramen hermetisch gesloten waren en constant een geur van verband hing omdat er nooit gelucht kon worden.

We brachten toentertijd gewonden uit Polen naar Gomel over. Zodra onze trein Polesje bereikte, werd de lucht fris. De vochtige bossen en de onbeweeglijke rivieren van Wit-Rusland schenen ons een koel paradijs toe. Ook de gewonden leefden op en staken hun hoofd omhoog om de ruisende dichte espen en de tegen de avond groenig schemerende hemel te kunnen zien.

Halverwege de zomer was de trein zo afgejakkerd dat er bevel gegeven werd hem dadelijk voor een grote beurt naar de reparatie-inrichtingen van de spoorwegen in Odessa te brengen.

We gingen over Kijev, de stad van mijn jeugd, naar Odessa. Vanaf de rangeersporen op het station zag ik de stad in het ochtendlicht terug. De gouden gloed van de zon hing al over de Italiaanse populieren en vlamde in de ramen van de hoge huizen uit gele Kijevse bakstenen.

Ik herinnerde mij de ochtendlijke pas gesproeide straten, nog helemaal in de schaduw, ik herinnerde mij de huisvrouwen die in hun karbiezen warme broodjes en flessen koude melk naar huis brachten. Maar om de een of andere reden trok de koelte van deze straten mij niet langer aan – Kijev behoorde voor mij onherroepelijk bij het verleden.

Hoe logisch en duidelijk het is dat het verleden zich niet kan herhalen, daar kwam ik later achter toen ik twee, drie pogingen deed iets nogmaals te doorleven wat ik reeds eenmaal beleefd had. 'Niets keert in het leven weerom, behalve onze dwalingen,' zei mijn vader altijd graag. En voor mij was het besef, dat zich in het leven inderdaad niets herhaalt, een van de oorzaken dat het bestaan mij zo ontzettend aantrekkelijk toescheen.

Na Kijev gleed de rijk begroeide zongestoofde Oekraïne achter de ramen van de trein voorbij. De geur van afrikaantjes die naast ieder baanwachtershuisje geel opglansden, drong zelfs door tot in de wagon.

De steppen strekten zich uit, doorsneden met de gouden stroken van de zonnebloemvelden. In de glazige verte twinkelde en pinkelde de lucht de hele dag door. Ik legde Romanin uit dat deze schittering de weerschijn in hogere luchtlagen van het zonlicht was dat weerspiegelend op zee viel. Voor één keer sprak Romanin mij niet tegen en lachte me niet uit. Uit volle borst declameerde hij in zijn apotheek:

Daar ligt de zee, turkooizen glans
en parelend schuimend schitteren

rusteloos gaat der golven rondedans
doet het omspoelde strand zacht glitteren...

In de buurt van Odessa werd ik wakker. De trein was bij een tussenstation gestopt. Ik sprong van het balkon de spoorweg op. Kleine schelpen knerpten onder mijn voeten.

Ik zag een laag stationsgebouwtje met een rood pannendak. Voor de witte muur groeiden hoge maïskolven. De wind ritselde door de lange bladeren. De lucht boven het pannendak en de maïs vloeide prachtig blauw uit.

'Ja, dat lijkt echt op de weerschijn van de zee,' zei Romanin mij door het open raam.

Het rook naar alsem. Voor de eerste maal wekte deze bittere geur gedachtenassociaties bij mij op aan de nabijheid van de Zwarte Zee. Later zette deze associatie van alsem en zee zich zo vast in mijn bewustzijn dat ik zelfs wanneer ik ergens in het noorden de geur van alsem opving, onwillekeurig luisterde of ik het verre ruisen van de zee niet hoorde. Soms was het of ik het echt hoorde, maar dan was het niet het ruisen van de zee maar van een dennenbos.

Ik was gelukkig bij de gedachte over enkele uren de zee te zullen zien. Als kind al had de vrolijke schuimige wijdheid ervan mij in verrukking gebracht.

We werden naar de pakhuizen van Odessa gestuurd, waar we moesten uitladen. Van de zee viel hier niets te bekennen. Alleen het station van Odessa lag als een witte vlek in de verte.

Maar voor mij was het of alles rondom vervuld was van de zee, zelfs de plasjes olie tussen de rails. Er lag een zeeblauwe weerschijn over. De op de grond rondzwervende oude buffers waren met scheepsroest bedekt. Zo leek het toen in ieder geval.

Als ziekenoppassers kregen wij een oude derdeklaswagon toegewezen als verblijf. We verhuisden in een handomdraai. Dan begon een rangeerlocomotief de wagon voor zich uit te duwen tot vlak bij de lage muur van een verwilderde tuin en daar bleef hij de hele tijd gedurende mijn verblijf in Odessa staan.

Deze plaats beviel ons uitstekend. 's Morgens konden we ons

vlak bij de wagon onder een pomp wassen. De acacia's wierpen een luchtig schaduwspel op ons raam.

Achter de tuin roezemoesde een kleine markt, verderop begon Moldavanka, de voorstad van Odessa, thuisoord van dieven en helers, kleine handelaars en een hele horde figuren met vage en niet nader te omschrijven bezigheden.

De artsen en zusters zaten in een villa in de buurt van Odessa, in een plaats die Maly Fontan heette. Wij gingen er bijna elke dag heen.

Op de dag van aankomst had ik de zee nog altijd niet teruggezien. De volgende dag stond ik heel vroeg op, waste mij tussen de spoorrails met het wat zoutige pompwater en ging de markt op om daar melk te drinken en iets te eten.

Op deze markt zaten vrouwtjes naast hun koopwaar op lage krukjes met opgestroopte mouwen, hun gezichten zagen rood van de warmte en het schreeuwen. De hele dag door scholden zij elkaar uit, schreeuwden boven elkaar uit, lokten de kopers aan of zetten dezelfde kopers voor gek. Het schelden gebeurde met een opzettelijk overslaande stem, de klanten toelokken deden ze flemend, koket zelfs, en de klant voor schut zetten ging met vereende krachten, waardoor ze zowaar hun eigen vetes vergaten.

'Jongetje!' riepen ze tegen me. 'Hier is lekkere warme melk! Melk met een lekker vel erop! Je lieve moedertje heeft je toch vast en zeker wel op je hart gedrukt melk met het vel er nog op te drinken!'

'Gepofte zonnebloempitten! Zonnebloempitten!' riepen anderen met doffe stem. 'Een hele zak voor een kopeke! Gewoon voor één kale rot kopeke!'

In de visstalletjes ging het echter het leukst van alles toe. Lange tijd stond ik daar naast de koele met zink beslagen toonbanken waar overal visschubben aan plakten en stukjes steenzout op lagen.

Platte heilbotten met harde lila vergroeisels op hun rug sloegen hun vertroebelde blik ten hemel. Makrelen sidderden in natte manden, als blauw kwikzilver. Bruine baarzen lagen op apegapen en smakten langzaam alsof ze de morgenkoelte proefden die nog over de markt hing. Er lagen hopen donderpadden – zwarte 'steenvissen', lichte 'zandvissen' en steenrode 'zweepvis'.

Naast de manden met heel kleine spiering zaten bijzonder vriendelijke marktvrouwen. De huisvrouwen kochten dit spul alleen voor de poes.

'Voor het poessie, mejuffrouw of mevrouw! Voor het poessie!' riepen de marktvrouwen met vleiende stem.

Op grote boerenkarren waarvan de paarden uitgespannen waren, lagen bergen abrikozen en kersen. Onder de voertuigen lagen de eigenaars van deze rijkdommen in het warme stof te snurken, Duitse kolonisten uit Lustdorf en Liebental, en op de karren zaten de door hen gehuurde venters, joodse jongens, leerlingen van de rabbi, met gesloten ogen en wiegend bovenlichaam net als onder het bidden met klagende stem te zingen: 'Ai, beste mensen, beste dames en heren! Ai-ai, kersen! Ai-ai kersen, ai, zoete abrikozen! Ai, vijf kopeken per pond! Ai, vijf kopeken! Daar moeten we geld bijleggen! Ai-ai, beste mensen! Ai, koopt en eet u gezond!'

Het plaveisel lag vol kersepitten met stukjes bloedrood vruchtvlees er nog aan en abrikozepitten.

Ik kocht bruin brood met rozijnen en ging op een afgelegen hoekje van de markt naar een gaarkeuken waar scheve samovars op massieve tafels onstuimig stonden te koken en de onverdraaglijke Zwarte-Zeezon weerspiegelde en waar Oekraïense worsten in de braadpan lagen te sudderen.

Ik ging er aan een tafel zitten, waar een handgeweven tafelkleed op lag. Er stond met kruissteek op geborduurd: 'Raitsjka, vergeet nooit je geboorteplaats Ovidiopol!'

Midden op de tafel dreven enkele pioenrozen in een oude blauwe afgeblutste schaal van emaille.

Ik verorberde een heel pannetje braadworst, dronk er hete thee bij en vond dat het leven in Odessa mooi was.

Ondertussen was er een magere man bij mij komen zitten; hij had een pet op met een gelakte klep vol barstjes. Net als een lynx had hij stijve gele bakkebaarden langs zijn grauwe gezicht.

'Zeg, jongeman,' vroeg hij mij met samenzweerdersstem, 'bent u, als ik zo vrij mag zijn, soms ziekenoppasser?'

'Ja, dat ben ik.'

'Hoort u bij de trein die gisteren ter reparatie gekomen is?'

'Ja, inderdaad,' antwoordde ik en keek deze alwetende onbekende petman verbaasd aan.

'Mag ik me dan aan u voorstellen,' zei de onbekende, tilde met beide handen zijn pet omhoog en zette hem weer op zijn kale hoofd. 'Aristarch Lipogon, gewezen kapitein van de kustvaart. Geboren zeerot.'

'Wat zit jij op die jongen zijn lip,' bitste de marktvrouw die mij thee had ingeschonken, van drift. 'Moet je zijn hoofd soms op hol praten?'

'Tante Raja,' antwoordde de geboren zeerot op overigens heel beleefde toon, 'wat bezielt u om u met andermans zaken te bemoeien! Wilt u mij het brood uit de mond rukken? Je kunt zo zien dat u genoeg te eten hebt, maar ik voel me zo hol als een leeg vat. Gesnopen?'

Tante Raja mopperde nog wat na en hield dan haar mond.

'Ik bied u mijn diensten aan,' zei Lipogon. 'Geen karweitje is me te min voor u, ziekenoppassers en misschien ook voor de dokters die in die schitterende villa van Bychovskij in Maly Fontan wonen. Ik voer alles snel en goedkoop uit.'

'Wat bij voorbeeld?' vroeg ik. 'Wat betekent alles?'

'Ik kan overal aankomen en kopen wat u maar wil, en bezorg het in de wagon. Ongebanderolleerde sigaretten uit Konstantinopel. Dat is geen tabak, dat zijn gouden lokken! Franse marafet in poedervorm. Griekse drank, "mastika", sinaasappelen uit Messina, heel bijzonder van geur en smaak. Of verse conserven, donderpadden in tomatenpuree, vandaag nog ingeblikt, zo uit onze fabriek in Odessa. De tweede dag al raken ze hun hemelse smaak wat kwijt. Ik kan ze u enorm aanbevelen. Ik heb in de stad en aan de haven ontzettend veel kennissen. Vraagt u hen stuk voor stuk maar naar mij en als het een fatsoenlijk mens is, zal hij u letterlijk antwoorden: "Lipogon kan alles. Lipogon heeft twintig benen, veertig handen en honderd ogen." '

'Maar slechts één tong, jij bajesboef!' zei tante Raja hartgrondig. 'Je hebt maar één tong, jij hongerlijer, maar je kletst voor tien!'

Ik antwoordde Lipogon dat ik niets nodig had. Maar wie weet

konden de dokters en de zusters iets gebruiken. Ik zou het ze eens vragen.

'Ik zou vanavond juist eens mijn licht gaan opsteken in de villa van Bychovskij,' zei Lipogon. 'Leuk met u kennis gemaakt te hebben, jongeman.'

Weer lichtte hij met beide handen zijn verfrommelde pet omhoog, zette hem op zijn kale hoofd, liep weg met wiegelende jaspanden en neuriede voor zich uit:

Een jonge luitenant ter zee
met een blonde kuif
ging uit het mooie Odessa met me mee...

'Hier zie je nu, jongeman,' zei tante Raja, 'hoe ver het komt als je te veel fantasie hebt.'

'Hoe dat zo?' vroeg ik verwonderd.

'Deze man leidde een fatsoenlijk leven,' antwoordde tante Raja verdrietig, 'in zijn motorsloep bracht hij watermeloenen van Cherson naar Odessa, ging keurig gekleed, had altijd een twintig roebel op zak en had elke dag genoeg te eten. Maar nee! Deze man kon daar geen genoegen mee nemen! Ik ken hem opperbest, wij kennen elkaar van jongs af aan, wij woonden op naburige boerderijen in Ovidiopol. Deze man wilde geen bestaan leiden zoals de andere mensen. "Mij beklemt de grauwe verveling van het bestaan, Raïtsjka," zei hij. "Ik zou graag net zo'n bestaan leiden als in romans beschreven wordt, Raïtsjka," zei hij, "een leven met tranen en bloemen, met muziek en een overdaad aan liefde. Ik moet," zei hij, "in ieder geval iets riskeren, zoals men dat zo mooi uitdrukt, alles of niets zetten." '

'Wat moet je daar nou op zeggen?' zuchtte de marktvrouw naast haar, terwijl ze blauwe aubergines op het plaveisel uitstalde. 'Hij zette alles of niets en 't liep op niets uit.'

'Wat deed hij dan?' vroeg ik.

'Trouwen!' antwoordde tante Raja. 'En hoe, moet u goed luisteren! We hadden hier toen in Odessa een soortement Roemeens orkest. Nou ja, Roemenen is wat veel gezegd, 't was een allegaartje, mensen van de Kaukasus, uit Kisjinow, en ook een paar hier vandaan uit ons Moldavanka. En in dat orkest zat een meisje dat cimbaal speelde, Tamara heette ze. Werkelijk een knap aantrekkelijk meisje. Daar is hij mee getrouwd. Net of ie helemaal verblind was door al het geglitter, het fluweel, de klanken van de cimbaal, de walsen. "Ik zal haar zo'n leven geven," zei hij altijd, "dat zelfs Vera Cholodnaja van jaloezie uit elkaar zal spatten." '

'Nou, dat kan je wel zeggen,' zuchtte de marktvrouw die aubergines verkocht. 'Hij heeft haar inderdaad een mooi leventje gegeven.'

'In ieder geval heeft hij zich voor deze vrouw uitgesloofd,' zei tante Raja verzoenend. 'En hij slooft zich nog altijd verschrikkelijk voor haar uit. Sinds hij met haar getrouwd is, jaagt hij op alle mogelijke en onmogelijke manieren achter elke kopeke aan. Hij is begonnen met het vervoeren van smokkelwaar, met zijn motorsloep. Natuurlijk liep hij tegen de lamp en zo raakte hij zijn patent kwijt. Om uit de gevangenis te komen heeft ie moeten dokken. Hij stond dus op straat maar hij had het toch klaargespeeld een kleine woning voor haar in te richten. Nou ja, eigenlijk geen woning maar meer een taartdoos met roze linten. Precies een met papieren kant versierd doosje. Toen hij zijn baantje op de boot kwijt was, begon hij met kleine zaakjes, met tussenhandel. Hij zakte steeds meer af, verloor al zijn prestige. Maar zijn gefantaseer heeft hij niet opgegeven. Hij kletst er maar op los. Voor Tamara houdt hij zijn armoede verborgen. Het is een lui vrouwmens en niet een van de snuggersten. Zij heeft nergens interesse voor. Zij ligt de hele dag op de vensterbank, laat die grammofoon maar lieren en leest flodderromans. Zij draait plaatjes van "Langzaam ontwaakt de nacht" of "Gister zag ik u in een droom" en leest. Helemaal stapel. Het maakt haar allemaal niets uit als ze maar noga heeft. Dat die man zich vernedert, dat hij een schuinsmarcheerder geworden is, dat wil ze niet zien. Liefdesgeschiedenissen leest ze! Bah en nog 's bah!'

Tante Raja spuwde eens hartgrondig.

'Die komt nog in een strafkolonie terecht, dat geef ik je op een briefje, jongeman!'

Ik ging terug naar onze wagon en stond net goed en wel op het punt om naar zee te lopen toen we naar de reparatiewerkplaats gestuurd werden, waar we de arbeiders moesten helpen de laag verf van de wagons af te krabben. We werkten tot 's avonds aan toe.

Toen waste ik me en ging met de tram naar de villa in Maly Fontan. Daar, vanaf de steile kust, kreeg ik eindelijk de zee te zien. De nevelige avondlucht versmolt met de blauwe uitgestrektheid van het water.

De golven onder aan het strand brachten de kiezelstenen nauwelijks in beweging. De eerste ster ontstak zijn licht achter een wolk die leek op de vleugel van een zilveren vogel.

De vuurtorens brandden niet. Aan de horizon rees de reusachtige, donkere schaduw van een schip op. Dat was de Turkse kruiser 'Mecidije', die door onze kustbatterij aangeschoten en daarna op de rotsen was gelopen. Men had het schip nog niet vlot gemaakt. De kruiser dook langzaam onder in de schemering en was al gauw helemaal verdwenen.

Ik rende een steil pad af naar de zee. Dorre bosjes acacia's groeiden op de met grint bedekte bodem. Grote gladde strandkiezels rolden onder mijn voeten weg. De taaie brem strekte zijn donkere schichten met de gele, zelfs in het duister nog oplichtende bloempjes naar alle kanten uit. Het rook naar warm gestoofde mergelsteen en naar gebraden makreel die de zusters in de tuin van de villa aan het roosteren waren.

Onderaan gekomen trok ik mijn kleren uit en ging tot aan mijn nek het warme maar verkwikkende water in. De weerspiegelingen van de sterren dreven als kleine kwalletjes om mij heen op het water.

Ik deed mijn best geen vin te verroeren en ze niet in duizenden deinende splintertjes te veranderen. Het zou lang duren voor ze weer tot de weerspiegeling van een ster ineen zouden vloeien.

Met mijn hele lichaam voelde ik de zachte maar machtige ademhaling van de zee. Er stond een nauwelijks merkbare deining.

Vlak onder mijn ogen, ter hoogte van mijn kin, begon de zee. Mijn hart sloeg over bij de gedachte dat er tussen mij en die eindeloze zeevlakten die zich van hier tot aan de Bosporus, tot de kust van Griekenland en Egypte, tot de Adriatische Zee en tot de Atlantische Zee uitstrekten, niets lag, dat hier onder mijn eigen oog de geweldige wereldzee begon.

Van de oever waaide een geur van violieren over. In de verte, aan de monding van de Dnjestr dreunde een kanonschot dat langs de oever rolde. Ook hier was het oorlog, op deze plaats die opzettelijk gemaakt leek voor een bedrijvig en gelukkig leven, gemaakt voor zeelui, tuinders, wijnboeren, kunstenaars, voor kinderen en verliefden, voor een zorgeloze jeugd, een vruchtbare rijping en een oude dag die op een heldere septemberdag leek.

De zusters riepen naar mij vanaf de kust. Ik kwam uit het water, kleedde mij aan en klom omhoog naar de villa. Daar, op het onoverdekte terras waar een gestreept zeildoek over gespannen was, stond met zijn pet in zijn hand Lipogon de zusters in te palmen. Om te beginnen had hij hun alvast een linnen zakje met Griekse olijven verkocht.

Lipogon en ik gingen samen naar de stad terug.

'Ik vergis me vast niet,' zei Lipogon in de tram, 'als ik zeg dat u helemaal weg bent van de zee.'

Ik beaamde dat.

'Dan zou u niet langer op een trein moeten zitten die uit louter uitgewoonde goederenwagons bestaat maar op een hospitaalschip. Af en toe ligt het hospitaalschip "Portugal", een voormalig Frans passagiersschip, hier in Odessa.'

'Nou ja,' zei ik voorzichtig, 'ik zou wel graag op dat schip willen overstappen.'

'Dat is heel goed mogelijk,' zei Lipogon als terloops. 'Er is kans op. Ik ken namelijk de assistent-arts. Ik lever hem gesmokkelde tabak. Komt u morgen maar om één uur naar de Quarantainehaven. Ik wacht op u in de buurt van de "Portugal". Ik hoef er niets voor te hebben. U neemt me maar mee naar een restaurant en we zijn quitte.'

Hij zweeg even.

'Ik zal u nog wel 's,' zei hij dan en boog zich naar mij over omdat zijn stem niet boven het lawaai van de tram uitkwam, 'iets over me zelf vertellen. De mensen kletsen over me. Ze maken van mijn leven net een vervolgroman. Mijn leven heeft zijn geheim. Ik draag een vervloekt noodlot, dat klopt. Maar misschien ben ik wel veel fatsoenlijker dan al die fatsoenlijke mensen. Het zit me alleen allemaal niet zo mee. En daarom ontbreekt het me aan ruimte voor een groots opgezette activiteit.'

Door het open raam van de onverlichte tram drong de donkere nacht met felle windstoten naar binnen. Alle havensteden waren toen verduisterd.

'Als ik mijn zin deed,' zei Lipogon, 'zou ik alle zeeën bevaren. Dat zou geen leven maar een schilderij van Aivazovskij geworden zijn.'

De volgende dag was ik niet om één uur maar al om tien uur aan de Quarantainehaven. Als versmolten in de scherpe schittering van de zon lag een witte oceaanstomer met twee enorme rode kruisen aan beide boorden aan de pier. Op de achtersteven van het schip las ik in gulden letters het Franse opschrift 'Portugal-Marseille'.

Van het stralend witte schip, van de slanke belijning van mast, takelwerk en bruggen, van het blinkende koper, de parelende zuiverheid van de schijnwerpers, de blank geschuurde dekken ging iets onwerkelijks uit, alsof dit schip uit een feestelijke wereld was gekomen, alsof het uit verstard licht opgebouwd was.

Het was een passagiersschip van de maatschappij 'Messageries maritimes'. Voor de oorlog voer het van Marseille naar Madagascar, Syrië en Arabië, later was het om de een of andere reden naar de Zwarte Zee gekomen. Daar werd het door het uitbreken van de oorlog met Turkije verrast en met toestemming van de Franse regering aan ons overgedragen als hospitaalschip. Daarom had men het ook overgeschilderd in dat stralende wit.

Op het dek van de 'Portugal' liepen piepjonge zusters in grijze zomerjurken en matrozen in het wit heen en weer. Bang te vroeg gezien te worden, ging ik weg en zwalkte tot één uur bij de haven rond.

Klokslag één kwam ik weer bij de 'Portugal'. Bij de scheepstrap stond Lipogon ongedwongen te praten met een jonge marinedokter. De dokter had donkere pretoogjes en een rode hals die iets knel zat in de kraag van zijn witte tuniek. Hij drukte mij snel de hand en zei tegen Lipogon: 'Nou tot ziens dan, kapitein. Als we terug zijn, breng me dan weer wat tabak!'

'Tot uw orders!' riep Lipogon gespeeld opgewekt, bracht zijn hand naar de klep van zijn pet en verdween.

De dokter trok me bij mijn elleboog naar zijn kajuit. Hij hield me stevig vast alsof hij bang was dat ik op het spiegelgladde dek onderuit zou gaan en–god beware me–een van die blinkende apparaten beschadigen of door de glazen deuren vallen zou.

Deze manier van doen stond me niet erg aan, maar ik zei niets en trok mijn arm niet terug.

'Om kort te gaan,' zei de dokter in zijn kajuit, waar het zoutig fris en ook naar goede tabak rook, 'ik heb een ziekenoppasser nodig voor de verbandkamer. U bent student? Uitstekend? Hebt u uw papieren bij u?'

'Ja.'

'Laat maar eens zien.'

Ik stak hem mijn papieren toe. Hij nam ze snel door en gaf ze mij terug.

'U kunt ervan uitgaan dat alles geregeld is,' zei hij. 'Komt u overmorgen maar terug. We moeten nog wat formaliteiten vervullen, dan kunt u op het schip blijven. Het kan zijn dat we weldra uitvaren.'

Het duizelde me. Ik kon bijna niet geloven dat ik op deze oceaanstomer zou varen. Kinderdromen gingen in vervulling. Natuurlijk vond ik het jammer de trein en mijn kameraden te moeten verlaten maar de hang naar zee overheerste.

De jonge dokter liep met me mee tot aan de scheepstrap. Daar stond een klein oud heertje, kwiek als een aap, in een uniform dat afweek van het Russische. Uit de vele goudgalons op zijn mouwen maakte ik op dat hij een hoge rang bekleedde op dit schip.

'Onze kapitein, meneer Bayard,' waarschuwde de jonge dokter mij fluisterend.

Hij maakte een buiging voor de kapitein en zei in het Frans tegen hem: 'Kapitein, dit hier is onze nieuwe ziekenoppasser. Een student uit Moskou.'

Ik maakte ook een buiging.

'Maar, god nog an toe, dat is toch onbegrijpelijk!' riep meneer Bayard, eveneens in het Frans en hief zijn beide armen ten hemel. 'De jonge studenten geven de Russische boeren griespap te eten in plaats van te studeren. Niemand die in dit onbegrijpelijke land doet wat hij eigenlijk moet doen. Niemand!'

De kapitein pakte mij met zijn pezige hand bij mijn schouder en draaide mij zo dat hij mij in de ogen kon zien.

'O, o!' zei hij. 'Ja, ja! Dat heeft iedereen gehad! Ik begrijp u wel. Dromen, dromen! Maar nee!' schreeuwde hij plotseling. 'De zee... zit hier, mijn vriend!'

Hij nam zijn pet met het goudborduursel af en wees op zijn grijze, in een bros geknipte hoofd.

'Hier zitten alle feeërieke nachten onder de equator! Alle Bengaalse zonsondergangen! De geur van kaneel en al die andere onzin. Hier! U lijdt aan een ziekte, jongeman, maar ik ken er geen enkel middel tegen. Daarom vind ik het erg fijn u bij mij aan boord te zien.'

Hij draaide zich snel om en liep het dek over naar de commandobrug.

De dokter keek hem met een spottende en toch eerbiedige glimlach na.

'Zo is onze kapitein,' zei hij. 'Een royale Gascogner. Goed, tot overmorgen dus!'

De volgende dag nodigde ik Lipogon uit voor de lunch in de 'Dardanellen', een restaurant in de Stepovstraat. Eigenlijk was het geen restaurant maar een van de vliegen gonzende gaarkeuken.

Romanin en Nikolasja Roednev waren met me mee. Beiden waren terneergeslagen omdat ik de trein verliet en hoe gek het ook leek, ze benijdden mij helemaal niet. Integendeel, zij schenen mijn besluit af te keuren.

De lunch in de 'Dardanellen' draaide op een schandaal uit. Wij kregen een schaperagoût opgediend. We aten alles op, maar onmiddellijk erna riep Lipogon de lakse kelner en zei: 'Roep de waard!'

'Waarom?'

'Dat gaat je niets aan!'

Uit de achterkamer kwam met tegenzin de waard aanzetten, een zwaarlijvige man met een groenig, onuitgeslapen gezicht.

'Waar gaat het om?' vroeg hij met schorre stem. 'Als 't u hier niet aanstaat, u zit hier tenslotte niet in hotel-restaurant "De Hof van Londen". Als u zo verwend bent, hoepel daar dan naar toe.'

'Het gaat erom,' antwoordde Lipogon dreigend, 'dat u, meneer Kamenjoek, uw klanten stinkend schapevlees voorzet. Daarmee kunt u zė naar de andere wereld helpen!'

'Eerlijk?' vroeg meneer Kamenjoek ironisch. 'Aiaiai! Echt stinkend bedorven? Mijn schapevlees is van eerste kwaliteit.'

'En ik zeg u dat het bedorven is!'

'Waarom hebt u dan alles opgegeten?' vroeg Kamenjoek op dezelfde ironische toon die niet veel goeds voorspelde. 'U heeft alles opgegeten tot het laatste botje aan toe. En daarna heeft u uw bord nog eens met een broodkorst schoongeveegd. Houdt u me dus niet voor het lapje. Ik laat me niet beduvelen!'

'Ah, zo! Ah, dus uw schapevlees is niet bedorven,' riep Lipogon zegevierend. 'Dan verzoek ik u vriendelijk ons nog vier porties van deze voortreffelijke ragoût te serveren.'

Deze woorden stonden Kamenjoek duidelijk niet aan.

'De schaperagoût is al uitverkocht,' zei hij, bleek wordend. 'Op. Begrepen? En ik neem helemaal geen bestelling meer van u aan.'

'Dan moet ik helaas,' zei Lipogon bedroefd, 'de commissaris van politie, de heer Skoelskij erbij halen om de zaak zijn wettig verloop te geven. Dus u moet niet boos op me zijn als u moeilijkheden krijgt, meneer Kamenjoek.'

De waard gaf uit volle kracht met zijn vlakke hand een mep op onze tafel.

'Mijn laatste woord, d'r uit zonder schandaal te schoppen! Ik heb jullie geld niet nodig!'

Hij keerde zich naar Lipogon: 'Stikken in je geld kan je, vuile etter!'

Wij waren zo onthutst over de onverwachte loop der dingen dat we niet eens de tijd hadden tussenbeide te komen. Ik haalde geld uit mijn zak en legde het op tafel maar ik ben er niet zeker van of alles in de zak van meneer Kamenjoek belandde. Want deze slingerde het geld woedend naar meneer Lipogon die het oppakte en met superbe minachting naar meneer Kamenjoek terugsmeet. Maar ik meende te zien dat er daarbij minder biljetten waren dan bij de eerste worp.

'Waarom heeft u daar zo'n ruzie gezocht?' vroeg ik Lipogon woedend toen we weer op straat stonden.

'Waarom?' antwoordde hij. 'Omdat u student bent. De wind waait door uw zakken. En Kamenjoek wordt van zijn smerige vlees al maar dikker.'

'Maar het schapevlees was helemaal niet bedorven.'

'Vandaag niet, maar morgen wel,' antwoordde Lipogon onverstoorbaar. 'Heeft u gemerkt hoe hij begon te draaien toen ik naar een tweede portie vroeg? Hij dacht namelijk, die smeerkees, dat het misschien toch bedorven was, dat schapevlees. Dan zou dat een bewijsstuk voor de politie geweest zijn. Dus wilde hij ons liever lozen dan dat te riskeren.'

Terug in onze wagon hadden we het nog een hele tijd over deze gebeurtenis. 's Avonds gingen we naar de villa, waar ik nog afscheid moest nemen van de dokters en de zusters.

In de villa was iedereen verrast over mijn besluit. Sommigen benijdden mij, anderen konden het niet begrijpen. Alleen Lolja zweeg, beet op haar lippen en keek mij geen keer aan.

Wij zaten op het donkere terras. Onder ons ruiste de branding al wat gedempter. Lolja pakte mijn hand zo stevig beet dat het pijn deed en zei: 'Kom mee!'

We liepen de donkere tuin in en daalden dan af naar zee. Lolja zweeg maar zij hield mij bij de hand; zo neem je een stout jongetje mee voor straf.

Onderaan, vlak bij de zee bleef Lolja eindelijk staan. Ze ademde zwaar.

'Fantast!' schreeuwde zij. 'Avonturier! Kwajongen! Morgen nog gaat u naar dat stomme opgepoetste schip en u zegt alles af. Hoort u?'

'Waarom?'

'Wat, waarom? God nog an toe! Begrijpt u dat dan echt niet?

Omdat het niet kameraadschappelijk is. Omdat het helemaal nergens op lijkt. Het is natuurlijk veel leuker om te lanterfanten in zo'n drijvend salonlazaret met tulen gordijnen en geparfumeerde poppetjes van zusters, dan te werken in smeertroep, bloed, in kapotte goederenwagons. Ook Romanin, Roednev en de andere kameraden, ze schamen zich allemaal voor u. Alsof u dat niet gemerkt heeft! Natuurlijk zal niemand u dat zeggen. Maar ik, ik zeg het u. Omdat het mij namelijk wel iets kan schelen... Omdat ik een goede indruk van u wil overhouden... En vraagt u me toch niet naar iets wat u zelf wel weet.'

'Maar, ik vraag helemaal niets.'

'Des te beter! Nou en? Ik wacht.'

In mijn binnenste stak regelrecht een storm op. Op vele punten had Lolja inderdaad gelijk. Maar hoe zou ik deze sprookjesachtige kans, om te varen, op kunnen geven, me kunnen laten ontgaan waar ik sinds mijn jonge jaren al zo naar verlangd had?

'Nee!' zei ik. 'Ik kan dit niet opgeven. En het is allemaal heel anders dan u denkt. U moet niet oordelen in een boze bui.'

'Nu, vaarwel dan,' zei Lolja toonloos, draaide zich om en liep langs de witte zoom van de branding het donker in.

Ik riep haar naam. Zij antwoordde niet. Ik liep haar achterna. Zij bleef staan en zei met koude boze stem: 'Loop niet achter me aan. Dat is dom. 't Staat me tegen. Vaarwel. Doe de groeten aan uw nieuwe vriend, die... hoe heet hij ook weer... die Lipogon.'

Zij barstte in lachen uit. Ik wachtte. Ik hoorde hoe ze verder liep, hoe ze bleef staan, een paar steentjes in zee gooide en dan, duidelijk de draak met mij stekend, zong:

Ik treur... Je zou je naar mij toe spoeden
Mijn tederheid en vertrouwen zoeken
Als je mijn bewogen lot zou bevroeden
Zou je het samen met mij vervloeken.

Ik draaide me om, klom tegen de oever op en ging, zonder terug te keren naar de villa, te voet naar Odessa.

De nacht was erg donker. De wind ruiste in de tuinen. Twee

maal werd ik door een patrouille aangehouden die mijn papieren controleerde.

Ik dacht aan alle gebeurtenissen van de laatste uren en opeens besefte ik met schrik dat ik zelf niet eens wist of datgene wat ik deed, goed of slecht was. Ik wist het zelf niet!

'Wat is dat nou?' vroeg ik mij af. 'Geestelijke armoede? Of een ziekte? Of gewoon geen zin om over mij zelf en mijn leven na te denken? Of is het lafheid?'

Nu eens dacht ik dat Lolja helemaal gelijk had, dan dacht ik weer dat alles wat zij gezegd had huichelarij en schijnheiligheid was. Maar waarom keken Romanin en Roednev mij niet recht meer aan? Wat zat hen dwars? Hadden ze echt besloten dat ik een lichtmis was? Waarom dan? En wie had er bedacht dat het werk op een lazaretschip slechts een plezierreisje was!

Nee, ik wilde het voor geen prijs opgeven, ik zou niet toegeven! De duvel hale het!

Ik verdwaalde natuurlijk en keerde pas terug toen de anderen al sliepen. Ik was er eigenlijk wel blij om.

Verder verliep 't als volgt: 's morgens ging ik naar de Quarantainehaven beneden, maar daar waar gisteren nog de 'Portugal' had gelegen, was nu een ijzeren aak met steenkool gemeerd.

Een man die aan boord van de aak witvis zat schoon te maken, zei tegen me dat de 'Portugal' 's nachts het anker had gelicht en naar Trapezunt was gevaren.

'Hoe is dat nou mogelijk?' vroeg ik, helemaal van de wijs. 'Hij zou toch pas over een paar dagen uitvaren?'

'Dat gebeurt wel meer,' antwoordde de man onverschillig. 'Een telegram met het bevel tot uitlopen. Heel dringend! 't Is oorlog, vrind! Maar hij komt hier wel weer terug. Maak je niet dik.'

Ik schaamde me naar mijn wagon en mijn oude kameraden terug te moeten, maar er zat niets anders op.

'Wat gaat u nu doen?' vroeg Romanin geringschattend.

'Afwachten tot de "Portugal" terugkomt.'

'Zo nou, u wacht maar. Het is tenslotte uw eigen zaak.'

Diezelfde morgen reed ik nog met de tram naar Lustdorf. In de wagon blijven vond ik te pijnlijk.

In Lustdorf, een saaie Duitse kolonie, bracht ik de hele dag aan de oever van de zee door zonder iets te eten. Pas tegen de avond kocht ik een stuk of tien abrikozen.

Ik had besloten met de laatste tram naar Odessa terug te gaan maar deze kwam niet. Dus ging ik maar lopen. Tot de stad was het ongeveer twintig kilometer.

Weer was er de nacht en de wind. Weer ruisten naast de weg de tuinen, en de zaden van de acacia's, die uit de openknappende peulen sprongen, petsten in mijn gezicht.

Het was alsof ik alleen op de wereld was. Ik zou er heel wat voor over gehad hebben als ik op dat moment mijn moeder had gezien, als zij haar hand door mijn haar gehaald zou hebben en gezegd zou hebben: 'Ach, jij bent ook echt onverbeterlijk, Kostik!'

Ik ging naast het smeedijzeren tuinhek van een villa zitten uitrusten. In de muur was een diepe nis gemaakt voor een beeld, alleen stond er niets in. Ik klom in de lege nis, sloeg mijn armen om mijn knieën en bleef daar lange tijd zo zitten. Dan sliep ik in.

Ik ben zeker wakker geworden doordat een gymnasiast met een fiets mij bewonderend stond aan te kijken.

'Goeiemorgen!' zei hij. 'U lijkt het beeld Mefistofeles wel van de beeldhouwer Antokolskij.'

'Dat bestaat helemaal niet!' antwoordde ik wrevelig, alhoewel ik best wist dat er zo'n beeld bestond. Ik sprong op de grond en ging naar de stad.

De weg liep tussen tuinmuren door. Ik bekeek deze muren en ergens kwamen ze mij bekend voor. Hoe kon dat? Was dit soms Maly Fontan? In de verte zag ik al de ijzeren lantaarn boven het tuinhek van de villa waar de dokters en de zusters woonden. Ik was helemaal vergeten dat de weg naar Lustdorf vlak langs Maly Fontan liep.

Ik bleef voor het hek staan, maakte dit open en keek de tuin in. Deze helde af in de richting van de witte kalme zee.

Het was een druilerige windstille morgen. Er vielen een paar regendruppels op mijn gezicht en op het pad waarvan de kiezels grijs zagen van het opgedroogde zeezout. De druppels maakten er donkere vochtige vlekken op die zienderogen weer opdroogden.

'Ze slapen vast nog allemaal,' dacht ik. Ik had Lolja graag terug willen zien. Opnieuw kreeg ik, net als die nacht, een gevoel van grote eenzaamheid.

Zouden ze hier al weten dat de 'Portugal' zonder mij was uitgevaren? Waarschijnlijk niet. Niemand van de ziekenverzorgers was gisteren van plan geweest bij de villa langs te gaan.

Voorzichtig liep ik de tuin in. Achter de hoge geschoren palmstruiken stond een bekende, groen geschilderde tuinbank. Hier konden ze me noch van het terras, noch vanuit de tuin zien. Ik stelde me zelf gerust met de gedachte dat ik hier een beetje uit zou rusten en dan ongezien weer weg zou gaan.

Opnieuw vielen er een paar regendruppels. Boven de zee begonnen meeuwen te krijsen.

Ik keek op. Met snelle tred kwam iemand van de villa op het tuinhek aflopen. Door een dunne plek in de palmstruiken zag ik Lolja.

Zij had een regenjas aan, was blootshoofds en haar gezicht zag bleker dan ooit tevoren. Zij liep snel, rende bijna.

Ik stond op, trok de takken uit elkaar en liep op haar toe.

Lolja zag me, slaakte een kreet, viel op haar knieën en zonk langzaam op het grove grijze grint neer, zich met een hand ondersteunend. Haar ogen waren gesloten.

Ik rende naar haar toe, pakte haar bij de schouder maar kreeg haar niet overeind. Zij steunde zachtjes, dan fluisterde ze: 'O God! Hij is levend! O God!'

'Ik heb de "Portugal" gemist...' zei ik een beetje onzinnig, niet wetend hoe ik Lolja moest kalmeren.

'Helpt u me nou 's!' zei ze en hief haar betraande gezicht naar me op. 'Geef me een hand.'

Moeizaam stond ze op.

'Weet u dan echt nergens van?'

'Nee...' antwoordde ik, helemaal in de war.

'Laten we hier weggaan. Ergens anders naar toe!'

Wij liepen de verwilderde tuin in van het huis ernaast waar niemand in woonde. Volledig uitgeput zonk Lolja op een bank neer.

'Mijn God!' zei ze, mij door haar tranen heen aankijkend. 'Wat bent u toch dom, verschrikkelijk! Hier, leest u maar!'

Uit de zak van haar regenjas haalde ze een klein stuk grijs papier te voorschijn. Het was een extra editie van het *Nieuws van Odessa.* Ik vouwde hem open en keek naar de zwart gedrukte krantekop: 'Nieuwe monstrueuze misdaad van de Duitsers. Het lazaretschip "Portugal" door de torpedo van een Duitse U-boot voor Sebastopol tot zinken gebracht. Van de bemanning en het verpleegpersoneel kon niemand gered worden.'

Ik smeet de krant weg en sloeg mijn arm om Lolja's schouders. Zij gaf nu als een klein meisje gewoon haar tranen de vrije loop, dikke tranen van opluchting.

'Mijn God,' zei ze door haar tranen heen, 'waarom huil ik eigenlijk zo? Wat een malligheid! Denkt u nu alstublieft niet dat ik zo gek op u ben. Ik was gewoon bang.'

'Dat denk ik ook helemaal niet,' antwoordde ik en streek haar vochtige haar glad.

'Echt?' vroeg Lolja terwijl ze glimlachend haar ogen naar me opsloeg. 'Mag ik alstublieft mijn tas. Daar zit mijn zakdoek in. Ik wilde snel naar de stad gaan... misschien was toch niet iedereen omgekomen.'

XV/LANGS IN ELKAAR GEREDEN WEGEN

Nog een maand voordat we naar Odessa reden, hadden Romanin en ik ons tot Moskou gewend met het verzoek tot overplaatsing naar een detachement ziekenoppassers. We wilden dichter in de buurt van de oorlog komen.

Romanin had daar zo zijn eigen redenen voor. Hij vertelde mij in het geheim dat hij oorlogsreportages schreef voor een radicale krant in Vjatka en dat de trein hem slechts weinig stof verschafte. Hij liet mij een paar artikelen zien die al verschenen waren. De precisie en eenvoud van taal bevielen mij.

Romanin haalde mij ertoe over ook enkele artikelen voor deze krant te schrijven. Ik kwam niet verder dan één. Het was mijn eerste reportage. Het verscheen onder de titel 'Blauwe Jassen'. Daarin vertelde ik hoe het vele duizenden man sterke garnizoen van de Oostenrijkse vesting Przemysl krijgsgevangen was gemaakt. Wij hadden deze gevangenen in Brest gezien.

In dit artikel kon ik echter niet schrijven over een vreemde gebeurtenis, die niet alleen mij maar ook de andere ziekenoppassers getroffen had.

De gevangenen werden door Brest geleid. Duizenden Oostenrijkse soldaten en officieren sloften in zware, kapotte laarzen door de straten, een trage stroom van dofblauwe jassen. Soms kwam de stroom tot stilstand en stonden de ongeschoren mannen neerslachtig naar de grond kijkend te wachten. Dan gingen ze weer verder, gebukt onder de last van een onbekend noodlot.

Plotseling greep ziekenoppasser Hugo Lachman me bij de arm. 'Moet u eens kijken!' riep hij. 'Daar verderop! Die Oostenrijkse soldaat! Moet u eens kijken!'

Ik keek en voelde hoe de koude rillingen mij over de rug liepen. Met vermoeide maar afgemeten pas kwam ik mij zelf tegemoet, alleen had ik het uniform van een Oostenrijkse soldaat aan. Weliswaar had ik al veel over dubbelgangers gehoord, maar ik was er nog nooit een tegengekomen. Wij leken als twee druppels water op elkaar, tot aan de moedervlek op de rechterslaap toe.

'Wel verduiveld nog aan toe!' zei Romanin. 'Dat is gewoon om bang van te worden.'

En toen gebeurde er iets heel wonderbaarlijks. Een soldaat van het gewapend geleide zag mij, keek toen naar de Oostenrijker, liep naar hem toe, trok hem aan zijn mouw en wees naar mij.

De Oostenrijker keek op en bleef stokstijf staan. Meteen hield ook de hele stoet gevangenen halt.

Wij staarden elkaar aan; lang kan het niet geduurd hebben maar het leek wel of er een uur verstreken was. Door de rijen gevangenen ging een opgewonden gemompel.

In de donkere ogen van de Oostenrijker stond verbazing te lezen die plotseling in angst veranderde. Hij werd deze echter snel de baas, glimlachte verlegen en droevig naar mij en stak zijn bleke hand vriendelijk naar mij op.

'Voorwaarts mars!' commandeerde de soldaat van het geleide eindelijk.

De blauwe jassen raakten in golvende beweging en trokken verder. De Oostenrijker keek nog een paar keer om en zwaaide naar mij. Ik zwaaide terug. Zo kwamen wij elkaar tegen en gingen uit elkaar, om elkaar nooit meer terug te zien.

In de trein werd veel over deze gebeurtenis nagepraat. Iedereen was het erover eens dat deze Oostenrijkse soldaat vast een Oekraïener was. En omdat ik tenslotte ook gedeeltelijk Oekraïens was, leek onze verrassende gelijkenis niet langer zo onbegrijpelijk.

Ja, maar ik ben erg afgedwaald. Toen in Odessa, enkele dagen na de ondergang van de 'Portugal', kregen Romanin en ik een telegram uit Moskou met de mededeling dat wij allebei naar hetzelfde detachement ziekenoppassers waren overgeplaatst en dat we regelrecht naar Moskou moesten, vanwaar we naar de plaats zouden reizen waar ons detachement gelegerd was.

Na al die heibel pas nog om de 'Portugal', zou ik met genoegen in de trein zijn gebleven en ik was helemaal niet gelukkig met deze nieuwe bestemming. Maar terugkrabbelen ging nu niet meer. Mijn enige troost was dat ik met Romanin samen zou werken.

Op het station in Odessa werd luidruchtig afscheid van ons genomen. Iemand had een grap uitgehaald en met hulp van Lipogon een klein groepje joodse violisten aan laten rukken. Enkele oude joodse mannen die het allemaal wel bekeken hadden, stonden in stoffige overjassen op het perron onverstoorbaar matchiches en cake-walks te spelen en toen het derde belsignaal geklonken had, zetten zij de mars *Heimwee naar het vaderland* in.

Honderden reizigers gaven samen met de honderden mensen die deze reizigers naar het station gebracht hadden, luidruchtig blijk van hun enthousiasme, over zo'n uitbundig afscheid.

Op 't laatste nippertje omhelsde Lolja mij, kuste me, liet me op mijn woord beloven dat ik haar zou schrijven en fluisterde me toe dat ook zij overgeplaatst wilde worden naar een detachement of lazaret te velde en dat we elkaar vast en zeker ergens in Polen weer zouden ontmoeten.

De trein zette zich in beweging. Lipogon stak zijn pet ver omhoog en bleef zo staan tot de trein in een bocht verdween. De violen jammerden onstuitbaar bij het laten horen van de bekende melodie.

Ik hing uit het raam en zag nog lange tijd Lolja's witte hoofddoekje waarmee ze de trein nazwaaide.

En zoals altijd wanneer er een passage in mijn leven afgesloten werd en een nieuwe begon, begon mijn hart over te lopen van weemoed. Ik dacht met weemoed en spijt aan al het doorgemaakte, aan de mensen die ik achterliet.

Ik ging op de bovenste brits liggen, staarde naar het plafond en liet heel dit lange onrustige jaar dag voor dag aan mijn geheugen voorbijgaan.

Eén ding was voor mij zo zeker als wat, namelijk dat ik niet anders moest leven dan ik dit jaar gedaan had: voortdurend veranderend van plaats en van mensen. Zó en niet anders moest je leven als je je leven wilt wijden aan het schrijverschap.

In Moskou was alles bij het oude gebleven–de woning met de wanden pokdalig van de walm van het koken, Galja die zich eeuwig ergens druk om maakte en moeder met haar zwijgzame genepen lippen.

In Moskou kreeg ik een uniform, een militaire jas met een eigenaardig soort epauletten–zilveren met één sterretje–, en ging me dan melden bij Tsjemodanov, lasthebber voor de detachementen ziekenoppassers te velde.

Romanin was al eerder vertrokken en had een briefje voor mij achtergelaten waarin stond dat deze Tsjemodanov sympathiek was, muziekkenner en auteur van vele artikelen op dit gebied. Ik moest denken aan de woorden van kapitein Bayard dat in dit onbegrijpelijke land niemand zich met zijn eigenlijke taak bezighield. Ik vond dat deze kapitein vrij wonderlijke ideeën had over wat nu iemands eigenlijke taak was. Nu, in oorlogstijden was dat toch wel: Rusland verdedigen. Dat was voor mij zo zeker als wat.

Tsjemodanov, een grote zwartharige en wat gemaakt beleefde man in een tuniek, ontving mij gemoedelijk maar met een zweem van wantrouwen.

'Ik ben bang,' zei hij, 'dat u het moeilijk zult krijgen in het detachement.'

'Waarom?'

'U bent een schuchter persoon. En in de gegeven situatie is dat een tekortkoming.'

Daar kon ik niets tegenin brengen.

Het detachement lag ergens in de buurt van Lublin. De nauwkeurige plaats kon ik pas in Brest aan de weet komen. Daar ging ik dus heen.

Ik reisde in een eersteklaswagon die boordevol officieren zat. Mijn uniform, de epauletten met het ene sterretje en de sabel met het blinkende gevest zaten mij lang niet lekker.

Mijn buurman in de coupé, een kapitein die stonk naar de rook, kreeg het in de gaten, hoorde mij er over uit wie en wat ik was en gaf mij een goede raad.

'Beste jongen,' zei hij, 'groet zo vaak mogelijk en gebruik slechts twee dingen: in de omgang met hogeren "Staat u mij toe?" en in de omgang met lageren "Gaat uw gang"! Dat zal u heel wat onaangename dingen besparen.'

Maar hij had het bij het verkeerde eind, deze mopperpot. De volgende dag ging ik tussen de middag in het restauratierijtuig eten. Alle tafeltjes waren bezet. Ik zag alleen een vrije plaats aan een tafeltje waar een dikke generaal met een grijze snor zat. Ik liep naar hem toe, maakte een lichte buiging en zei: 'Staat u mij toe?'

De generaal zat net op een roastbeef te kauwen. Hij bromde iets dat op een antwoord leek. Hij had zo'n mond vol vlees dat ik niet kon verstaan wat hij zei. Ik dacht 'gaat uw gang' gehoord te hebben, en nam plaats.

Toen de generaal de roastbeef achter zijn kiezen had, nam hij mij met zijn ronde kwade ogen uitgebreid op. Vervolgens vroeg hij mij: 'Wat is dat voor een kledij die u daar aan heeft, jongeman? Wat is dat voor uniform?'

'Dat heb ik zo gekregen, generaal!' antwoordde ik.

'Van wie gekregen?' schreeuwde de generaal met angstaanjagende stem.

Het werd op slag stil in de wagon.

'Van de Unie van Steden, generaal!'

'Heilige Moeder Gods!' donderde de generaal. 'Ik heb de eer deel uit te maken van de staf van de opperbevelhebber, maar zo iets dergelijks had ik niet voor mogelijk gehouden. Anarchie in het Russische leger! Anarchie, verval en tuchteloosheid!'

Hij stond briesend op en verliet het rijtuig. Nu pas zag ik zijn nestels en het keizerlijke monogram op zijn epauletten.

Op hetzelfde ogenblik keken tientallen lachende officiersgezichten mijn kant uit.

'Heeft u even geboft!' zei een lange ritmeester aan het tafeltje naast mij. 'Weet u wie dat was?'

'Nee.'

'Generaal Janoesjkevitsj, attaché van de opperbevelhebber, grootvorst Nikolaj Nikolajevitsj. Zijn rechterhand. Ik raad u aan naar uw wagon terug te gaan en uw neus niet meer te laten zien voor we in Brest zijn. De tweede keer zou het wel eens minder goed voor u af kunnen lopen.'

XVI/DE KLEINE RIDDER

In Brest spoorde ik de zogenaamde 'basis van de detachementen ziekenoppassers' op, een klein huis waar wilde wijnranken zich tegenaan gewonden hadden.

In het huis was niemand aanwezig, op een oude verpleegster na die met smart wachtte op Gronski, de chef van de detachementen.

Het bleek dat ook ik op Gronski moest wachten, aangezien hij alleen wist waar mijn detachement momenteel lag.

De verpleegster was Poolse, zij sprak Russisch met een licht accent en klaagde aan één stuk door: 'Ach, wat dat toch voor een windhaan is, die mijnheer Gronski! Komt aanvliegen, maakt een hoop drukte, deelt kushandjes uit en hup, de vogel is weer gevlogen! Je hebt gewoon geen tijd om een kik te geven. Ach, Moeder Gods! Ik zit hier mijn tijd te verbeuzelen om zo'n windbuil.'

Ik had van Tsjemodanov al het een en ander over Gronski gehoord. Hij was acteur bij de 'Poolse Comedie' in Warschau, een galante en vermetele man met veel goede eigenschappen maar in hoge mate lichtzinnig. Vanwege al die eigenschappen en zijn kleine gestalte werd hij 'de kleine ridder' genoemd.

'U zult het zelf wel zien,' had Tsjemodanov gezegd. 'Hij lijkt zo uit een roman van Sienkiewicz weggelopen te zijn.'

Ik waste me, dronk koffie met mevrouw Jadviga, de oude verpleegster en ging vervolgens op een veldbed liggen. Slapen wilde ik in geen geval. Op het raamkozijn had ik een stukgelezen boek gevonden, *De belegering van Parijs* van Sarcey waarin ik begon te lezen. Voor het raam wiegde de wind de bladeren van de wilde wijnranken.

Plotseling kwam er voor het huis een auto uit volle vaart tot stilstand zodat de motor oorverdovend knetterde, iemand kwam met rinkelende sporen de trap opstormen, de deur vloog wijd open en ik zag een kleine man in uniform met triomfantelijke grijze ogen, een enorme neus als van Cyrano de Bergerac, en een donzige blonde snor.

'Mijn kind!' riep hij met hoge stem en vloog op mijn veldbed af. Ik had nauwelijks tijd overeind te springen.

'Mijn kind! Ik ben eindeloos gelukkig! Wij zitten op u te wachten als op het hemelse manna! Romanin had 't gewoon niet meer.'

Hij omhelsde mij stevig en kuste mij drie maal. Zijn snor rook lichtelijk naar viooltjes.

'Wacht u even!' riep hij tegen me, rende naar het raam, stak zijn hoofd naar buiten en brulde naar beneden: 'Mevrouw Jadviga! Goeiedag! Goed nieuws! Eindelijk heb ik een detachement ziekenoppassers bij elkaar gekregen dat 't voor u helemaal is. Niets dan stotteraars en stuntelaars! Wat? Ik neem u in de maling?'

Gronski hief zijn armen ten hemel.

'Ik zweer het u bij God de heer en zijn glorierijke, enige zoon Jezus! Morgen vroeg zal ik u er in deze gammele Ford heen brengen! We gaan met zijn drieën!'

Bruusk wendde hij zich van het raam af en riep: 'Artemenko! Hierheen!'

Met stampende laarzen kwam een ziekenoppasser, klusjesman op de basis, de kamer binnenstormen.

'Laat mij je eerlijke open gezicht eens zien,' zei Gronski.

Artemenko wendde beschaamd zijn blik af.

'Waar zijn de vijf blikken gecondenseerde melk gebleven? Die onder de brits stonden?'

'Weet ik dat?' bulkte Artemenko.

'Je bent een hoerejong,' zei Gronski. 'Laat dit de laatste keer zijn. Anders wordt 't de rechtbank, strafbataljon, een snikkende vrouw en voor eeuwig ongelukkige kinderen. Vooruit, scheer je uit m'n ogen!'

Artemenko zorgde dat hij bij de deur kwam.

'Wacht!' brulde Gronski uit volle borst. 'Haal de kist die in de auto staat hierheen. En pas op dat je niks breekt, lanterfanter!'

Artemenko rende de kamer uit.

'Mijn kind, mijn zoon,' zei Gronski, pakte mij bij de schouders, schudde mij door elkaar en keek mij doordringend aan. 'U moest eens weten hoe ik te doen heb met iedere jongeman die in dit gekkenhuis, dit krankzinnigengesticht, deze kroeg-in-brand, dit vlooientheater, deze duivelse vleesmolen, deze heksendans verzeilt, die oorlog heet. Maar in mij kunt u vertrouwen hebben. Ik zal voor u opkomen.'

Artemenko zeulde een fineerhouten kist de kamer in. Gronski schopte met de punt van zijn laklaars hard vanonder tegen de deksel; deze vloog open maar gelijk vloog ook de zool van zijn laars af.

'U gaat uw gang maar!' zei Gronski beleefd maar bedroefd en wees naar de kist. Onder perkamentpapier lagen plakken chocola, dicht opeen gestouwd.

Gronski ging op de brits zitten, trok zijn laars uit en keek lange tijd met gefronste wenkbrauwen naar de afgerukte zool.

'Eigenaardig!' zei hij zwartgallig en schudde zijn hoofd. ''t Is of de duvel ermee speelt! Dat is voor de derde keer deze week dat de zool van mijn laars schiet. Artemenko! Waar zit je nou weer?'

'Present!' riep Artemenko die vlak naast hem stond.

'Breng mijn laars naar die pokdalige oplichter, die meesterschoenmaker Jakov Koer. Het moet over een uur klaar zijn! Anders kom ik in mijn ene laars en sla zijn verrotte tent daar met mijn sabel kort en klein. En zelf zal hij voor mij dansen en op de tamboerijn slaan.'

Artemenko greep de laars en rende de kamer uit.

'Zeg,' vroeg Gronski, 'heeft die ouwe kalkoen, die mevrouw Jadviga, God moge haar honderd schoppen onder haar achterste geven, al aan uw hoofd zitten zaniken? Waar moet ik met haar naar toe als ze bij ieder ruw woord al met haar ogen begint te draaien en van haar stokje valt! Daar hebben ze me met een mooie tante opgescheept! Kom, laten we thee met cognac gaan drinken. Hè? En vanavond gaan we naar de officiersclub. Daar wordt een concert gegeven. Morgen bij het aanbreken van de dag gaan we op weg. Natuurlijk alleen als mijn chauffeur, de doorluchtige heer Svonkovoj, de motor heeft gerepareerd.'

'Wat is ermee?'

'Geraakt! Bij Loebartov, bij de spoorovergang. Een raadsel waar die kogel vandaan kwam. Ah, kijk eens aan! Leest u Sarcey? Ik vind *De val* van Zola beter. Ik heb liever een analytische schrijver. Balzac bij voorbeeld. Maar ik houd ook van gedichten.'

Hij haalde een klein boekje uit de colbertzak van zijn uniform, zwaaide ermee door de lucht en riep met onvervalste pathos: 'Jevgenij Onegin! [Van Poesjkin; vert.] Die heb ik altijd bij me. Werelden mogen ten onder gaan, deze strofen zullen in hun onsterfelijke roem voortleven.'

Mijn hoofd duizelde al van deze meneer Gronski. Hij keek mij aandachtig aan en zei ongerust: 'Mijn zoon, gaat u maar wat liggen slapen tot het concert. Ik maak u wel wakker.'

Dat deed ik graag. Gronski rende naar beneden. Ik hoorde hoe hij zich proestend en de Marseillaise fluitend boven een lampetkom stond te wassen. Dan zei hij tegen iemand, waarschijnlijk tegen Artemenko: 'Ken je de duvel z'n grootmoeder? Niet? Nou, dan zal ik je die in natura laten zien. Daar zal je van opkijken!'

Mevrouw Jadviga schreeuwde ach en wee! en riep moeder-Maria-nog-aan-toe, maar Gronski zei: 'Al ben ik maar een worm in vergelijking met hem, zo'n belangrijke persoonlijkheid, toch zal ik deze adjudant op zijn smoel slaan. Al krijg ik er de kogel voor. Dat staat als een paal boven water!'

Dan viel ik in slaap.

Ik werd wakker van een geluid alsof in de kamer een te strak gespannen snaar knapte. De schemering was al vrij ver heen en door het open raam rees de donkergroene hemel hoog op.

Ik lag te luisteren. Mevrouw Jadviga bad hardop, dan klonk weer het geluid van de snaar die knapte. Een roodachtig schijnsel flitste langs de hemel en ik hoorde het rustige ronken van motoren dat diep in de avond weerklonk.

'Opstaan!' riep Gronski naar mij. 'Een zeppelin boven Brest!'

Ik sprong op en liep het balkon op. Gronski en Artemenko stonden er al naar de hemel te kijken.

'Daar,' zei Gronski. 'Ziet u hem? Een handbreedte links van de Grote Beer!'

Ik keek scherp en ontdekte een lange donkere schaduw die licht en snel langs de hemel gleed. Vlakbij knetterden geweerschoten. Boven ons huis ontplofte een schrapnel als een gele vlam.

'Niet gek!' zei Gronski. 'Als het zo doorgaat worden we nog door onze eigen mensen neergeschoten. De Duitsers hebben twee bommen geworpen en gaan weg. Het spektakel is voorbij. Laten we naar binnen gaan. De thee is net klaar.'

Na de thee ging ik met Gronski naar de officiersclub. Deze bevond zich in een lange houten schuur. De ramen keken uit op een tuin. Frisse lucht stroomde naar binnen.

Ik had een verschrikkelijke slaap. Half weggedommeld hoorde ik een bas dreunen:

Om twaalf uur in de nacht
Staat de tamboer op uit zijn graf...

Ik deed mijn ogen open. Een grote glad geschoren officier met een kaarsrechte scheiding stond te zingen.

'Dat is een heel beroemde zanger,' zei Gronski en noemde een naam, maar ik sliep weer in en hoorde het al niet meer. Ik sliep gedurende het hele concert.

De volgende morgen gingen we op weg. De doorluchtige meneer Svonkovoj bleek een goedmoedige slotenmaker uit Pensa te zijn, in het bezit van een wipneus. Bij de verhalen van Gronski grinnikte hij maar zo'n beetje van tjonge jonge, terwijl zijn hoofd bewonderend heen en weer wiegelde.

Ik herinner mij het losse zand, de in elkaar gereden brede wegen, doodsbenauwde dorpelingen. Tot aan de naaf wegzakkend in het zand kropen de karren van de vluchtelingen ons tegemoet. In een of ander gehucht lieten we mevrouw Jadviga achter.

's Avonds bereikten we eindelijk het gehucht Wysznica waar Romanins detachement gestationeerd was. De geel-zwarte vlag van de etappecommandant hing boven een planken huis. Het door de karren en het vee opgewervelde stof hing als een droge mist in de lucht en zakte traag naar beneden.

Oude joden met banden om hun arm waaraan je kon zien dat ze van de militie waren, renden van huis tot huis en dreven de bevolking bijeen om buiten de bebouwde kom loopgraven te maken. In de verte klonk voortdurend een dof gedreun. Daar was een artillerieduel aan de gang.

Er heerste een onbestemde opwinding, een zwoelte, een wanorde. Op het dorpsplein brandden tientallen vuren.

Eromheen, bij hun wagens, de paarden uitgespannen, zaten of lagen gevluchte Poolse boeren, zo goed en zo kwaad als het ging. Doodvermoeide vrouwen zaten blootshoofds met brullende, blauw aanlopende zuigelingen op hun arm. Honden blaften. Voerlieden baanden zich tierend een weg door dit mensengewemel. Ze deelden daarbij rake klappen uit met hun zweep en schampten met de wielen van hun kar de op hopen liggende boerenplunje, zodat geborduurde handdoeken, sjaals en hemden in de spaken verstrikt werden meegesleept. De vrouwen gristen deze spullen, vol teer en straatvuil, kapot en gescheurd, weer onder de wielen vandaan en liepen ermee terug naar de vuren.

Oude jodinnen met rossige pruiken sleepten met allerlei oude rommel – veren bedden, vaatwerk, oude naaimachines, groen uitgeslagen koperen bekkens en knoopten alles in lakens en dekens. Maar een kar of een wagen waar dit huisraad opgeladen had kunnen worden, kon ik nergens ontdekken.

Romanins detachement lag aan de rand van het gehucht in een

oude herberg. De grond eromheen was vertrapt en boven vuren hingen aan treeften vier enorme gietijzeren ketels.

Soldaten waren er druk in de weer. Romanin stond er ook bij en riep naar een officier wiens haar grijs zag van het stof: 'De duivel hale je!' Dan zag hij Gronski en mij, wuifde naar ons en richtte zich weer tot de officier: 'Om het half uur gaat er een koe kapot en u gooit ze ergens langs de kant van de weg. Waarom doet u dan zo kniertig?'

'Er is een officiële verklaring nodig,' antwoordde de officier verveeld. 'Wij moeten voor iedere koe die 't loodje legt een officiële verklaring hebben. Moet ik me soms voor uw plezier voor de militaire rechtbank laten slepen?'

'Sodemieter, dan maken we zo'n officiële verklaring,' zei Romanin, pakte de officier bij zijn arm en nam hem mee naar de herberg. Hij keek om, glimlachte naar mij en riep: 'Ik kom zo! Moet alleen nog even dit zaakje met deze veedrijver afhandelen!'

Wij liepen ook de herberg in. Het was er leeg en er hing een lucht van koude rook. Bij onze verschijning stoven langs de muren hele horden kakkerlakken alle kanten uit.

'Eerst een sigaret,' zei Gronski, 'en dan zult u meteen aan de gang moeten. U ziet hoe het hier toegaat. Ik zal eens even kijken of ik die koeienveldheer kan vermurwen.'

Ik ging op een gammele bank zitten, stak een sigaret op en luisterde scherp.

Buiten zanikten huilende vrouwen de soldaten aan hun hoofd, het vee loeide wanhopig en in de verte donderde almaar vaker het geschut.

Na iedere dreun sieperde er uit een scheur in het plafond een straaltje zand, precies op een homp brood die op tafel lag. Ik schoof het brood opzij.

Achter het tussenschot werd nu driestemmig tekeergegaan: Romanin schetterde, de officier bekvechtte verveeld terug en de zangerige tenor van Gronski klonk er opgewonden tussendoor.

'Geeft u mij nou twee koeien, hier heeft u uw verklaring!' riep Romanin. 'En daarmee basta! Ik heb niks om die mensen te eten te geven. De mensen! De kinderen sterven als vliegen en u moet een keurig geschreven verklaring hebben! Schaamt u zich niet, meneer de eerste luitenant!'

Dan werd het stil aan de andere kant. Romanin kwam naar me toe.

'Prachtig!' zei hij met schor geschreeuwde stem en we omhelsden elkaar. 'Precies op het goede moment! Ik heb die trut maar net aan zover gekregen. Twee koeien hebben we bij hem losgekregen. Laat een paar ziekenoppassers u maar helpen. De ene koe moet dadelijk geslacht en in stukken gesneden worden en dan regelrecht de ketel in. Er is geen tijd om te wachten tot het vlees bestorven is. De vluchtelingen hebben al in twee dagen niet meer gegeten.'

Romanin tilde het smerige gordijn voor het raam op en keek over de weide uit.

'Wat er hier niet allemaal aan de hand is,' zei hij. 'Ik heb geloof ik in vijf dagen al niet meer geslapen. Ach kom, onzin. Ga maar aan de slag, we vinden later wel tijd om wat te kletsen.'

Al had Gronski me onderweg wel verteld dat sinds Polen van zijn grondvesten geschoven was en voor de oorlog begon weg te vluchten, een aantal detachementen ziekenoppassers, onder andere het onze, belast was met ravitailleren en geneeskundig verzorgen van de vluchtelingen, ik had er geen flauwe notie van wat dat eigenlijk inhield.

'Vraag niemand ergens naar,' zei Romanin. 'Handel zoals u 't nodig vindt. Uw fijngevoeligheid kunt u wel overboord gooien. Anders draait 't nergens op uit en dan komt die fijngevoeligheid u nog op een stuk of tien mensenlevens te staan.'

Romanin gaf me twee ziekenoppassers mee. Op de binnenplaats van de herberg, bij het schijnsel van een vuur, slachtten ze een magere koe. De iele dorre hoorns boorden zich in de aarde. Het bloed bleef in plasjes staan en wilde maar niet wegzakken in het stof.

Vervolgens sneden we de koe met zijn drieën in stukken. De opgestroopte mouwen van mijn nieuwe jekker werden nat van het bloed. Wij sneden het vlees in stukken en hingen het aan het hek om het tenminste iets te laten besterven.

Het stof werd steeds dichter. De vuren laaiden met oranjeachtige schijn. De ruiten begonnen in hun oude sponningen te rammelen en heel de oude herberg stond te zwaaien en te schudden.

Gronski kwam de binnenplaats op.

'Vaarwel, mijn zoon!' zei hij terwijl hij mij aan mijn met bloed besmeurde mouwen naar zich toe trok en mij kuste. 'Ik ga nu naar het derde detachement, 't gaat daar niet zo goed.'

'Wat is dat voor gedreun?' vroeg ik. 'Weer konvooien?'

'Dat zijn geen konvooien,' zei Gronski. 'Dat is artillerie die zich terugtrekt. Nou, vaarwel! Moge God u behoeden. Vergeet het eten niet. Dat is gevaarlijk, mijn kind.'

Hij omhelsde mij nogmaals, draaide zich om en verliet de binnenplaats. Met zijn hoofd zo omlaag, was het net of hij een juk op zijn schouders had.

Wij deden het vlees in de ketels. Op de brij vormde zich een vuilgrijze laag schuim. Dit werd er met grote schuimspanen afgeschept en op de grond gegooid. Magere honden likten, naar elkaar grommend, de vette grond af.

Halverwege de nacht was de soep gaar en wij begonnen met het uitdelen aan de vluchtelingen. Honderden trillende handen staken zich uit naar de ziekenoppassers met kroezen, oude borden, koppen en kommen. De vrouwen probeerden de handen van de ziekenoppassers te kussen als ze hun portie gekregen hadden.

Uit de menigte steeg een huilen op dat op lachen leek... misschien was dit echt wel het lachen van uitgehongerde mensen die de geur van lekker warm rundvlees in hun neus kregen. Zij slobberden de soep ter plaatse op, hun mond brandend en steunend van genoegen.

Tien minuten later waren de ketels schoon leeg. Romanin liet ze meteen weer vullen.

Wij slachtten de tweede koe en vilden haar, weer viel het stof in een dikke zwarte laag op het verse vlees neer en weer kwamen vliegen ergens uit de nacht aanzwermen. Weer huilden kinderen en trokken militaire konvooien door schor gevloek begeleid, ratelend voorbij. En weer donderde het in de verte, maar het klonk al dichterbij dan 's avonds, beduidend dichterbij zelfs.

Nog voor het dag werd konden we aan een tweede golf vluchtelingen eten uitdelen. Romanin gaf bevel onmiddellijk op te breken.

Een gedeelte van de vluchtelingen ging op weg, anderen treuzelden nog wat. De zon kwam purperrood en nevelig op, er hing een brandlucht. Zwarte rookzuilen verhieven zich aan de horizon. Volgens de ziekenoppassers werd daar graan verbrand.

Een patrouille Kozakken galoppeerde door het plaatsje. Op het plein bij de synagoge sprongen ze van hun paard, gingen een stuk of wat huizen binnen en reden meteen weer weg. Uit de huizen begon rook te walmen. Er schoot een brede vlam omhoog, mensen gilden.

Vonken vielen op slapende kinderen. De oude lorren van de vluchtelingen begonnen te smeulen. De vrouwen gristen hun kinderen weg, lieten alles in de steek en renden naar de dorpsrand. De mannen volgden hen.

Wij baanden ons een weg door de rook en de vuurgloed. De paarden briesten en deinsden schichtig terug. De ziekenoppassers doken zoveel mogelijk weg in de opgeslagen kraag van hun jas.

'Trekken jullie maar terug op Piszczac en Terespol,' zei Romanin. 'Ik rijd vooruit om voor ons kwartier te maken. Kom mij met de wagens achterna. Kies zijweggetjes, vermijd de grote landwegen. Die zitten vol. Als ik niet in Piszczac ben, ga dan regelrecht door naar Terespol. Nou, tot ziens!'

Wij omhelsden elkaar ten afscheid en Romanin zei: 'Dat is wat anders dan die "Portugal" van u!'

Hij klopte mij op mijn schouder, pakte zijn paard, greep de zadelboog vast, huppelde een paar maal op één been en zwaaide zich moeizaam in het zadel en draafde langs de berm weg.

De hele dag door reden we langs allerlei kleine landweggetjes. Ik moest voortdurend de kaart raadplegen. Aan alle kanten werden we omgeven door rook van branden die in zware wolken opwarrelde en langzaam naar het oosten werd afgebogen.

Ik had de indruk dat het enige vredige geluid dat ik die dag hoorde, het ruisen van de wilgebladeren was, toen wij stilstonden om de paarden bij een verzand riviertje te laten drinken.

Wij haalden vluchtelingen in. Wij werden op onze beurt door

konvooien en artillerie ingehaald. Steeds vaker hoorde je de naam Mackensen. Achter ons rukte het Duitse leger op onder commando van deze veldmaarschalk.

Twee maal hielden we halt om doden te begraven die ergens langs de kant van de weg lagen.

De ene keer was het een klein kind. Het lag op een geblokte hoofddoek die de moeder zeker had afgedaan. Iemand had een met wortel en al uitgerukt struikje herik op de borst van het kind gelegd.

De andere keer was het een jonge boerin met wijdopen, lichte ogen. Zij keek stil naar de hemel waar een bleek-gele zon door de rook scheen.

Een bij was verward geraakt in het haar van de jonge vrouw en zoemde woedend. Ze moest al een hele poos geprobeerd hebben los te komen. Toen wij al weer een heel eind bij de twee pas gedolven graven vandaan waren, zei een ziekenoppasser tegen mij, een slungelige, zachte man, Spoloch genaamd: 'Dat jonge vrouwtje dat we begraven hebben, mijnheer. Ik denk zo dat 't de moeder was van het kleine kind.'

'Waarom?'

'Ze lag daar zonder hoofddoek. En het kindje had haar hoofddoek. Daarom lijkt dat me zo.'

'Voor sommigen is de oorlog een moeder en voor anderen is het de duvel zijn grootje,' bracht de gedrongen ziekenoppasser Gladysjev onverwacht te berde.

Ik zat de hele dag te paard, wat mij ontzettend vermoeide. 't Zand knerste tussen mijn tanden. Ik dacht nergens aan, alleen één ding liet mij maar niet los, namelijk dat ik pas twee mensen begraven had en zelfs niet wist hoe ze heetten. Ik herinnerde me de met goudblonde, nauwelijks merkbare haartjes bedekte armen van de jonge vrouw en het zuivere, gewelfde voorhoofd van het kind.

Wie had er bedacht dat precies in hun leven, in hun dorpje, waar de maagdenpalm nog niet uitgebloeid was en het misschien in de boerenstulpen nog naar pas gebakken brood rook, opeens de dood binnen zou treden, hen hals over kop en huilend het huis uit zou jagen en op een vreemde plaats, in het losse zand zou wurgen, op een weg waar de met ijzer beslagen wielen op een handbreedte afstand van hun voor eeuwig ingeslapen gezichten voorbij knarsten?

'Mijnheer!' riep Sploch naar mij.

'Wat is er?'

'Laat u dat nou maar zitten, denkt u daar maar niet meer aan! Ik raad u het niet aan. Luistert u nou naar mij. Ik loop al een jaar in de oorlog mee.'

'Hoe weet je dat ik er aan denk?'

'Hoe zou ik dat niet weten? Of dat niet te zien is.'

Het was nauwelijks te geloven dat ik gisteren nog in het vredige Brest was, dat ik met de oude verpleegster aan een tafeltje koffie had zitten drinken, dat er die praatzieke Gronski, een zacht bed en frisse nachtlucht geweest waren.

Wij kwamen pas 's avonds in Piszczac aan, de zanderige wegen hadden ons opgehouden.

Romanin was er niet.

Op straat lagen bergen oude spullen en verscheurde boeken. Ik zocht er een stuk of wat op, wierp er een blik in en smeet ze weer weg, want zij waren gedrukt in onbegrijpelijke Hebreeuwse lettertekens.

Het kleine plaatsje was al uitgestorven, de katten zwierven van de ene binnenplaats naar de andere en bleven hier en daar ineengedoken zitten.

Onze pleisterplaats was een huis waar een kapperszaak was. Boven de rinkelende glazen deur met het bengelende klokje hing een uithangbord: een knappe vent met een zwarte snor en rode wangen zat met een sneeuwwit laken om in een stoel, zijn voeten in laarzen met hoge dameshakken voor zich uitgestoken. Het gezicht van de knappe kerel was half ingezeept. Boven hem hing, door geen menselijke hand bediend, zomaar vanzelf een ontzaglijk scheermes dreigend in de lucht, vlak naast zijn ingezeepte wang. De knappe vent zat onbezorgd te glimlachen.

Op het uithangbord stond: 'Wener barbier. Isaac Mozes en kleinzoon.'

De plankenvloer in de winkel lag overal los. Bij iedere stap wiegelde de enige gebroken spiegel, waar opgedroogde spatten zeepschuim op kleefden, heen en weer.

Het rook naar eau de cologne. Op een bamboetafeltje met drie poten lagen stuk gelezen en beduimelde tijdschriften zoals de *Ogonjok*, *Wereldpanorama* en *Argus*. Slaperige aasvliegen botsten tegen de ruiten.

Wij maakten een dunne gierstbrij en thee klaar. Ik had geen zin om te slapen. Ik ging lekker in de kappersstoel zitten, met mijn hoofd achterover geleund op de versleten met fluweel overtrokken hoofdsteun, deed mijn ogen dicht en liet mijn gedachten de vrije loop. Waar ik aan dacht? Aan hoe de zee zonder ophouden ruist en de krekels in de dorre bergen tsjirpen. Aan die herfstavond in Aloesjta, toen grote gele bladeren van de platanen vlogen. Aan het vrolijke meisje dat mij tegemoet rende. Aan gedichten. En god weet wat voor dingen nog meer, ver weg van de oorlog en vrij onbestemd.

Maar we moesten opbreken. Weer was er de scherpe geur van paardezweet, voerlui die 'vort kreng' riepen, het knarsen van de wielen, het harde zadel en zand en nog eens zand.

Alleen trokken er nu geen rookslierten van de branden meer achter ons aan, maar scheen een donkerrode vuurgloed ons in de rug en opzij van de weg pinkelden vredig de sterren.

En nog steeds rolde dezelfde ijzeren donder over de aarde, de steriele oorlogsdonder, de stemmen van de Kruppkanonnen, ervoor gemaakt om mensenlichamen aan flarden te rijten.

Ik dutte weg in het zadel. De sterrebeelden bewogen boven mijn hoofd, scholen als nevelvlekken massaal bijeen, net of ze samen met de mensen de oorlog wilden ontvluchten.

Ik sliep in en het was of ik, door mijn sluimering heen, zag hoe nu eens hier, dan weer daar vallende sterren het donkere uitspansel doorsneden. Alsof de hemel ijlboden naar de aarde stuurde om aan de weet te komen waar de nakomelingen van Leibnitz, Humboldt en Herschel, de nakomelingen van deze beroemde Duitsers, zich mee bezighielden.

Het was al dag toen we eindelijk in Terespol aankwamen.

In Terespol vond ik Romanin in het huis van de dorpspastoor. De uit somber hout opgetrokken pastorie stond in een verwilderde tuin te midden van gouwe en brandnetels. Hier en daar gluurden een paar rode maluwen door het onkruid.

De pastoor had Terespol niet gelijk met de vluchtelingen verlaten. Samen met Romanin begroette hij mij op het bordes.

Hij was een grote magere man met levendige ogen. Onder zijn versleten soutane kwamen afgedragen laarzen uit.

De pastoor gaf mij, zoals dat toentertijd gebruikelijk was, de zegen en zei in het Russisch: 'Mijn huis staat voor iedereen open. Gelijk het huis Gods. Kom binnen, mijn zoon, maak het u naar de zin.'

Hij had een hoge stem, als van een knaap.

Wij gingen naar binnen. De ruiten rinkelden van onze voetstappen. De pastoor deed de deur open van een lage schemerdonkere kamer. Langs de wanden stonden op houten planken honderden boeken.

'Ik wil de Duitsers niet zien,' zei de pastoor plotseling en bleef op de drempel staan. Hij hief zijn grote handen boven zijn hoofd, net alsof hij een spookverschijning wilde afweren. 'Moge de maagd Maria mij ervoor hoeden. Ik wil de Pruis niet zien! Vervloekt is die afschuwelijke nacht toen hij op een smerige legerstede onder het portret van kanselier Bismarck verwekt werd!'

Romanin stootte mij aan, maar ik begreep niet waar hij op doelde.

'De kanselier keek uit zijn uitpuilende ogen op iedere paringsdaad neer,' zei de pastoor met afschuw, 'en dacht dan "*Ach mein Gott!* Weer een dapper soldaatje voor het vaderland. *Ach mein Gott*, wat goed dat je Duitsland zo veel van die rossige kerels schenkt." ' Langzaam liep de pastoor langs de boekenplanken en streek met zijn handen over de banden. Het was net of hij ze telde. Dan keerde hij zich weer naar ons toe.

'Mijn hele leven lang heb ik deze boeken verzameld,' zei hij in het Pools. 'Tweeduizend delen, allemaal over geschiedenis. Ik zou ze graag in veiligheid gebracht hebben, maar waar zou ik zo veel paard-en-wagens vandaan moeten halen? En daarom, ziet u, ben ik bij ze gebleven. U mag er gerust eentje pakken en inkijken. Maar ik zie dat u moe bent. Rust u eerst maar eens wat uit.'

De pastoor klopte mij met zijn magere hand op de schouder en ging de kamer uit, zijn soutane ruiste bij iedere schrede.

'Dat is een goeie, hè?' vroeg Romanin. 'We zijn al dikke vrinden. Wat hij daar niet allemaal voor boeken heeft staan! Deze plank hier: alles over Soevorov. En hier over Napoleon. En daarboven de middeleeuwen en de geschriften van de kerkvaders.'

Ik pakte op goed geluk een dik boek in gehavende zwarte band. Het was de *Geschiedenis van de Franse Revolutie* van Carlyle.

'Morgen, bij zonsopgang marcheren wij naar Brest,' zei Romanin. 'Hier gaat alles naar de bliksem. Al deze boeken met hun zonderlinge eigenaar incluis. Maar gaat u zich nu wassen, nikker! In de tuin is een klein badhuisje. Er is pas nog warm water gemaakt.'

Ik ging naar het badhuisje. Het scheefgezakte balkenbouwseltje stond tot aan het dak in de brandnetels.

De ketel stond nog vol troebel warm water. Ik trok wat vermolmde planken uit de schutting en stookte het vuur op. Door het kapotte raam kwam vochtige lucht binnen, 't begon al avond te worden.

Ik kleedde mij uit en stond versteld over het gewicht van mijn stoffige kleren en laarzen. Dan bleef ik een hele tijd op de bank zitten wachten tot het water heet was, rookte een sigaret en dacht eigenlijk nergens aan. Ik voelde me gewoon lekker, zo in deze kortstondige stilte, genoot van de frisse lucht die uit de tuin naar binnen stroomde.

In de bleke zonnestralen dansten mugjes. Buiten stonden witte schermbloemen die boven de vensterbank uitkwamen.

Het was zo stil dat ik hoorde hoe onze paarden die we in de tuin aan de bomen vastgezet hadden, stonden te snuiven. Toen kwam vanuit de verte langzaam de donder over het badhuisje heen rollen en stierf ergens in het westen weg.

Een grijze kater sprong op de vensterbank, keek mij aan en

miauwde verwonderd. Dan trippelde hij langs de planken wanden van het badhuisje en keek in mijn laars. Daarbinnen was het leeg en donker. De kat miauwde opnieuw, ditmaal vragend en begon om mijn benen te steerten. Zijn dikke vacht knisterde heel zachtjes. Ik aaide hem. De kat spon van genoegen.

'Je bent een lijntrekker,' zei ik tegen de kat. 'Aan jou zal niemand komen. Op jou zullen geen mannen met stalen helmen jagen om je om de een of andere onverklaarbare reden dood te slaan. Zullen we de rollen omdraaien?'

De kat deed alsof hij mijn woorden niet hoorde. Zonder zich te haasten of ook maar één keer om te kijken, ging hij naar buiten.

'Vuilak!' riep ik hem achterna. 'Vieze vuile egoïst!'

Ik had graag gewild dat hij teruggekomen was. Ik had behoefte aan een levend wezen dat niet begreep wat oorlog was en vond dat de wereld nog net zo fijn was als een maand of een jaar geleden, dat de winterkoninkjes nog net zo in de tuin rondvlogen, dat het bleke plattelandszonnetje nog net zo rustig onderging, dat je nog even lekker als altijd kon zitten soezelen in de versleten fauteuil, je oren spitsend bij elk verdacht gekraak van de gortdroge boekbanden.

Ik was zo moe dat mijn gedachten verward werden. Ik had ze wel willen vasthouden om eindelijk over datgene na te denken wat al zo lang aan mijn hart knaagde. Tederheid, een warme schouder. Waar je je dicht tegenaan had kunnen vlijen.

'Mama!' zei ik halfluid, maar meteen zag ik de smalle genepen lippen van mijn moeder en haar hulpeloze gezicht voor me. Nee, zij kon mij niet helpen. Maar wie dan? Niemand. Misschien zou ik in de toekomst, als er voor mij tenminste een toekomst zou zijn, een mens met een grote tedere ziel ontmoeten... En Lolja had ik ook verloren en zou ik niet meer terugzien.

Weer rolde er een langgerekte donderslag over het badhuisje. Uit de olmen bij de pastorie vlogen schor krijsende kauwen op. Romanin kwam voor het raampje staan.

'Wat is er? Slaapt u soms?' vroeg hij. 'Bij meneer pastoor is kersejam gevonden.'

'Ik denk dat ik sliep,' gaf ik toe.

'Jongeman, dat staat me niet aan!' zei Romanin. 'Waarover zit u te piekeren? Was u snel en kom thee drinken.'

De koster, een oude man in een grove boerenkiel, dekte de theetafel in de kamer met de boeken. Hij spreidde een grijs tafellaken over de ronde tafel en zette er glazen en een suikerpot van grauw matglas op. De enige oplichtende kleurige vlek kwam van de granaatrode siroop van de kersejam.

Wij haalden onze voorraden voor de dag: vleesconserven, scheepsbeschuit en veenbessesap. Het was alles wat wij hadden.

De grijze kat kwam de kamer in. Hij heette Belzebub. Wij nodigden de pastoor aan tafel. Voordat hij ging zitten, prevelde hij een kort gebed. Wij hoorden het staand aan.

'Beleefde jongelui,' zei hij, glimlachte ironisch en zweeg even. 'Gods zegen zij met u,' zei hij dan en ging zitten. 'Moge de heilige Maagd elk uwer schreden behoeden. U gelooft natuurlijk niet in haar. Maar dat maakt niets uit. Moge zij over u waken en de handen van de vijand van u afwenden.'

De pastoor schoof zijn kopje weg en wendde zich tot de koster, die aan het puntje van de tafel gezeten, thee dronk.

'Janosj,' zei hij, 'doe de kerk maar open, we zullen de hele nacht en morgen de hele dag mis lezen.'

'Jawel, meneer pastoor,' antwoordde de koster met zachte stem terwijl hij opstond, 'de hele nacht en morgen de hele dag door.'

'We lezen de grote litanie voor de gevallenen.'

'Jawel, meneer pastoor,' antwoordde de koster weer met zachte stem, 'de litanie voor de gevallenen.'

'En dan zullen we voor de Here God een mis celebreren, dat hij Polen helpen moge als een phoenix uit de as te herrijzen.'

'Jawel, meneer pastoor,' mompelde de koster, 'als een phoenix uit de as.'

'Amen!' zei de pastoor.

'Amen!' mompelde de koster en boog zijn grijze ruige hoofd.

Romanin en ik kregen een vreemd gevoel over ons bij deze bezweringen van de pastoor en het geprevel van de koster. Dit scheen tot de pastoor door te dringen. Hij stond zwijgend op en ging de kamer uit. De koster kwam hinkend achter hem aan.

Ik ging op de met zwart zeildoek overtrokken divan liggen, trok mijn uniformjas over me heen en zakte weg in een dof dreunende donkerte.

Plotseling werd ik zonder speciale aanleiding weer wakker. Het leek me al laat in de nacht. Voor het open raam hoorde je de tuin af en toe zachtjes ruisen. Ik keek naar het raam: maan noch sterren waren te zien, de hemel moest bewolkt zijn.

Rondom was alles in diepe stilte gehuld. Maar ik had het gevoel alsof ik wakker geworden was door het een of andere geluid. Ik lag te wachten. Ik was er zeker van dat het geluid weer zou klinken. Ik had trek in een sigaret, maar ik durfde niet goed een lucifer aan te steken, daardoor de beschermende duisternis van de nacht verstorend.

Ik wachtte. Ik ijsde me dood in afwachting van het onbekende geluid.

Zo lag ik een paar minuten, toen vloog ik met een schok overeind. Met veel geritsel gleed mijn jas op de grond.

Daar was het geluid weer – huiveringwekkend, langgerekt, sidderend, smachtend, als het huilen van een oud mens.

Wat was dat? Het geluid stierf langzaam weg maar groeide meteen weer aan, en ik herkende het langzaam luiden van de kerkklok. De pastoor las midden in de nacht de grote litanie voor de gevallenen.

Ik strekte mijn hand uit naar het doosje sigaretten op de stoel, maar op hetzelfde ogenblik kwam een gierend gefluit boven het dak aanjagen, een rood vuurschijnsel flikkerde op, er knetterde een ontploffing, gevolgd door een typisch geluid dat lang aanhield en klonk alsof er kleine keitjes op het plaveisel werden gegooid.

Romanin schoot omhoog en stak een kaars aan. Weer floot er iets over ons heen. Weer flikkerde buiten het vuurschijnsel op dat de tuin verlichtte.

'Er wordt op ons geschoten!' riep Romanin. 'Kleed u aan! Zadel de paarden! Ik laat de wagens inspannen!'

Ik was aangekleed. Ik ging met een zaklantaarn de tuin in. De paarden stonden met de oren in de nek aan de leidsels te trekken waarmee we hen aan de boom hadden gebonden. De uit hun slaap gehaalde ziekenoppassers schreeuwden door elkaar heen. Aan de rand van het dorp stond al iets in brand. Bijgelicht door het vuurschijnsel braken we op.

We hadden haast. Terugtrekkende infanterie ging in grote wanorde door het plaatsje.

Toen wij langs de kerk kwamen stond de deur wijd open. Binnen brandden warm de kaarsen. De koster had zeker alle kaarsenvoorraden aangesproken. Boven het altaar zag ik een crucifix, geborduurde doeken eromheen.

De pastoor stond in zijn kanten pelerine in het kerkportaal en hield een zwart kruis hoog boven zijn hoofd geheven. In het schijnsel van de vuurgloed kwamen zijn versleten laarzen onder zijn misgewaad uit. Achter de pastoor stond de koster.

Toen we de kerk voorbij gingen zegende de pastoor ons van verre met het zwarte kruis en zei met luide stem: 'Moge de heilige Maagd, de lelie der hemelen, de moeder der lijdenden, jullie behoeden!'

De vuurgloed viel op het kanten gewaad en het gezicht van de pastoor. In het flakkerende schijnsel van het vuur was het net of de pastoor glimlachte.

We waren aan de buitenkant van het dorp gekomen. Het schieten hield op. Het rook naar stof, opgewerveld door de hoeven van de paarden en naar moerassig water. Achter ons hoorden we opnieuw de gebarsten klank van de kerkklok.

'Als je 't mij vraagt, is die niet goed snik,' zei Romanin.

Ik antwoordde niets, zette de kraag van mijn jas op en stak een sigaret op. Ik had koude rillingen. Ik dacht maar aan één ding: weer warm worden.

XVIII/HET PLAATSJE KOBRIN

Van Brest trokken wij in de richting van Kobrin verder. Gronski reed in zijn Ford vol deuken en krassen met ons mee.

Brest stond in brand. De forten werden opgeblazen. Achter ons stegen roze rookwolken naar de hemel op.

In de buurt van Brest hadden we twee kinderen opgepikt die hun moeder kwijt waren. Tegen elkaar aan gedrukt stonden zij aan de rand van de weg: een klein jochie in een kapotte gymnasiastenjas en een mager meisje van een jaar of twaalf.

De jongen had de klep van zijn pet in zijn ogen getrokken om zijn tranen te verbergen. Het meisje hield hem stevig vast, beide handen om zijn schouders.

Wij zetten hen op de wagen en dekten hen met oude jassen toe. De dichte regen sloeg striemend neer.

Tegen de avond bereikten we het plaatsje Kobrin. De pikzwarte aarde was door het terugtrekkende leger omgewoeld en in een dunne brij veranderd. De scheve huizen met hun laaghangende verrotte daken stonden tot aan hun drempels in de blubber.

Paarden hinnikten in het donker, lantaarns verspreidden een zwak schijnsel, wagenwielen rammelden en de regen gutste in klaterende beekjes van de daken.

In Kobrin zagen we hoe een heilige joodse man, een zogenaamde zaddik, werd geëvacueerd.

Gronski vertelde ons dat er aan de westelijke kant en in Polen heel wat van zulke zaddiks waren, die altijd in kleine gehuchten woonden. Van heinde en ver kwamen de mensen bij honderden aanzetten om aan de zaddiks raad te vragen over alle mogelijke levensvragen. De bevolking van de kleine stadjes leefde van deze bezoekers.

Voor een laag tegen de grond gedrukt houten huis klonk geklaag van een troepje haveloze vrouwen. Voor de deur stond een gesloten koets met vier magere paarden ervoor gespannen. Zo'n oude koets had ik nog nooit gezien. Een paar dragonders stonden naast hun paard te roken. Het bleek dat ze als escorte met de zaddik mee zouden reizen.

Plotseling begon de menigte te gillen en naar de deur op te dringen. Deze vloog open en een reusachtige jood met een zwarte stoppelbaard droeg een kleine uitgedroogde grijsaard met een witte baard en gehuld in een blauwe gewatteerde deken, als een kind in zijn armen naar buiten.

Na de zaddik kwamen een paar oude vrouwen in pelerines

en bleke jongelieden met petten en lange overjassen het huis uit.

De zaddik werd in de koets gelegd, de oude vrouwen en de jongelieden stapten in, de wachtmeester gaf het commando 'Te paard!' de dragonders sprongen op hun paard en de reiswagen kwam schommelend en knarsend op gang in het straatslijk. De schaar vrouwen rende een heel eindje mee.

'Weet u,' zei Gronski, 'dat een zaddik zijn hele leven zijn huis niet uit komt. En hij wordt met een lepeltje gevoerd. Erewoord! Zo waar als ik God liefheb!'

In Kobrin betrokken we een oude vochtige synagoge. Er zat maar één mens wat in het donker voor zich uit te mummelen en niemand kon horen of het gebeden of vervloekingen waren. Wij staken lantaarns aan en zagen een oude jood met treurige, spottende ogen.

'Oi, oi, oi!' zei hij. 'Jullie brengen ons arme luitjes tenminste wat afleiding, beste soldaten!'

Wij zwegen somber. De ziekenoppassers sleepten een stuk plaatijzer van de binnenplaats aan, legden er een vuur op aan en hingen de ketel op om theewater aan de kook te krijgen. De twee kinderen zaten zwijgend bij het vuur.

Gronski kwam krakend van het leer de synagoge binnen en zei: 'Vrienden, span de paarden maar uit. Verduiveld nog an toe, vóór morgenochtend verzet ik geen poot meer. Het leger dendert door het dorp. Het zal ons vermorzelen. En geef die kinderen wat te eten.'

Hij keek lange tijd op de kinderen neer en de vlammen van het houtvuur spiegelden zich in zijn lichte ogen. Dan begon hij Pools tegen het meisje te spreken. Zij gaf een nauwelijks verstaanbaar antwoord, zonder op te kijken.

'Wanneer zal hier nu 's een eind aan komen?' vroeg Gronski opeens. 'Wanneer worden degenen die dit bloedbad begonnen zijn, in hun strot gegrepen?'

Gronski vloekte.

Iedereen zweeg. Toen stond de oude jood op. Hij liep naar Gronski toe, maakte een buiging voor hem en vroeg: 'Weet u misschien, beste mijnheer, wie van ons er bij deze ramp voordeel heeft?'

'Ik niet en jij niet, ouwe,' antwoordde Gronski. 'En ook deze kinderen en mannen niet.'

Er vlogen vonken langs de ramen, veldkeukens ratelden langs de synagoge.

'Gaan jullie maar naar buiten, naar de ketels,' zei Gronski. 'Gaan jullie maar allemaal. Haal maar wat te eten.'

We gingen naar buiten. De jongen kwam met ons mee. De ziekenoppasser Sploch hield hem bij de hand.

De hongerige menigte vluchtelingen drong op naar de ketels. Zij werden tegengehouden door soldaten. Het was of in het schijnsel van brandende fakkels alleen maar ogen oplichtten, wijd opengesperde glazige ogen van mensen die niets anders zagen dan de open, dampende ketels. De menigte was hier nog moeilijker in toom te houden dan in Wysznica.

'Laat ze maar!' schreeuwde een wanhopige stem.

De menigte stormde naar voren. Het jongetje werd uit Splochs hand losgerukt. De jongen struikelde en werd onder de voet gelopen door honderden mensen die naar de ketels renden. Hij had zelfs geen tijd om ook maar te roepen.

Mannen rukten elkaar de eetnappen uit de handen. Vrouwen stopten stukken grijs, uitgekookt varkensvlees in de monden van blauw aangelopen zuigelingen.

Sploch en ik vlogen naar de jongen toe maar de menigte sleurde ons terug. Ik kon niet schreeuwen. Krampen knepen mijn keel dicht. Ik trok mijn revolver en vuurde in de lucht. De menigte week uiteen. De jongen lag in het vuil. Er liep nog een traan over zijn dode bleke wang.

We tilden hem op en droegen hem de synagoge binnen.

'Wacht maar!' zei Sploch en vloekte krachtig. 'Wacht maar, deze tranen zullen we wreken! Zodra we weer een beetje op verhaal gekomen zijn.'

In de synagoge legden we de jongen op een jas neer. Het meisje zag hem en stond op. Zij beefde zo vreselijk dat je haar tanden kon horen klapperen.

'Mama!' zei ze langzaam en deinsde achteruit naar de deur. 'Mijn mama!' schreeuwde ze en holde de straat op.

Buiten denderden konvooien voorbij.

'Mama!' hoorden wij haar wanhopig onder de ramen roepen. Wij stonden als versteend tot Gronski ons riep: 'Haal haar terug en snel wat, de duivel hale jullie allemaal!'

Romanin en de ziekenoppassers renden naar buiten. Ik stormde erachteraan. Het meisje was nergens meer te bekennen.

Ik maakte mijn paard los, sprong erop en wierp me midden in de wirwar van konvooien. Ik ranselde met mijn rijzweep de drijfnatte ruggen van de paarden om me zo een weg te banen. Ik galoppeerde over de trottoirs, keerde terug, hield soldaten aan en vroeg ze of ze een meisje met een grijze jas hadden gezien, maar ze gaven me niet eens antwoord.

Aan de rand van het plaatsje brandden de krotten. De vuurgloed weerspiegelde zich wiegelend in de plassen en deed de warboel van tweewielige karren, kanonnen, paard-en-wagens, heel de wanstaltige warwinkel van een nachtelijke terugtocht nog duidelijker uitkomen.

Ik keerde naar de synagoge terug. Het meisje was er niet. De jongen lag op de jas met zijn bleke wang tegen de natte lakense stof gedrukt, en het was net of hij sluimerde.

In de vochtige donkere synagoge was niemand meer. Het vuur was bezig te doven; alleen de oude jood zat naast de jongen voor zich uit te mummelen en niemand kon horen of het gebeden of vervloekingen waren.

'Waar zijn de onzen?' vroeg ik hem.

'Weet ik veel,' antwoordde hij met een zucht. 'Iedereen wil warm eten hebben.'

Hij zweeg.

'Mijnheer,' zei hij dan langzaam maar duidelijk, 'ik ben zadelmaker. Ik heet Josif Sjifrin. Ik kan u niet vertellen wat ik op mijn hart heb. Mijnheer! Wij joden weten van onze profeten hoe God de mens weet te wreken. Waar is ie dan, die God? Waarom heeft hij niet degenen die deze ramp bedacht hebben, de ogen uitgerukt, waarom heeft hij hen niet in vuur doen opgaan?'

'Wat God, God!' zei ik ruw. 'U praat als een dom mens.'

De oude man lachte droevig.

'Hoort u 's,' zei hij en trok aan mijn mouwen. 'Hoort u 's, gestudeerd en verstandig als u bent.'

Hij zweeg weer. De vuurgloed stond onbeweeglijk voor de stoffige ramen van de synagoge.

'Ik heb hier gezeten en heb nagedacht. Ik weet niet zo goed als u wiens schuld het allemaal is. Ik ben niet eens op de Chedar-school geweest. Maar ik ben nog niet helemaal blind en ik zie nog een heleboel. En nu vraag ik u, mijnheer: Wie zal wreken? Wie zal de dure rekening voor deze kleine mensen hier betalen? Of bent u misschien allemaal zo goed dat u medelijden en vergeving heeft voor degenen die ons dit heerlijke geschenk, de oorlog, gegeven hebben? O, mijn God, wanneer zullen de mensen eindelijk de handen inéénslaan en echt iets aan hun eigen leven gaan doen?'

Hij hief zijn armen naar de zoldering van de synagoge, sloot zijn ogen, liet zijn bovenlichaam heen en weer wiegen en riep met doordringende stem: 'Ik zie niet wie ons zal wreken! Waar is de man die de tranen van deze ellendigen afveegt en de moeders melk geeft zodat de kinderen niet aan een lege borst zuigen? Waar is hij die op deze aarde koren zaait voor de hongerigen? Waar is hij die de rijken het goud afneemt en het onder de bedelaars verdeelt? Vervloekt tot aan het einde der dagen zal zijn hij die de handen van de mens met bloed bevlekt en de armsten besteelt. Laat hij kinderen noch kleinkinderen hebben. Laat zijn zaad verrotten en zijn speeksel tot gif worden en hem doden! Laat de lucht voor hem worden als zwavel en het water als kokend pek! Laat het bloed van dit kind het stuk brood van de rijken vergiftigen en laat zij er dan in stikken en een marteldood sterven als gesmoorde honden!'

De oude man schreeuwde met zijn armen hoog in de lucht. Hij schudde ze heen en weer met gebalde vuisten. Zijn stem dreunde en vulde de hele synagoge.

Ik werd bang. Ik ging naar buiten, leunde tegen de muur van de synagoge en stak een sigaret op. Het motregende en de duisternis legde zich steeds dichter over de aarde. Het leek wel opzettelijk, zodat alleen nog allerlei gedachten over de oorlog aan mijn geestesoog voorbij zouden trekken. Eén ding was mij duidelijk: hier moest een eind aan gemaakt worden, koste wat het kost. Men moest er al zijn krachten en al het bloed van zijn hart voor over hebben om eindelijk gerechtigheid en vrede op deze gesmade en ellendige wereld te laten zegevieren.

XIX/VERRAAD

In Kobrin kregen we bevel naar het noorden te gaan. Vrijwel zonder halt te houden reden we door tot de kleine plaats Proesjany in de buurt van de Belovesjerwouden.

Onderweg kwamen we langs eindeloze schrale velden, door wilde mosterd overwoekerd.

In het zuidwesten rookte het opgeblazen Brest.

In de buurt van Proesjany zagen wij in het veld een achtergelaten kanon met een gesprongen loop en bleven staan.

Om het stuk geschut heen zaten soldaten, in jassen die stijf stonden van het vuil. Sommigen rookten, anderen deden hun voetlappen wat steviger om, weer anderen zaten gewoon te zitten en keken onverschillig naar ons. Ik reed op de soldaten toe.

'Wat is dat?' vroeg ik aan een gebaarde soldaat en wees op het kapotte stuk geschut. De soldaat lag tegen een wiel ervan op de grond te roken. Hij keek mij nauwelijks aan en gaf geen antwoord.

'Wat heeft dat te betekenen?' vroeg ik nog eens.

'Moet ik jou soms rapport uitbrengen?' beet de soldaat van zich af. 'Wat ben jij voor hoge? Heb je zelf geen ogen? Dat is een kanon.'

'Waarom is de loop gesprongen?'

De soldaat draaide zich om en maakte een afwerende beweging. Een jonge soldaat zonder pet gaf met klagende stem voor hem in de plaats antwoord. Zijn kort geschoren witblonde schedel blonk als een glazen bol.

'Wat vraagt u nou steeds, jongeman?' zei hij in zijn wiek geschoten. 'Jullie laten ons ook nooit met rust. Je zou het liefst maar op een goeie diepe plek te water springen.'

'Wat vraagt ie?' brulde een andere soldaat met een grauw gezicht. Hij zat op zijn hurken een scheepsbeschuit met een houtspaander schoon te krabben. 'Waar valt hij ons mee lastig? Kan hij zelf niet bedenken wat er met dat stuk geschut gebeurd is? Verraad – dat is het!'

'Verraad!' herhaalde de gebaarde met schorre stem, stond op en gooide zijn peuk sigaar weg.

Dreigend schudde hij met zijn gebalde vuist naar het oosten, waar de ranke wilgen zich bogen in de wind.

'Verraad! De pest kunnen ze krijgen! De artillerie trekt al terug voor de konvooien. Munitie is er niet. En als er al wat is, dan ontploffen de granaten in de loop. De hulzen komen er niet meer uit. Moeten we soms met knuppels vechten?'

'Verraad,' mompelden een paar doffe stemmen. ''t Is hier niets anders dan verraad.'

Onze wagens zetten zich weer in beweging. Ik reed weg.

Zo hoorde ik voor de eerste maal aan het front het duistere woord 'verraad'. Weldra ging het door het hele leger, het hele land. Sommigen fluisterden het, anderen spraken het met hese stem luid uit. Het lag op ieders lippen, van konvooisoldaten tot generaal. Zelfs de gewonden gaven op de vraag: 'Hoe ben je gewond geraakt?' nijdig ten antwoord: 'Verraad.'

Steeds vaker werd de naam van de minister van Oorlog Soechomlinov genoemd. Men had het over enorme bedragen aan steekpenningen die hij van grootindustriëlen had gekregen, die aan het leger ondeugdelijke granaten leverden. Al spoedig namen deze geruchten een steeds grotere omvang aan – keizerin Alice von Hessen werd er reeds openlijk van beschuldigd in Rusland de spionage voor de Duitsers te leiden.

De woede van het volk groeide. Granaten waren er nog altijd niet. Het leger trok terug naar het oosten, niet bij machte de vijand tegen te houden.

Wij trokken door het zuidelijk gedeelte van het gouvernement Grodno, gaven vluchtelingen te eten, stuurden hen naar de achterhoede, pikten zieken op en brachten hen naar de lazaretten.

Het begon al gauw te storten van de regen. Op de wegen stonden gele schuimende plassen. De regen zelf zag ook zo geel als paardepis. Onze jassen werden nu helemaal niet meer droog. Zij stonken naar een natte hond. De wind scheurde aan de struiken langs de kant van de weg zodat de takken floten als zwepen.

De kleine dorpjes waar we doorheen kwamen – Proesjany, Roesjany, Slonim –, waren door de terugtrekkende troepen zo kaal als afgekloven botten achtergelaten. In de kleine winkeltjes lag hoogstens nog wat blauwsel en houtlijm. 'De soldaten hebben alles meegenomen,' beklaagden de doodsbenauwde joodse winkeliers zich.

Romanin en ik praatten steeds minder met elkaar. Zijn gezicht zag er hard en hoekig uit, met de riem van zijn pet zo voortdurend vanwege de wind over zijn kin getrokken.

Gronski joeg ergens in zijn gammele Ford rond om proviand op de kop te tikken. Af en toe daagde hij dan op, uitgeput, verre van uitgeslapen, met gezwollen oogleden. Zijn pluizerige snorrebaard was nog gegroeid en verborg nu zijn mond, waardoor hij eruitzag als een oude man.

Iedere keer als hij weer kwam, pakte hij mij bij de elleboog, nam mij even apart en fluisterde mij vertrouwelijk toe: 'Het geeft allemaal niks! Maak je geen zorgen, mijn kind! Wanneer deze verduivelde oorlog eenmaal ten einde is, marcheren wij naar Petrograd, stoten die sukkel met al zijn Hessische misbaksels erbij van de troon en jagen hem naar zijn zwijnshonden. En dan zal Polen weer herrijzen! Zo waar ik God liefheb! Een land dat mannen voortgebracht heeft als Mickiewicz, Chopin, Slowaski, dat kan niet ten onder gaan! Nooit! Als soldaten rond het kampvuur, zo zullen de beste mannen van Polen zich scharen rond de roem van deze mannen. En zij zullen zweren: "Lang leve het volk van Polen, vrij tot in alle eeuwigheid!" '

Hij zei me iedere keer hetzelfde, in dezelfde bewoordingen, als een bezetene. Ik wist niet of dat kwam door vermoeidheid of doordat hij ziek was. Gronski's ogen brandden koortsachtig en hij had mijn elleboog in zo'n knellende greep dat het niet veel scheelde of ik schreeuwde het uit van de pijn. Ik moest er aan denken dat een waanzinnige buitengewoon veel kracht in zijn handen heeft.

Ik maakte Romanin deelgenoot van mijn vrees. Hij keek mij doordringend aan en zei kwaad: 'Weet u soms het verschil tussen iemand die krankzinnig en iemand die normaal is? Nee? Waarom verdraaid nog an toe valt u me dan lastig met zulke gevolgtrekkingen? Dat lap ik aan mijn laars. Misschien ben ik zelf wel gek.'

Nog nooit had ik Romanin zo woedend gezien.

'Beheers u een beetje!' antwoordde ik en deed mijn best zelf rustig te lijken.

Hij glimlachte scheefjes, pakte mij bij de schouder, trok mij tegen zich aan maar duwde mij meteen weer weg en ging naar buiten.

Dat was in Slonim, in een klein winkeltje, waar kort daarvoor nog petroleum verkocht werd. De grond was met stukken plaatijzer beslagen. De plasjes petroleum stonden er nog op.

Zitten kon je er nergens. Zo rookte ik tegen de muur leunend mijn sigaret op en ging dan achter Romanin aan.

Onze afdeling was weer op weg. De regen stroomde langs de zeildoeken regenjassen neer. Verfomfaaide raven vlogen laag over, gingen op de nok van de rotte daken zitten en openden hun snavel om te krassen, maar hielden zich in. Ze dachten zeker dat ze met zulk weer beter meteen maar weer konden opkrassen.

XX/IN DE MOERASSIGE BOSSEN

Achter Slonim strekten zich saaie moerassige bossen uit waar veel jonge espen in stonden. De slanke grijze stammen rezen in rijen op en de regen viel er in net zulke dunne grijze pijpestelen op neer.

's Middags pas klaarde de hemel op, groen en koud. Een snijdende wind joeg vuile wolkenflarden voor zich uit.

Romanin reed voorop, ik achteraan. Op een gegeven moment zag ik een jonge Witrussische boer uit het bos te voorschijn komen. Hij nam zijn pet af, pakte Romanins paard bij de stijgbeugel, liep met het paard op en bleef Romanin op onderdanige wijze ergens om vragen. In zijn ogen blonken tranen.

Romanin hield zijn paard in en riep mij bij hem.

'Daar in het bos,' zei hij zonder me aan te kijken, 'is een van de gevluchte vrouwen aan 't bevallen. Deze man zijn vrouw. De anderen zijn allemaal weggetrokken, hij is alleen met haar achtergebleven. Het schijnt een zware bevalling te zijn.'

'Ze heeft verschrikkelijk veel pijn, meneer!' zei de boer met zijn zangerige tongval en wreef met zijn pet over zijn ogen.

Romanin zweeg even.

'Helpt u haar!' zei hij toen, nog steeds zonder me aan te kijken, en frunnikte wat aan de teugels. 'Niemand van ons heeft er een cent verstand van. Net zo weinig als u. Maar in elk geval verdienen intelligente handen toch de voorkeur.'

Ik dacht in zijn stem een spottende ondertoon te horen. Ik voelde het bloed uit mijn gezicht wegtrekken.

'Goed!' zei ik en vermande mij.

'Wij zullen in Baranovitsji op u wachten,' zei Romanin en reikte mij zijn hand, nat van de regen. 'Zal ik u een ziekenoppasser meegeven?'

'Die kan mij gestolen worden.'

Ik nam een tas met medicijnen en de allereenvoudigste chirurgische instrumenten mee–iets anders hadden we niet–en stuurde mijn paard langs een tra het bos in.

De boer–hij heette Vasil–liep naast mij en hield zich aan de stijgbeugel van mijn paard vast. De modder die het paard met zijn hoeven opwierp, vloog in zijn gezicht. Hij veegde het met zijn drijfnatte pet af. Het paard draafde stevig door.

Ik probeerde er niet aan te denken wat er over een paar minuten in dit bos zou gebeuren, keek de vluchteling niet aan en zweeg. Ik was bang. Nooit van mijn leven was ik ook maar in de nabijheid van een barende vrouw geweest.

Plotseling hoorde ik een doffe huilende kreet en hield mijn paard in. Vlakbij schreeuwde een mens.

'Vlugger, meneer!' zei Vasil wanhopig.

Ik zette mijn paard aan. Het stormde tussen de hazelnootstruiken door. Vasil liet de stijgbeugel los en raakte achter.

Het paard bracht mij op een kleine lichte plek. Daar smeulde een kampvuur. Erbij zat een joch van een jaar of tien met een zwarte, diep over zijn oren getrokken pet. Hij zat met zijn armen om zijn knieën geslagen, heen en weer te wiegelen en zacht en monotoon voor zich uit te praten: 'Ai, Sosja! Ai, Sosja, Sosja! Ai, Sosja!'

De rook van het dovende vuur hing in een licht waas neer, ook tussen de lage takken van de hazelnootstruiken en daarom kon ik niet alles overzien.

Ik sprong van mijn paard. Aan de andere kant van het vuur stond een boerenwagen. Er zat een vrouw op, haar handen om de randen gekneld. Ik zag slechts haar donker, van pijn verwrongen gezicht met enorme lichte ogen. Zij huilde met haar mond zo ver open dat je dacht dat haar mondhoeken zouden inscheuren, boog zich nu eens voorover, dan weer achterover en huilde aan één stuk door, met hese dierlijke stem.

Een ruigharige hond was onder het rijtuig weggekropen en lag daar te klappertanden.

Mijn hart werd als een ijsklomp. Dan steeg de kou mij naar het hoofd en meteen week mijn angst.

'Het vuur!' riep ik naar de jongen. 'Snel!'

De jongen sprong op, struikelde, viel, kwam overeind en holde het bos in om rijshout te halen. Dan kwam Vasil ook aanrennen.

Ik wist helemaal niet wat er gedaan moest worden. Ik vermoedde het alleen maar zo'n beetje.

Eerst gooide ik mijn jas uit en waste mijn handen. Vasil goot water uit een kroes over mijn handen. Hij trilde zo erg dat hij er almaar naast goot.

De jongen kwam met rijshout aansjouwen en rakelde het vuur op. Het begon schemerig te worden.

'Stuur die jongen weg!' zei ik tegen Vasil. 'Hij hoeft dat niet allemaal te zien.'

'Het is haar broer,' antwoordde Vasil haastig. 'In het bos is een kleine groef, ik zal hem er water laten halen.'

'Ja, water, water!' herhaalde ik koortsachtig. 'En een schone handdoek! Of lappen!'

'Sosja heeft twee schone hemden bij zich,' mompelde Vasil gedienstig. 'Jij, Mikolaitsjik, ga snel water halen, ik zorg voor de rest. Ik doe 't meteen.'

Opeens had ik nog een kort moment van aarzelen, net op het ogenblik dat ik de kiel over mijn hoofd trok. Plotseling was het donker om me heen en ik stond stil. Ik wilde tot kalmte komen en mijn gedachten ordenen. Maar waar dacht ik dan aan? Ik dacht niets, ik was alleen maar wanhopig.

Eindelijk vermande ik me dan toch, deed de kiel uit, stroopte mijn hemdsmouwen op, haalde mijn elektrische zaklantaarn uit mijn zak en stak hem Vasil toe.

'Licht eens bij!'

Ik ging naar de wagen. Van opwinding was ik zeker doof geworden. Ik hoorde het schreeuwen van de vrouw niet meer en deed mijn best niet naar haar te kijken.

Ik zag iets rozigs, zieligs, strekte snel en behoedzaam mijn handen uit en trok het stevig naar me toe. Ik wist niet of het zo moest of niet. Ik deed alles als een slaapwandelaar. Ik weet nog altijd niet of het kind meteen kwam. Ik herinner mij alleen dat ik twee kleine schoudertjes in mijn handen voelde. Dat moesten 't tenminste zijn. Ik drukte er met mijn vlakke hand tegen en trok ze weer behoedzaam en krachtig naar me toe.

'Meneer!' riep Vasil en pakte me vast. Ik stond te zwaaien op mijn benen. In mijn uitgestrekte armen hield ik iets warms en vochtigs. En opeens moest dit vreemde wezen niezen.

Al het werk dat nu nog restte deed ik uiterst kalm, alhoewel mijn hoofd begon te schokken. Samen met Vasil waste ik het kind, daarna wikkelden we het in een handdoek en wat lorren.

Ik hield het gebakerde kind in mijn armen, en was bang het te laten vallen. Vasil beet in de mouw van zijn lange wijde mantel, schudde zijn hoofd en barstte in tranen uit.

Ik foeterde hem uit, ging dan naar de vrouw en legde het kind voorzichtig naast haar neer. Er kwam een diepe, bevrijde glimlach over haar gezicht toen ze ernaar keek en ze raakte het heel eventjes aan met haar magere donkere hand. Het was haar eerste kind.

'Mijn lieve kleine hummeltje!' zei ze nauwelijks hoorbaar. 'Mijn licht, mijn arme jongetje!'

Tranen stroomden uit haar wijdopen ogen. Onverwachts pakte zij mijn hand en drukte die aan haar droge hete lippen. Mijn hand werd nat van de tranen maar ik trok hem niet terug, om haar niet te verschrikken.

Het kind begon te bewegen en te piepen als een jong katje. Toen ik mijn hand terugtrok, pakte de vrouw het kind en maakte verlegen haar borst bloot.

Vasil huilde niet meer, maar wreef nog steeds met zijn mouw over zijn ogen. De jongen zat op zijn hurken en keek vrolijk naar hem.

Ver achter het bos dreunden een paar kanonschoten.

Ik waste mijn handen, sloeg mijn mantel om, ging bij het vuur zitten, gaf Vasil een sigaret en stak er zelf ook een op. Nog nooit had een sigaret me zo lekker gesmaakt als op die sombere avond.

Maar de rust was maar van korte duur. Ik maakte me bezorgd om de vrouw. Ik stond op en ging naar de wagen. In het flakkerende schijnsel van het vuur zag haar gezicht brandend rood. Het was net of ze sliep, op haar zij gelegen, het kind aan haar borst gedrukt. Haar dichte wimpers wierpen een schaduw op haar wangen.

Nu pas bekeek ik de vrouw eigenlijk goed en verwonderde mij over de gelukkige en ontroerende uitdrukking op haar gezicht. Ik wist toen nog niet dat het gezicht van de meeste vrouwen meteen na de geboorte van een kind, al is het ook voor nog zo korte tijd, zo mooi en kalm wordt. Het was waarschijnlijk deze schoonheid van het moederschap die Rafaël, Leonardo da Vinci en Botticelli geboeid heeft, toen zij hun madonna's schilderden.

Voorzichtig pakte ik de schriele hand van de vrouw en voelde haar pols. Deze was zwak maar regelmatig.

De jonge vrouw greep, zonder haar ogen te openen, mijn hand en streelde deze teder als in haar slaap. Maar nu was het geen dankbetoon net als zoëven. Met dit tedere gebaar wilde zij mij geruststellen. Het was net of ze zei: 'Wees maar niet bang. Met mij gaat 't prima. Rust nou maar uit!'

Had ik nog geen uur geleden, toen ik met een hart vol leegte langs doorweekte wegen reed, kunnen vermoeden dat dezelfde avond nog iemand zo teder tegen me zou doen. De oorlogsdagen gingen voorbij als een onherbergzame nacht. En nooit zou ik hebben geloofd dat die glimlach van innerlijke tederheid mij in de diepe eenzaamheid van deze nacht zo snel en vluchtig op zou beuren.

Achter het bos, aan de donkere einder dreunden weer korte donderslagen. Zij klonken vlak achter elkaar en overstemden elkaar.

'Meneer!' riep Vasil. 'De Duitser komt eraan! Waar moeten we naar toe?'

Tegen alle gezonde verstand in voelde ik een onbegrijpelijke rust over mij komen.

'Dat wil niks zeggen,' mompelde ik. 'Laten we nog een uur of drie hier blijven. Het zou niet goed voor haar zijn om nu in de wagen door elkaar gehotst te worden.'

'En meneer laat ons niet alleen?'

'Nee, ik laat jullie niet in de steek.'

Dit stelde Vasil gerust en hij begon met behulp van de jongen gerstebrij klaar te maken.

Ik wist dat het gevaarlijk was om hier in het bos te blijven. Naar de gevechtsgeluiden te oordelen, konden de Duitsers niet ver weg meer zijn. Misschien maakten ze wel weer een doorbraak en dan zou het front, zoals steeds in zo'n geval, zich snel terugtrekken en verdwijnen als sneeuw voor de zon. Maar ik had gewoon geen zin hier vandaan te gaan.

Ik zat naast de wagen als verstard in het vuur te staren. Niets moffelt zo makkelijk de tijd weg als het kijken naar een kampvuur in de nacht. Ik volgde ieder opvlammend takje, de vonken die uit de droge dennenaalden opdwarrelden, de blauwgrijze as waar kleine vuurtongetjes uit oplekten.

De ademhaling van de vrouw was diep en regelmatig. 'Nee!' zei ik tegen me zelf. 'De oorlog ontloop je niet, hoe graag je het ook zou willen. Je bent niet alleen op de wereld.'

Ik wierp een blik op mijn horloge. Ik zat al twee uur onafgebroken in het vuur te staren.

'We moeten opbreken,' zei ik tegen Vasil.

We aten van de gerstebrij. Sosja werd wakker en Vasil gaf haar te eten. Zij at slechts weinig en langzaam, zonder een oog van het kind af te houden. Het stoorde haar dat Vasil haar ook pap wilde laten eten. Ze duwde hem zachtjes weg: 'Nu niet!'

Het was nog lang geen dag. Vasil spande de paarden in. Wij installeerden Sosja zo comfortabel mogelijk, legden twee jassen van schaapsvacht over haar heen en reden voorzichtig het bos uit, de weg op. Daar was het leeg, er stond meer wind. Droefgeestig ruisten de sparren. Het kanonvuur was verstomd.

Ik reed stapvoets voorop en scheen zo nu en dan met de zaklantaarn op de weg zodat Vasil de diepe kuilen en de plassen kon ontwijken.

Ik wist van Romanin dat een paar kilometer verderop een oud kampement van het garnizoen Baranovitsji moest liggen. Ik hoopte dat er een of ander veldlazaret op zijn terugtocht was blijven steken, waar ik Sosja kwijt kon tot zij weer op verhaal was gekomen.

Wij hadden geluk. In de uit planken opgetrokken barakken huisde inderdaad een veldlazaret. Maar men was al aan het opbreken en stond op het punt om te vertrekken. We waren nog net op tijd.

Ik ging naar de hoofdarts. Hij zat in een lege barak thee te drinken uit een blikken kroes. Het was een oude ongeschoren man met rode ogen als van een konijn. Hij deed zijn bril af en luisterde zwijgend naar mij, onderwijl de omslag van zijn mouw uitknijpend die in de thee gehangen had.

'Dat betekent dat u de vrouw ook heeft verlost?' vroeg hij en keek me daarbij ontevreden aan.

'Ja, dat heb ik zo'n beetje.'

'Zo gewoon verlost?'

'Ik had toch zeker geen andere keus,' antwoordde ik ter rechtvaardiging.

'Inderdaad bleef er voor u niets anders over,' viel de arts me bij, doopte een suikerklontje in zijn thee en stak het in zijn mond. 'Het kind is kennelijk vanzelf gekomen. Dus verbeeldt u zich maar niet te veel, vaandrig.'

'Dat doe ik ook helemaal niet.'

'Helemaal verkeerd! Ik zou dat in uw plaats namelijk wel doen. Wilt u thee? Straks? Dan vindt u de hond in de pot. We gaan zo weg. Die vluchtelingenvrouw van u legt u maar zolang in het theater. Zegt u maar tegen de dienstdoende zusters dat ik daar opdracht toe gegeven heb.'

'In welk theater?' vroeg ik verwonderd.

'In de Keizerlijke Opera in Petrograd!' zei de arts geprikkeld. 'Hangt u niet de gek uit. Hier in het leger is een zomertheater. Of liever gezegd, er wás er een. Voor de heren officieren. Daar brengt u haar naar toe.'

Wij brachten Sosja naar de vermolmde theaterbarak. De dienstdoende zusters waren zeker net even weg. Dus legden we Sosja alvast maar op een veldbed.

Aan het einde van de barak was het toneel. Er hing een kapot gordijn van linnen voor, een smakeloos landschap erop geschilderd dat de Krim moest voorstellen, met de rotsen Diva en Monach bij Simeïs. Waarom juist hier die rotsen, de als met blauwsel geschilderde zee en de zwarte cipressen afgebeeld waren, was me een raadsel.

'Waar is de kraamvrouw?' vroeg een vrouwenstem buiten.

Ik week snel achteruit van het veldbed naar de donkere muur. Ik had Lolja's stem herkend.

Zij kwam snel naar binnen. Zoals altijd wipte er een streng van haar krullerige haar onder haar driekantige doekje vandaan. Zo vanuit het daglicht in de donkere barak, kon zij niet meteen de vrouw op het bed en ons, mannen onderscheiden.

'Wie heeft u hier gebracht?' vroeg Lolja.

'Meneer de vaandrig hier,' mompelde Vasil en wees met zijn pet naar mij.

Lolja draaide zich naar mij om.

'U?' vroeg zij.

'Ja!' antwoordde ik. 'Ik, Lolja!'

Zij werd doodsbleek, deed een stap terug, ging op een leeg veldbed zitten en keek mij verschrikt aan.

'Lieve hemel!' fluisterde zij dan. 'Goeie dag! Wat staat u nou te staan als een zoutpilaar?'

Zonder op te staan stak zij haar hand naar mij uit. Ik boog mij voorover om die te kussen, maar Lolja sloeg haar armen om mijn hals, trok mij naar zich toe en kuste mij op de mond.

'Eindelijk!' zei ze. 'U en ik moeten wel onder een gelukkig gesternte geboren zijn.'

Het veldlazaret moest pas tegen de avond opbreken. Ik was bang dat ik mijn afdeling niet meer in zou halen en zei tegen Lolja dat ik meteen verder moest.

'Blijft u nog wat hier!' vroeg zij me. 'Al is 't maar een uurtje. Het is toch al zo kort. Wacht u even, met een minuutje ben ik weer terug.'

Zij ging de barak uit. Sosja vroeg: 'Wie is dat meisje? Is dat uw aanstaande?'

'Ja,' antwoordde ik. Wat moest ik anders? Eenvoudige mensen moeten duidelijke antwoorden hebben.

'Stil, Sosja!' riep Vasil geschrokken. 'Hoe kun je meneer de vaandrig nou zo iets vragen? Als de lieve Heer het zou horen!'

Een minuut of tien later kwam er een ziekenoppasser zeggen dat de hoofdarts mij spreken wilde.

Dezelfde hoofdarts van zoëven ontving mij nu razend.

'Wat zijn dat voor geintjes, jongeman?' zei hij en keek mij door zijn bolle brilleglazen met flikkerende ogen aan.

'Hoe zo, geintjes?'

'Neemt u me niet kwalijk, maar ik kan 't niet anders noemen. U bent in wezen gewoon een zogenaamde kraai! Uw afdeling behoort tot de Unie der Steden. Dat is een burgerorganisatie. Is het u bekend dat u aan het front onder de militaire overheid valt?'

'Dat zal best,' zei ik.

'Niets "dat zal best",' bulderde de arts plotseling, waarbij hij rood aanliep en een hoestbui kreeg, 'dat is zo! En ik verzoek u zich daarnaar te gedragen! Anders laat ik u arresteren! "Dat zal best! Dat zal best!",' bootste hij me briesend na.

'Tot uw orders!' antwoordde ik. 'Maar ik snap er niets van.'

'Dat komt zo wel. Ik stel u voor bij ons veldlazaret te blijven tot nader beschikking. Daarvoor zal een schriftelijk bevel worden opgesteld. En dat wordt u overhandigd zodra we u niet meer nodig hebben. Dan heeft u een papier in handen, waarmee u zich tegenover uw superieuren kunt rechtvaardigen. Wie is uw chef?'

'De gevolmachtigde Gronski.'

'Gronski-Gavronski-Psjiperdonski!' zei de arts spottend.

Ik zweeg.

'Ach, kijk nou toch eens, alweer beledigd!' De arts schudde verwijtend het hoofd. 'Blijft u maar een paar dagen bij ons. Na die geschiedenis met die vrouw die bevallen moest, had ik u best helemaal bij ons in dienst willen nemen. Laat u overigens niet van uw stuk brengen, jongeman, ik ben overal van op de hoogte. Ik ben ook jong geweest. Heb 't ook meegemaakt. En ik heb een verschrikkelijke hekel aan oude mannen die hun jonge jaren vergeten zijn. Maar ja, de liefde is hier niet zo in ere.'

De arts zuchtte diep. Mijn hoofd duizelde van dit gesprek. Ik voelde echter wel dat Lolja hier achter zat.

'Wij hebben te kort mensen in onze afdeling,' zei ik. 'U zult begrijpen dat ik niet kan deserteren...'

'Ach ja!' zuchtte de arts weer. 'Deserteren! Natuurlijk! U gebruikt nogal krasse termen maar ik begrijp u. U zit in de knoop. Nou prima! U wilt naar Baranovitsji en wij gaan ook naar Baranovitsji. Wij vertrekken, in plaats van vanavond pas, over twee uur al. Alles is leeg, de laatste gewonden hebben we gister met een hospitaaltrein meegegeven. U gaat dus met ons mee tot Baranovitsji, punt uit! En de jonge moeder nemen we ook mee, die blijft bij ons in observatie.'

Ik zei dat ik het daarmee eens was. De oude klopte mij op mijn schouder.

'Mag ik u de raad van een oude man geven. Koester de liefde als een kostbaar voorwerp. Als je één keer slordig met de liefde omspringt, vertoont de volgende liefde vast en zeker gebreken. Ja! Gebreken! Gaat u nu maar! Ik vond het fijn kennis met u te maken.'

Ik ging de barak uit en zag Lolja. Zij zat een stukje opzij op een bank onder een soort paddestoelvormig scheef gezakt schildwachthuisje, zoals je die in militaire kampen wel meer ziet.

Ik liep naar haar toe maar Lolja boog zich voorover en verborg haar gezicht in haar handen.

'Nee, nee, nee!' zei ze snel achter elkaar en schudde haar hoofd, met haar handen nog voor haar gezicht. 'Wat ben ik toch een fenomenale stommerik! Ik heb een hekel aan me zelf. Gaat u alstublieft weg!'

'Ik blijf,' zei ik. 'We gaan samen naar Baranovitsji.'

Lolja haalde haar handen van haar gezicht en stond op. De afdruk van haar vingers stond in haar wangen.

'Kom!' zei ze en pakte mijn hand. We gingen de straatweg op.

We liepen tot de eerste kilometerpaal en toen weer terug. Er stond wind die de plassen oprimpelde. Vanuit het westen kwamen opnieuw wolken opzetten die de vochtige horizon bedekten.

Onder het lopen hielden we elkaars hand vast en zwegen. Lolja vertelde dat zij van Odessa meteen naar Moskou was gereden en ervoor had weten te zorgen dat zij naar een veldlazaret aan het westelijk front overgeplaatst werd.

Waarom ze dat gedaan had, zei ze verder niet. Maar alles was duidelijk en we hadden allebei geen zin om te praten. We wisten allebei dat woorden, hoe verstandig en teder ook, vals zouden klinken en dat de woorden om het beklemmende gevoel van verbondenheid uit te drukken met iemand die gister nog vreemd was, zoals het zo juist in ons beiden was ontsproten, nog niet bestonden.

Om twee uur 's middags vertrok het hospitaal. De ziekenkarren reden de een na de ander weg. Aan het eind reed Vasil met zijn rijtuig. De ruige hond die achter de wagen gebonden was, rende ijverig mee.

Ik reed naast een van de ziekenwagens mee, waar Lolja en een oudere zuster met een gouden bril in zaten. Af en toe bleef ik achter en reed naast Vasils boerenwagen om te kijken hoe het met Sosja ging. Zij knikte vriendelijk naar mij en zei dat ze zich goed voelde. Maar Vasil was minder vrolijk, waarschijnlijk dacht hij erover na hoe het hem verder zou vergaan, of het hem zou lukken zijn dorpsgenoten weer in te halen, of dat hij helemaal alleen in Wit-Rusland met louter vreemde mensen mee zou moeten zeulen.

Ongeveer twintig werst van Baranovitsji stonden op de straatweg een paar bewapende soldaten, met op een paard vol modderspatten een officier.

De officier stak zijn hand op. Onze file wagens bleef staan.

De officier reed naar de hoofdarts, salueerde en begon hem iets uit te leggen. De hoofdarts keek hem somber aan en beet op zijn lippen.

Er ging iets verontrustends uit van dit gesprek tussen de officier en de hoofdarts. Allen wachtten in spanning af.

Even later kwamen we aan de weet dat er in het naburige dorpje kon het van de weg af zien – een groot aantal zieke vluchtelingen waren, en de officier vroeg in opdracht van de stafchef een gedeelte van het medisch personeel daarheen te sturen om hun eerste hulp te verlenen.

De arts gaf toestemming. Er werden drie wagens uit de colonne gehaald.

'U gaat met ons mee,' zei Lolja tegen mij. 'Het is tenslotte uw directe taak om vluchtelingen hulp te verlenen. Tegen de avond hebben we het lazaret in Baranovitsji weer ingehaald.'

'Goed, laten we gaan.'

Wij sloegen een zijweg in. De rest van de colonne trok verder. Vasil stond ons nog een hele tijd op de straatweg na te kijken. Hij scheen te overwegen of hij ons zou vergezellen. Maar dan gaf hij een ruk aan de teugels, vuurde de paarden aan en zijn wagen rolde weg in de richting van Baranovitsji.

Op een kilometer van de weg zagen we in het struikgewas soldaten met geweren en een mitrailleur.

'Zouden de Duitsers al zo dichtbij zijn?' vroeg de oude zuster met de gouden bril geschrokken. 'Vraagt u ze het eens.'

Ik reed naar de soldaten.

'Doorrijden!' zei een van hen, die korporaalsstrepen had en me met geen blik verwaardigde. 'U mag erdoor maar we hebben bevel gekregen met niemand te spreken. En er mag hier niemand blijven staan.'

We reden door, we zagen de afpaling van het dorp al. Het regende. Het armzalige dorp had hiervandaan meer weg van een verspreide mesthoop.

'Het lijkt erop dat ze hier op de Duitsers zitten te wachten,' zei ik tegen Lolja.

Ik keek naar het westen waar de Duitsers vandaan moesten komen en zag op het weideveld dat naar beneden afliep naar een ravijn, een voorpost. De soldaten lagen of zaten in een lange keten, vrij ver uiteen. Daar had je het dus!

'Maar dat is niet voor de Duitsers,' zei de ziekenoppasser die de wagen mende. 'Dat is ergens anders om. Moet u daar eens kijken!'

Hij wees naar het oosten. Ook daar zagen we soldaten.

'Het hele dorp is omsingeld,' zei de ziekenoppasser opgewonden. 'De soldaten liggen rondom. Daar is iets niet in de haak, zustertje.'

'Iets niet in de haak?'

'Wát weet ik ook niet. Alleen hadden we hier beter weg kunnen wezen. Veel beter.'

De ziekenoppasser had het bij het rechte eind. We reden een uitgestorven dorp binnen. Bij de afpaling stond een lege tweewielige Rode-Kruis-legerkar die bij een onbekende vliegende brigade hoorde. Van zijn bestuurder kregen we het verpletterende bericht dat we in de val zaten.

In het dorp heerste de zwarte pokken. Rondom marcheerde het leger en langs de wegen zwierven duizenden vluchtelingen die als ze langs een dorp kwamen eventjes uitrustten. De pokkenepidemie kon op het leger overslaan. Daarom had men bevolen een vliegende ziekenbrigade naar het dorp te dirigeren, het te omcirkelen en niemand eruit te laten. De opdracht luidde verder op iedereen die toch uit het dorp trachtte weg te komen, het vuur te openen.

De officier die ons op de straatweg had aangehouden, had niets van zwarte pokken gezegd.

Het eerste wat in ons opkwam was een gevoel van verontwaardiging. Niet omdat we nu in de val zaten, maar omdat ze ons met leugens het dorp binnengelokt hadden terwijl natuurlijk niemand van ons geweigerd zou hebben om vrijwillig de pokkenpatiënten te verplegen.

'Het is een onvergeeflijke stommiteit,' zei Lolja nijdig. 'Als ze ons niet wat op de mouw hadden gespeld, hadden we alles wat nodig is voor de bestrijding van pokken, meegenomen. Terwijl we nu niets bij ons hebben, zelfs geen vaccin!'

'Het valt nog te bezien of het een stommiteit was of niet,' zei de koetsier.

'Wat bazel je nou weer?' schoot de zuster met de gouden bril, die Vera Sevastjanovna heette, uit.

'De duivel mag het weten,' bromde de koetsier. 'Die superieuren hebben altijd ergens iets op. Superieuren zijn altijd deksels handig.'

In de boerenstulpen konden we niet blijven, overal lagen zieken. Er stond alleen een lege schuur op de weide waar de onbekende vliegende brigade bivakkeerde. Wij brachten onze medicijnen en andere spullen erin over.

De brigade bestond uit een arts, een zuster en twee ziekenoppassers.

In de schuur troffen wij slechts de zuster aan, een wezen met een hooghartig gezicht zonder wenkbrauwen. Je moest de woorden uit haar trekken.

'Naar de duivel met die vliegende brigade,' scholden onze ziekenoppassers. 'Dat is gewoon een begrafenisonderneming!'

Terwijl wij in de schuur onze medicijnen uitpakten, kwam de arts van de vliegende brigade binnen. Het was een nog vrij jonge maar al uitgezakte vent met een zwarte stoppelbaard en wallen onder zijn ogen.

'Ook goeiedag!' zei hij toen hij ons zag. Hij scheen deze ontmoeting niet erg op prijs te stellen. 'Weet u waar u in terechtgekomen bent?'

'In de zwarte pokken!' antwoordde ik.

'Precies! En weet u ook wat dat is, zwarte pokken, jongeman? Heeft u dat al met eigen ogen gezien?'

'Nee, dat niet.'

'Mag ik u dan een leuk feestje toewensen! Hebben jullie misschien pokkenvaccin mee? Nee? Ook goeiedag! Wat moeten jullie dan hier? De grammofoon laten draaien? Naar de zangeres Vjaltseva luisteren?'

We deden er terneergeslagen het zwijgen toe.

'Wat mij betreft,' zei de arts, 'ik ben 't zat! Ik ben niet van plan nog langer voor hansworst te spelen.'

'Hoe kunt u zo praten!' riep Lolja verontwaardigd uit.

'Mademoiselle!' zei de arts en keek haar met woedend toegeknepen ogen aan. 'Windt u zich niet op. Het staat u ontzettend goed, u wordt ontzettend mooi als u boos bent, maar meer ook niet. Ik herhaal: meer ook niet! Allemaal kletskoek! Zinloze lijflijke klanken! We zitten in de val. Zoals het bij Poesjkin heet: "Ach mijn vogeltje, ben je gevangen, kan je niet meer uit het net vandaan?" Zo is 't toch, niet?'

'U hangt de paljas uit, dokter,' zei Lolja gekwetst. 'Het is gewoon weerzinwekkend.'

'Lach toch, paljas!' zei de dokter en grijnsde. 'Wat moet ik anders doen? Misschien weet u een andere uitweg uit deze schijtzooi?'

'Hij is dronken,' zei Vera Sevastjanovna.

'Ook goeiedag, dronken,' zei de dokter, niet in het minst op zijn tenen getrapt. 'Heeft u misschien morfine?'

'Heel weinig. Maar we hebben volop kamfer.'

'Als u namelijk morfine bij u had, zou ik alle zieken verdoven, en basta!'

'Houd nu maar op met dat stomme geklets!' zei ik grof. 'Geeft u ons maar alles wat u heeft. Wij gaan zelf aan de gang.'

'Graag! Doet u mij het genoegen! Weest u welkom!' riep de arts theatraal uit. 'Ik sta u het vaccin af. Dan kunt u dat proberen op mensen die al besmet zijn. Want hier is iedereen ziek. Dat zal een opmerkelijk medisch experiment worden.'

'Weet u wat?' zei ik en ging naar hem toe. 'Nu kunt u uw mond houden of ik smijt u eruit, al bent u dan kapitein. Hier gelden toch geen wetten meer.'

'Zo is 't!' viel de arts me bij. 'Hier gelden geen wetten meer. Net als in een stad waar de pest heerst. Neemt u de vaccins nu maar! Zet 'm op! Ik wil slapen. Ik heb al in twee dagen en nachten niet meer geslapen. Ook daar moet soms rekening mee gehouden worden, heren idealisten!'

Hij liep naar een hoek van de schuur, liet zich op het stro neervallen en trok, al half in slaap, zijn jas over zich heen.

'Laat hem nou maar slapen, lieve hemel!' zei Vera Sevastjanovna verzoenend. 'Zuster, geeft u ons uw vaccin.'

'Maakt u daar maar een bon voor,' zei de zuster. Zij had blijkbaar niet gelet op ons gesprek met de arts.

Ik schreef een ontvangstbon uit en de zuster gaf ons de voorradige vaccins.

'Wat nou?' vroeg Lolja fluisterend.

'Hoe zo?' antwoordde ik. ''t Ziet er niet zo best uit. Blijft u maar een beetje hier, dan ga ik eerst eens met de ziekenoppasser langs die hutten. Eerst kijken hoe het er daar uitziet.'

'Nee, ik laat u niet alleen gaan. Niet omdat ik niet zonder u kan.' Zij moest een beetje blozen bij deze woorden. 'Nee! Alleen zullen we met z'n allen minder bang zijn.'

Dus gingen we met zijn vieren: Vera Sevastjanovna, Lolja, de ziekenoppasser en ik.

De grijze regen hing in een floers over de velden. Als zwarte gebroken beenderen lag het aardappelloof in de groentetuinen.Het was al herfst. We glibberden over de doorweekte kleibodem die met mest en rottend stro vermengd was.

Geen enkel huisje waar rook uit opsteeg. Maar er hing toch een sterke brandlucht, die deed denken aan schroeiende veren.

Aan de achterkant van de hutten smeulde buiten de kom van het dorp een hoop halfverbrande lorren. Dat was het wat zo stonk.

'Daar worden allerlei spullen van de zieken verbrand,' merkte de ziekenoppasser op. 'Dat heet dan desinfecteren!' zei hij er even later spottend achteraan.

In het hele dorp was geen hond of kip meer te bekennen. Alleen in een van de schuren loeide een koe die zeker al lang niet meer gemolken was. Zij loeide met lange uithalen, zich in haar eigen speeksel verslikkend.

'Ja,' zei Vera Sevastjanovna plotseling. 'Zo ongeveer moet Dante's hel zijn.'

Wij gingen het eerste huisje binnen. In het voorhuis knoopte Lolja ons allemaal een stuk hydrofiel gaas voor de mond.

Ik deed de deur open van het voorhuis naar het woonvertrek. Een warme stank sloeg ons tegemoet.

Voor de ramen van de woning hingen gordijnen. Eerst zagen we niets. We hoorden alleen een monotone kinderstem die aan één stuk door dezelfde woorden herhaalde: 'Oh, opaatje, maak mijn handen los! Oh, opaatje, maak mijn handen los!'

'Nergens aankomen!' beval Vera Sevastjanovna. 'Maakt u 's wat licht.'

Ik knipte de elektrische zaklantaarn aan. Eerst zagen we niet veel meer dan een kapot houten ledikant, waar een hoop afgedragen kleren op lag. Langs de kachel hingen een paar benen met riemschoenen naar beneden. Maar de persoon die erbij hoorde was niet te zien.

'Wie is hier nog in leven?' vroeg de ziekenoppasser.

'Ik weet van me zelf niet,' antwoordde een oude stem boven op de kachel, 'of ik nog leef of niet.'

Ik scheen omhoog. Er zat een oude man in een lange bruine overjas, met een dunne uitgeplozen baard.

'Zijn er toch nog mensen naar binnen gekomen, goddank,' zei hij. 'Help mij 's, beste soldaten, ik krijg 'm er zelf niet af.'

'Wie eigenlijk?'

'Er ligt hier iemand naast me, mijn dochters man. Sinds gisteravond. Eerst was hij zo warm als een oven maar nu krijg ik al de griezels als ik 'm aanraak, zo koud is ie geworden.'

'God nog an toe!' riep Lolja zachtjes. 'Wat is dat hier allemaal?'

De hoop vodden op het bed bewoog en weer klonk smekend de klagende kinderstem: 'Oh, opaatje, ik kan niet meer! Maak mijn handen los!'

'Daar op de kachel is alles afgelopen,' zei Vera Sevastjanovna. 'Licht u hier eens bij.'

Ik scheen op het bed en we zagen een paar ogen. Enorme koortsig glanzende zwarte ogen en vuurrode koortswangen.

Onder de vodden lag een meisje van een jaar of tien. Ik sloeg voorzichtig de vodden opzij. Het meisje spartelde en kronkelde en stak haar met een aan stukken gescheurde handdoek vastgehouden handen voor zich uit.

Haar hemd gleed van haar schouder en voor het eerst zag ik de zwarte pokken, vurige vlekken met zwarte puntjes die veel weg hadden van opgedroogd teer. 't Leek net of de vlekken op de bleekgroene huid van het kind gekleefd zaten.

Het meisje begon met haar hoofd rond te tollen. Haar zwarte haren warrelden rond. Er hing nog een verfomfaaide rode strik in.

De ziekenoppasser haalde koud water uit het voorhuis. Hij kon er niet over uit dat men de handen van de zieken vastbond zodat ze hun builen niet konden openkrabben.

'O, wat is dat voor kwelling!' zei hij met gedempte stem. 'Waaraan hebben die mensen zo'n marteling verdiend?'

Lolja gaf het meisje te drinken. Ik ondersteunde het hoofdje van de kleine. Zelfs door mijn leren handschoenen heen kon ik voelen hoe droog en heet haar dunne nekje was.

'Geef mij de kamfer eens!' zei Vera Sevastjanovna.

In het huisje begon het naar ether te ruiken. Daarna gaven we het meisje morfine; Lolja bette haar gezicht met azijnlotion.

'Vooruit,' zei de ziekenoppasser, 'laten we die dode maar eens buiten brengen.'

Lolja greep mijn hand maar liet hem meteen weer los. Haar ogen smeekten mij de dode niet aan te raken, maar ze zei: 'Vergeet u alleen niet... nou ja, laat maar... laat maar.'

De dode lag op een grof laken. We lieten hem aan de vier punten van het laken naar beneden zakken, ervoor zorgend het lijk niet aan te raken. Toch lieten we hem nog een keer vallen, maar gelukkig waren we toen al half buiten.

'Gooi 'm maar in de schuur!' raadde de oude man ons aan. 'Daar liggen er al twee.'

De deur van de schuur werd door een hooivork geschoord. Binnen op de aangestampte aarde lag een vrouw voorover op de grond, naast haar een meisje van een jaar of vijf.

'O, die oorlog, die oorlog!' zei de ziekenoppasser. 'Ze zouden die generaals en politici op moeten pakken en met hun neus hier in de etter moeten douwen! Vervloekte beulen!'

We gingen het huis weer in. Dat had eigenlijk gelucht moeten worden, maar het was buiten zo koud dat je zou zeggen dat het weldra zou gaan sneeuwen.

'We zouden de kachel moeten aanmaken,' zei de ziekenoppasser, 'maar ze hebben alles wat er was, al verbrand. Er is geen snipper hout meer over.'

Hij ging het erf op en je kon hem vloekend en tierend planken van het bordes horen losbreken.

Wij zetten de deur open en maakten de kachel aan.

'Opa,' zei Vera Sevastjanovna, 'kom 's van de kachel af, we zullen je een inenting geven.'

'Waarom dat!' antwoordde de oude man onverschillig. 'Ik overleef 't toch niet. Ik ga wel van de honger dood. 't Is alleen maar zonde van jullie medicijnen.'

We gaven hem desondanks de inenting, en toen de hut gelucht was gingen we weg, na de oude baas nog beloofd te hebben brood te sturen.

Hoe verder we kwamen, des te erger werd het. Wij werkten met opeengeklemde kaken, zonder elkaar aan te kijken. De ziekenoppasser vloekte er zachtjes op los, maar niemand lette op hem.

't Was of er om ons heen niets was dan de zwarte pokken – in alle soorten en maten.

'Het is allemaal zinloos,' zei Vera Sevastjanovna eindelijk. 'Wij kunnen niemand redden. Er is hier nog nooit gevaccineerd. En die hansworst van een dokter had het inderdaad bij het rechte eind.'

'Maar wat moeten we dan doen?' vroeg Lolja.

'Zorgen dat we 't zelf niet krijgen. Dat is 't enige.'

'En de zieken dan?'

'Morfine!' antwoordde Vera Sevastjanovna kortaf. 'Zodat ze zo min mogelijk lijden.'

De ziekenoppasser spuwde op de grond en gaf een knaap van een vloek ten beste.

Wij gingen terug naar de schuur en Vera Sevastjanovna vaccineerde het hele personeel.

Nu brak er een duistere, drukkende periode aan. Wij gingen de huizen langs, dienden morfine toe, lieten de stervenden drinken en zagen in stille wanhoop toe hoe ook de weinigen wie de ziekte uitstel had verleend, de een na de ander ziek werden.

We sleepten de lijken naar de schuren. Op order van de arts werden die dan vervolgens verbrand. Dat gebeurde steeds onder zijn persoonlijke leiding en hij scheen er erg van op te kikkeren.

De ziekenoppassers legden stro rond de schuren en staken ze aan. Het vuur verspreidde zich slechts langzaam, maar er kwam veel hitte en dikke rook vanaf.

De schuur waar we in huisden rook door en door naar carbol. Onze handen waren dermate door de carbol aangevreten dat we ze niet meer konden wassen. De minste of geringste aanraking met water deed ondraaglijk pijn.

De nachten waren iets draaglijker. Wij lagen op stro op de grond weggedoken onder onze jassen en vilten dekken. Tegen middernacht raakten we doorgewarmd maar we sliepen slecht.

De arts werd dan ook rustiger en vertelde met gedempte stem over zijn familie, die in Berdjansk woonde, over zijn vrouw die een zuinige huisvrouw was, over zijn zoon, de snuggerste jongen van de hele wereld. Maar niemand luisterde naar hem. Ieder had zijn eigen gedachten.

Ik lag tussen Lolja en een zwijgzame ziekenoppasser vol sproeten, een Pool, genaamd Syrokomlja. 's Nachts huilde hij vaak. Wij wisten dat je aan het front alleen huilt om geliefden die je voor altijd verloren hebt. Maar we deden er het zwijgen toe en niemand probeerde hem ook maar één keer te troosten. Het waren toch zinloze woorden. Het verdriet werd er niet minder door, integendeel, het werd alleen maar erger.

Ook Lolja lag 's nachts soms geluidloos te huilen, haar hand om de mijne geklemd. Slechts door het zachte schokken van haar lichaam merkte ik dat zij huilde.

Dan streelde ik voorzichtig haar haren en haar natte wangen. Bij wijze van antwoord vlijde zij haar warme gezicht tegen mijn hand en begon nog heviger te huilen. Soms zei Vera Sevastjanovna dan: 'Lolja, niet doen! Spaar uw krachten.'

Deze woorden hielpen. Lolja kalmeerde weer.

Meer dan eens trok Lolja mijn jas weer over me heen als ik bloot lag. Nooit spraken we 's nachts een woord. We lagen zwijgend te luisteren naar het ritselen van het lage overhangende strodak.

Slechts af en toe drong een ver kanonschot door tot in de schuur. Dan tilden we allemaal ons hoofd op en luisterden. Als het front nu toch eindelijk maar eens oprukte.

Ik weet niet meer in welke nacht Lolja tegen me zei: 'Als ik doodga, verbrand me dan niet in een schuur!' Zij sidderde daarbij over haar hele lichaam.

'Onzin!' zei ik, pakte haar hand en voelde mijn hart ineenkrimpen; Lolja's hand was ijskoud. Ik raakte haar voorhoofd aan dat gloeiend heet was.

'Ja...' zei Lolja droevig, 'ja... Ik heb het gister al gemerkt. Maar laat mij niet alleen, u, mijn liefste...'

Ik wekte Vera Sevastjanovna en de arts. De ziekenoppassers werden ook allemaal wakker.

Lantaarns werden aangestoken. Lolja draaide zich van het licht af.

Allen zwegen lange tijd. Uiteindelijk zei Vera Sevastjanovna: 'We zullen de hut hiernaast die leeg staat schrobben, desinfecteren en er de kachel aanmaken.'

De ziekenoppassers gingen zachtjes pratend en zuchtend de schuur uit. De arts nam mij apart en fluisterde: 'Ik zal alles doen wat in mijn vermogen ligt. Begrijpt u. Alles!'

Ik drukte hem zwijgend de hand. Lolja riep mij.

'Vaarwel!' zei ze en keek mij met een vreemde stille glimlach aan. 'Het mocht niet lang zijn, toch was 't heel mooi. Heel mooi... ik kon er alleen niet over praten.'

'Ik blijf bij u,' antwoordde ik. 'Ik ga niet bij u vandaan, Lolja.'

Zij sloot haar ogen en schudde haar hoofd net zoals zij toen in het kamp op de bank had gedaan.

Hoezeer ik mijn gedachten ook inspan, ik kan mij niet meer ordelijk herinneren wat er toen allemaal gebeurde. Ik herinner me slechts stukken en brokken.

Ik herinner me een koude hut. Lolja zat op een veldbed, Vera Sevastjanovna kleedde haar uit. Ik hielp haar.

Lolja had haar ogen dicht en ademde zwaar. Voor de eerste keer zag ik haar naakte jongemeisjeslichaam. Het leek mij zo kostelijk en teer. Het was ontzettend, te denken dat de dood deze lange slanke benen, de smalle handen en die ontroerende kleine borsten al had beroerd.

Alles aan dit koortsige hulpeloze lichaam was mij zo dierbaar, van de fijne haartjes in de nek tot aan de moedervlek op de gebruinde heup toe.

Wij legden Lolja in bed. Zij deed haar ogen open en zei duidelijk hoorbaar: 'Laat u mijn jurk hier. Haal mijn kleren niet weg.'

Ik week geen moment van haar zijde. Vera Sevastjanovna evenmin. Tegen de avond leek Lolja haar bewustzijn te hebben verloren.

Het woelen was vrijwel over en zij lag zo stil dat ik af en toe schrok en mij over haar heen boog om naar haar adem te luisteren.

De nacht sleepte zich langzaam voorbij. Niets rondom wees erop dat het spoedig weer dag zou worden, geen kraaiende haan, geen tikkende klok, geen sterren aan de stikdonkere hemel.

Tegen de ochtendschemering ging Vera Sevastjanovna naar onze schuur terug om een uurtje te rusten.

Toen het voor de vensters vaag begon te blauwen, sloeg Lolja haar ogen op en riep mij. Ik boog me over haar heen. Ze duwde me zwak terug en keek mij lange tijd aan, met een gezicht zo vol tederheid, verdriet en bezorgdheid dat het mij te veel werd, mij de keel werd dichtgeknepen en ik begon te huilen – voor de eerste keer sinds mijn half vergeten kinderjaren.

'Niet doen, mijn lieve jongetje!' zei Lolja. Haar ogen stonden vol tranen, die al niet meer vergoten wilden worden. 'Zet u een kroes water neer hier, op het krukje... Daar in de schuur is veenbessesiroop... haal een beetje voor me... Ik heb dorst... Iets frissigs...'

Ik stond op.

'En dan...' zei Lolja, 'dan zou ik nog... mijn enig geluk... niet huilen! Ik ben alles vergeten... zelfs mijn moeder... Alleen u nog...'

Ik vloog naar de deur, gaf Lolja water en ging dan snel de hut uit. Toen ik met de veenbessesiroop terugkwam uit de schuur, sliep Lolja vredig en haar gezicht met de half geopende mond was van een opvallende, onnatuurlijke, bleke schoonheid.

Ik was te laat met mijn siroop. Zonder op me te wachten had ze de kroes water leeggedronken. Er was een beetje naast het veldbed op de grond gemorst.

Ik weet niet meer hoe lang ik over de slapende Lolja zat te waken. Er viel al troebel licht door het raampje naar binnen toen ik merkte dat Lolja niet meer ademde. Ik pakte haar hand. Deze was koud. Ik voelde geen pols meer.

Ik rende naar Vera Sevastjanovna in de schuur. De arts sprong op en holde met ons mee naar de hut waar Lolja lag.

Lolja was dood. Vera Sevastjanovna ontdekte onder haar jurk op het krukje een morfinedoosje. Het was leeg. Lolja had mij veenbessesiroop laten halen om een dodelijke dosis morfine te kunnen innemen.

'Nou ja...' zei de dokter. 'Zij verdiende een makkelijke dood...'

Vera Sevastjanovna zweeg.

Ik ging naast het veldbed op de grond zitten, dook weg achter mijn opgezette jaskraag en bleef zo zitten, hoe lang weet ik niet. Ten slotte stond ik op, ging naar Lolja, tilde haar hoofd op, en kuste haar ogen, haar haren, haar koude lippen.

Vera Sevastjanovna sleurde me weg en gebood mij onmiddellijk mijn mond te spoelen met een scherpe vloeistof en goed mijn handen te wassen.

Wij groeven een diep graf op een terp achter het dorp, aan de voet van een wilgeboom die men al van verre kon zien.

De ziekenoppassers timmerden van oude, zwarte planken een doodkist in elkaar.

Ik haalde de eenvoudige zilveren ring van Lolja's vinger en borg deze in mijn veldtas weg.

In de doodkist was Lolja nog veel mooier dan voor haar dood.

Toen wij het graf dichtgooiden, hoorden wij geweerschoten. Het waren er niet veel en zij klonken met regelmatige tussenpozen.

Dezelfde dag nog vernamen wij dat de versperring opgeheven was. De soldaten waren weggetrokken zonder ons gewaarschuwd te hebben. Misschien waren de geweerschoten als zodanig bedoeld, maar dat konden wij niet weten.

Wij verlieten onmiddellijk het dorp. De omgeving was verlaten. Toen we een halve werst ver waren, hield ik in en wendde mijn paard. Achter ons, in de vage nevel, in het druilerige licht van de herfstige dag zag ik onder de kale wilg het kleine kruis van Lolja's graf–alles wat er overgebleven was van een warm kloppend meisjeshart, van haar stem, haar lach, haar liefde en haar tranen.

Vera Sevastjanovna riep me.

'Rijd maar door!' zei ik. 'Ik haal u wel in.'

'Op uw erewoord?'

'Ja, rijd nou maar door!'

De stoet zette zich in beweging. Ik bleef staan zonder van mijn paard te stappen en keek naar het dorp achter ons. Ik had de indruk dat bij de minste of geringste beweging de laatste draad die mij nog met het leven verbond, zou knappen, ik van mijn paard zou vallen en alles afgelopen zou zijn.

De stoet stond wel een paar maal stil om op mij te wachten en verdween dan achter het kreupelhout.

Toen ging ik terug naar het graf. Ik sprong van mijn paard en liet het staan. Het paard brieste opgewonden en hinnikte zachtjes.

Ik liep naar het graf toe, knielde neer en drukte mijn lippen tegen de koude aarde. Onder zo'n zware laag natte aarde rustte een jonge vrouw die onder een gelukkig gesternte geboren was.

Wat moest ik doen? Soms met mijn hand de kleibodem strelen die haar gezicht beroerde? Het graf opengooien om nog een maal haar gezicht te zien en haar ogen te kussen? Wat moest ik?

Iemand pakte me stevig bij mijn schouder. Ik keek om. Achter mij stond de ziekenoppasser Syrokomlja. Hij hield een grijs paard bij de teugel, het paard van de arts.

'Kom op!' zei Syrokomlja en keek mij met zijn lichte ogen verlegen aan. 'Niet zo doen...'

Ik kon mijn voet maar niet in de stijgbeugel krijgen. Syrokomlja hielp me. Ik ging in het zadel zitten en reed stapvoets door loodgrijze koude regenplassen weg van het graf.

XXII/DE BULDOG

In Baranovitsji trof ik onze afdeling niet meer aan. Deze was al naar Nesvisj verdergetrokken. Dat hoorde ik van de plaatselijke commandant.

Ik had geen zin om zelfs maar voor korte tijd naar het veldhospitaal terug te gaan. Het viel me vreselijk zwaar, met anderen in aanraking te komen.

Ik bracht de nacht in de omgeving van de stad door in een baanwachtershuisje langs de spoorweg naar Minsk en 's morgens ging ik op weg naar Nesvisj.

Ik spoorde mijn paard niet aan. Het ging stapvoets, bleef van tijd tot tijd zelfs stilstaan en dacht ergens over na. Of het rustte gewoon een beetje uit. Hoofdschuddend liep het daarna weer verder.

Het was een koele herfstdag zonder regen, maar met donkere wolken die laag boven de grond hingen.

's Middags nog kwam ik in een klein plaatsje waarvan ik de naam niet meer weet. Ik besloot er tot de volgende ochtend te blijven. De terugtocht ging nu langzamer en mijn afdeling kon niet verder gekomen zijn dan Nesvisj. Ik was er zeker van dat ik hem de volgende dag zou inhalen.

Het kleine stadje lag in een keteldal gepropt aan de rand van een grote vijver. Aan het einde ervan stroomde het water schuimend over een oude molenstuw. Overal hoorde je het lawaai dat het water maakte. Donkere wilgen bogen zich over de vijver en het was of ze ieder ogenblik hun evenwicht konden verliezen en in het diepe water zouden vallen.

Aan een paar oude joodse vrouwen vroeg ik waar ik kon overnachten. Zij wezen mij een oude herberg, een bouwsel uit planken vol reten en kieren dat naar petroleum en haring rook.

De herbergier, een gedrongen jood met een woeste bos rood haar, zei dat hij inderdaad slaapgelegenheid had, een klein kamertje achteraf, maar dat er al een officier van de artillerie in ondergebracht was en dat het voor twee personen een beetje krap zou zijn.

Hij liet mij het hokje zien, zo krap als een grafkamer. De officier was er niet maar zijn veldbed stond uitgeklapt. Er bleef net aan ligruimte over voor een tweede persoon, maar zo bot boven op elkaar dat je er nauwelijks tussendoor kon, laat staan gaan zitten op de rand van het bed.

'Hier kunt u overnachten,' zei de herbergier. 'Bij ons is het stil, en wandluizen hebben we niet–godzijdank! Ik kan een omelet voor u klaarmaken of, als meneer wil, wat melk opwarmen.'

'En de officier?' vroeg ik. 'Zal die het goedvinden?'

'O, lieve god!' riep de waard. 'Die is goed! Dvoïra, heb je gehoord wat meneer vroeg? Dat is geen officier, dat is een serafijn van onze lieve Heer.'

Ik zette mijn paard in de schuur, zorgde voor voer en ging toen naar het dorpje.

Ik wilde met niemand praten of iemand horen praten. Ieder woord dat ik hoorde of sprak verwijderde Lolja verder van mij. Ik was bang dat mijn verdriet zou verstompen, zou vergrijzen. Ik waakte erover als over het laatste wat er nog overbleef van mijn nog nabije liefde.

Het enige wat mij geen pijn deed en waarvoor ik niet dacht te hoeven vluchten, waren gedichten. Zij kwamen, waarom weet ik niet, uit ongekende diepten van mijn herinnering in mij op en hun troostende taal was niet opdringerig of pijnlijk.

Ik liep naar de vijver, ging aan de oever zitten en hoorde het water in de verweerde molenkolk bruisen.

's Avonds trok er een zwak, geel waas over de wolken. Ergens ver achter de aarde scheen vaag een bleke zon. De gele hemel weerspiegelde zich in het water. Onder de wilgen was het donker en vochtig.

Opeens schoten mij gedichten te binnen die ik lang geleden eens gelezen had:

Zijn huis bij de zwarte wilgen deed de oude molenaar open
tijdens mijn nachtelijk dolen...

Deze woorden hadden niets bijzonders, maar toch ging er een weldadige bekoring van uit. De eenzaamheid van de nachtelijke zwerver was een verademing voor me.

Maar meteen daarna zat ik weer met mijn hoofd in mijn handen – een lieve stem zei vertrouwde woorden ergens van verre uit natgeregende winddoorwaaide ruimten. Daar lag nu dichte schemering over een verlaten graf. Daar was het meisje achtergebleven van wie ik me mijn hele leven geen uur had moeten laten scheiden. Duidelijk hoorde ik de woorden: 'Voor jou is geen naam, lente. Voor jou is geen naam, mijn verre geliefde.' Van deze regels had zij het meest gehouden. Ik sprak ze nu zelf uit, maar mijn eigen stem klonk mij in de oren als was het Lolja's verre stem. Maar nooit zou iemand deze stem weer horen. Noch ik, noch iemand anders.

Ik stond op en liep het veld achter het dorp op.

De schemering vulde alle ruimte op tussen de hemel en de verschoten velden. Je kon nauwelijks de weg zien, maar ik bleef maar doorlopen. Aan de kant van Loeninetz gloeide de hemel vaag rood op. In het noorden flonkerde een witte ster boven het dak van een hut, eenzaam en donker op het veld.

'Een gelukkig gesternte!' dacht ik. 'Een paar dagen voor haar dood geloofde ze er nog in.'

Nee, een mens kan zich er nooit bij neerleggen dat een ander mens uit zijn leven verdwijnt!

Het was al donker toen ik in de herberg terugkwam. In de kamer stond het veldbed al voor me klaar. Op het bed ernaast lag de officier, een artillerist met een donker verbrand gezicht en door de zon gebleekte wenkbrauwen. Hij lag een boek te lezen bij het schijnsel van een kaars. Toen ik binnenkwam, klonk onder het veldbed van de officier een hees gebrom.

'Tout beau, Mars!' riep de officier, kwam overeind en stak mij zijn hand toe. 'Vaandrig Visjnjakov,' stelde hij zich voor. 'Fijn dat ik gezelschap heb. We zullen hier eens lekker een gat in de dag slapen.'

Het klonk niet erg overtuigend.

'Dvoïra!' riep de herbergier vanachter de muur. 'Vraag de heren officieren of ze misschien iets willen eten.'

Ik had helemaal geen trek. Ik dronk alleen thee en ging meteen naar bed. Mijn buurman was een zwijgzaam persoon. Dat stelde me gerust.

Vanonder zijn bed kroop een grote gele buldog te voorschijn die naar mij toe kwam en mij uitgebreid en onderzoekend aankeek.

'Hij bedelt om klontjes,' zei de officier. 'Geeft u hem maar niets. Het is een aartsbedelaar geworden. Aan het front is het een bezoeking, met een hond. Maar het zou jammer zijn als ik hem weg moest doen, het is een prima waakhond.'

Ik aaide de buldog. Deze nam mijn hand tussen zijn tanden,

hield eventjes vast om mij bang te maken en liet dan los. Het was zo te zien een verdraagzaam beest.

Ik lag een hele tijd met mijn ogen dicht. Als kind al vond ik het fijn zo te liggen, mij slapend te houden en dan allerlei bijzondere avonturen te verzinnen of met gesloten ogen de hele wereld door te reizen.

Maar die dag wilde ik niets verzinnen en geen reis ondernemen. Ik wilde me alleen maar dingen herinneren.

Ik dacht aan alles wat ik samen met Lolja had doorgemaakt en ik was er verdrietig over dat wij zo lang naast elkaar geleefd hadden zonder dicht bij elkaar te zijn. Pas in Odessa, in Maly Fontan was alles duidelijk tussen ons geworden. Nee, toch niet, eerder al, toen wij in het armoedige Poolse huisje aan de rivier de Wieprz naar het sprookje van de leeuwerik met het gouden snaveltje luisterden... Nee! het moest nog eerder geweest zijn, in Chencin, toen het regende en Lolja de hele nacht op een krukje aan mijn veldbed zat...

Dan moest ik ook aan Romanin denken. Wat was er met hem gebeurd? Waarom was hij zo onvriendelijk tegen me gaan doen? De schuld lag vast bij mij. Ik begreep dat mijn toegeeflijkheid hem waarschijnlijk had geërgerd–hij noemde dat wanordelijkheid–, evenals mijn geneigdheid zelfs het goede te zien in elkaar vijandige dingen–hij noemde dat gebrek aan ruggegraat. Voor hem was ik een 'slappe intellectueel' en dat krenkte mij des te meer daar Romanin alleen ten opzichte van mij zo heftig en onrechtvaardig oordeelde. 'Erewoord, ik ben helemaal niet zo!' zei ik tegen me zelf. Maar hoe moest ik hem dat bewijzen?

's Nachts werd ik wakker van het kabaal van met ijzer beslagen wielen. Door het plaatsje trok artillerie. Dan dommelde ik weer weg, misschien viel ik ook wel echt in slaap.

Ik werd wakker van een afgrijselijk gesmoord gehuil in het kamertje. Even dacht ik dat het de buldog was die zo tekeerging. Het veldbed naast me stond te trillen en te dansen.

Ik stak de kaars aan. Het was de officier die zo brulde en huilde. Hij wrong zich in allerlei bochten en er borrelde geel schuim uit zijn mond.

Hij had een aanval van epilepsie, van 'vallende ziekte'. Ik had zulke aanvallen in het hospitaal herhaaldelijk meegemaakt en daarom wist ik wat mij in zulke gevallen te doen stond. Een lepel in de mond van de officier schuiven en zijn tong platdrukken, zodat hij hem niet kon afbijten of erin kon stikken.

Er stond een glas koude thee op de vensterbank. Er zat een lepel in. Ik pakte die en wilde hem in de mond van de officier schuiven, maar er was zo weinig ruimte en hij lag zo te kronkelen en te spartelen dat ik het niet voor elkaar kreeg.

Ik drukte uit alle macht zijn schouders neer, maar op hetzelfde ogenblik voelde ik een felle pijn in mijn nek. Er hing iets loodzwaars op mijn rug. Het drong niet meteen tot me door wat dit kon zijn, ik schudde heftig mijn hoofd heen en weer om het los te krijgen en toen pas voelde ik de scherpe hoektanden die zich in mijn nek hadden vastgebeten.

De buldog had mij van achteren geluidloos besprongen om zijn baas te verdedigen. Hij dacht zeker dat ik hem wilde wurgen.

De buldog rukte met dichtgeklemde kaken aan mijn nek. De huid van mijn hals werd strak getrokken en ik besefte dat ik het volgende ogenblik mijn bewustzijn zou verliezen.

Toen haalde ik met een laatste restje wilskracht mijn revolver onder mijn kussen vandaan en vuurde naast mijn oor naar achteren.

Ik hoorde geen schot. Ik hoorde slechts een lichaam zwaar op de grond ploffen. De buldog lag op de grond. Uit zijn bek met de ontblote tanden gutste bloed. Dan strekte hij zich rillend uit en bewoog niet meer.

'Help!' riep de waard vanachter de muur. 'Help, mensen!'

'Kalm maar!' riep ik naar hem. 'Kom hierheen! Ik heb hulp nodig.'

De waard kwam, in zijn ondergoed, een dikke kaars in een zilveren kandelaar in zijn hand. Zijn ogen puilden uit van angst.

'Houdt u hem vast,' zei ik, 'als ik die lepel niet in zijn mond krijg, zou hij zijn tong kunnen afbijten.'

De waard greep de officier bij zijn schouders beet en wierp zich op hem met zijn volle gewicht. Ik stak de lepel in de mond van de officier en draaide hem op zijn kant. De officier beet er zo hard op dat zijn kaken knarsten.

'Mijnheer, u heeft bloed op uw rug,' zei de waard zacht.

'Dat komt door de hond. Hij heeft mij gegrepen. Ik heb hem moeten neerschieten.'

'O, wat gebeurt er toch allemaal op de wereld!' schreeuwde de man. 'Waar hebben de mensen elkaar toe weten te brengen!'

De officier was opeens verslapt en lag er doodkalm bij. De aanval was over.

'Nu blijft hij een paar uur lang slapen,' zei ik. 'Die hond moet hier vandaan.'

De waard tilde de hond naar buiten en begroef hem in de moestuin. Dan kwam Dvoïra, een magere vrouw met een goedig, onderdanig gezicht. Ik haalde een rolletje verband uit mijn veldtas en Dvoïra maakte de wond in mijn nek schoon en verbond mij.

Ik zei tegen de waard dat ik de officier niet meer wilde ontmoeten en dat ik zo gauw het dag werd, zou opstappen.

'Dat is ook 't beste!' beaamde hij. 'Voor hem is het niet leuk en voor u is 't ook niet prettig, al treft in deze zaak niemand schuld. Dvoïra, zet de samovar maar klaar! U drinkt toch eerst nog wat thee voor u op weg gaat?'

Toen ik in de kamer van de waard aan de slappe thee zat, zei Dvoïra: 'Moet je eens indenken! Nog even en de hond had u gestrot! Ik tril van onder tot boven bij de gedachte alleen al!'

Mijn nek deed zeer. Ik kon mijn hoofd bijna niet draaien.

'Dit is geen leven meer!' zuchtte de waard. 'En een kopeke is geen kopeke meer, maar net oud vuil. U moest in tijd van vrede langs gekomen zijn. Toen had iedere dag zijn eigen orde en regelmaat, en vreugden. 's Morgens vroeg deed ik de herberg open en dan kwamen de brave lieden met paard-en-wagen aanzetten, de ene op weg naar de markt de andere naar de molen. Ik ken iedereen in een omtrek van vijftig werst. Allen deden mijn herberg aan om te eten en te drinken, de ene thee, de andere brandewijn. En het was een lust om te zien hoe die mensen dat eenvoudige voedsel zaten te verorberen: brood of uien of worst en tomaten. En onderwijl een behoorlijk gesprek voerden. Over de prijzen, over de oogst, over het meel, over aardappelen en hooi. En weet ik wat nog meer allemaal. Over alles wat zich in de wereld afspeelt. Je had innerlijke rust en achter centen heb ik nooit aan gezeten. Als er maar genoeg was om van te leven en meneer de districts-commissaris een kleine schatting te betalen. Ik had één verlangen: de kinderen een goede opvoeding geven. Nou, die krijgen zij nu dan, hun opvoeding, als soldaten aan het front! Alles wordt verpurveld, ons hele leven!'

Buiten werd het ondertussen licht. Er hing een dichte nevel over de aarde. In de nevel leken de bomen groter dan ze in werkelijkheid waren. Het was de voorbode van een mooie dag.

Ik nam afscheid van de waard. Hij vroeg mij een briefje voor de officier achter te laten. Ik schreef: 'Neemt u mij alstublieft niet kwalijk. Ik was genoodzaakt uw hond dood te schieten.'

Toen ik een paar werst van het kleine plaatsje vandaan was, ging de zon op. Alles blonk van de dauw. Het vroege zonlicht bescheen de roestige bossen. Vanuit de verte was het net of ze smeulden met een donkere gloed. Er hing een ongelooflijke frisheid over de aarde, alsof de lucht lange tijd opgesloten had gezeten en vanmorgen voor 't eerst weer was vrijgelaten.

Ik bracht mijn paard tot stilstand, haalde het zilveren ringetje uit mijn veldtas en schoof het aan mijn pink. Het voelde erg warm aan.

Mijn afdeling haalde ik in het dorp Zamirje even voor Nesvisj weer in.

XXIII/EEN DRIJFNATTE WINTER

In oktober heerste er stilte aan het front. Onze afdeling bleef in Zamirje liggen, vlak bij de spoorlijn van Baranovitsji naar Minsk. Wij brachten de hele winter in Zamirje door.

Ik heb van mijn leven niets saaiers gezien dan dit dorp. Lage verwaarloosde huisjes, vlakke kale velden en nergens een boom te bekennen.

Dit sombere landschap werd nog vervolmaakt door de vuile

legerwagens, ruige magere paarden en manschappen van de legertros, die in die tijd hun dapper en krijgshaftig voorkomen al lang kwijt waren. In hun versleten bontmutsen van namaaklam zaten gaten, hun oorkleppen staken opzij als de vleugels van dode vogels, hun gewatteerde jekkers glommen vet, hun overjassen waren met touwtjes dichtgebonden en ze hadden bijna allemaal constant een stuk gekauwde sigaret van zware shag in hun mondhoek hangen.

De naherfst zette donker, zonder licht in. De ramen van onze hut waren voortdurend beslagen. Het water droop er gewoon langs en erdoor kijken kon je niet.

De wagens liepen in de modder vast. Onder de deuren door tochtte het. Iedereen die van buiten kwam, baggerde met zijn laarzen kleffe klei mee de kamer in. Het was dan ook altijd ongezellig in het huisje. Romanin en ik kregen daar schoon genoeg van. We schrobden het huisje, ruimden op en lieten niemand zomaar zonder reden meer binnen.

Bij mijn terugkeer in de afdeling had Romanin mij stevig omarmd, alsof er tussen ons nooit misverstanden waren geweest. Waarschijnlijk was 't allemaal ook alleen maar aan vermoeidheid te wijten geweest.

Romanin draaide zich om om zijn tranen te verbergen en zei dat ik een 'echt rund' was en dat hij grijze haren van mij had gekregen. Hij wees daarbij op een grijze strook in zijn haar. Die strook had er weliswaar altijd al gezeten maar leek nu inderdaad witter en breder geworden.

Ik vertelde Romanin over de dood van Lolja. Hij zat aan tafel, snoot omstandig zijn neus en zijn ogen werden rood. Ik keek expres niet naar hem. Toen ging hij weg en kwam dronken maar stil terug. Dat had ik van hem nog nooit meegemaakt.

Gronski zag ik niet meer. Hij was geestelijk gestoord geraakt en naar Minsk geëvacueerd.

Er was een nieuwe gevolmachtigde voor Gronski in de plaats gekomen, advocaat Kedrin, een bekende vertegenwoordiger van de constitutioneel-democratische partij. Hij was een kleine bejaarde man met een grijs puntbaardje en strenge brilleglazen. In zijn grijze gevoerde jas zag hij eruit als een grote, pientere rat. Vandaar dat hij ook de bijnaam van 'hooggeëerde rat' had.

Zijn spreektrant was vervelend en beleefd, in militaire zaken was hij ongelooflijk naïef, het platteland kende hij niet, hij wist niets van het echte leven, hij hield zich bezig met politieke prognoses, analyseerde 'de ontstane situatie', kortom een witte raaf te midden van de snel uiteenvallende troepen in Zamirje.

Er waren nog maar weinig vluchtelingen in Zamirje. Het merendeel was in de omliggende dorpen neergestreken. Wij hadden niets omhanden en zo kreeg Romanin de inval om een badhuis te bouwen.

Langzamerhand trok de bouw hopen mensen aan die werkeloos rondhingen. Het badhuis werd een heel project. Uit Minsk en zelfs uit Moskou kwamen administrateurs, technici, militaire ingenieurs, specialisten voor baden en verwarmingsmonteurs naar ons toe. Romanin kibbelde en ruziede met allemaal en stuurde zelfs een van hen de laan uit.

De luizige etappe wachtte op het badhuis als op een wonder. Romanin werd als een vader en weldoener bekeken. Zelfs de soldaten van de legertros salueerden en gehoorzaamden hem.

Kedrin hield over de aanleg van het badhuis 's avonds onder het theedrinken, lange, zeer behendig opgebouwde betogen waarbij hij zich zelfs aan gemeenplaatsen waagde. Hij legde voor de badhuiskwestie niet alleen de filosofische grondslagen maar schilderde het af als een van de schakels in de progressieve politiek van de constitutioneel-democratische partij die uiteindelijk het gekwelde 'moedertje Rusland' geluk zou bezorgen.

Kedrins toespraken liepen over van citaten en beroemde namen. Hij noemde Toegan-Baranovskij, Struve, zelfs Lassalle. Zoals Romanin zei, je kon zulke toespraken zonder je ervoor te hoeven schamen gerust op de tribune van de staatsdoema 'ten beste geven'.

Maar over het algemeen gaven Kedrins toespraken ons volop aanleiding de draak te steken met de bejaarde constitutioneel-democraat. Kedrin zelf vatte deze spotternij bitter ernstig op en wond zich steeds weer hevig op.

Ik werd door Romanin nu eens naar Nesvisj gejaagd, dan weer

naar Mir, naar Sloetsk of Minsk om materiaal voor het badhuis.

Op een dag verscheen er in onze boerenhut een man met een rode baard, zijn jas los om de schouders geslagen. Zijn bontmuts bleef op onverklaarbare wijze ergens achter aan zijn hoofd hangen. Hij had pretogen en een luidruchtige maar prettige stem.

Hij stelde zich voor als expert op het gebied van aanleg van baden en ontluizingsinrichtingen. Zijn achternaam kende niemand. Iedereen noemde hem Barbarossa.

Hij drong onze hut binnen, sloeg er zijn tenten op en vanaf dat moment namen de discussies rond het punt 'badhuis' een onverwachte wending.

Nu hadden we lange gesprekken over de aanleg van de Romeinse baden, herinneringen aan de Sandoenovskij-baden in Moskou, we hadden het over de warme baden in Tiflis en hoe uitstekend Poesjkin die beschreven had, over Poesjkins proza, over proza in het algemeen – Barbarossa noemde proza de 'godin der kunst' – we debatteerden erover wie van beiden het beste proza had geschreven, Poesjkin of Lermontov, hadden het over het plan voor *Oorlog en vrede* dat Lermontov kort scheen te hebben geschetst en dat toen in Tolstoï's handen terecht was gekomen, over Tolstoï's begrafenis in Jasnaja Poljana, we kwamen op *Anna Karenina* en op Levins daarin beschreven snippejacht, waarna de jacht in het algemeen aan de beurt kwam, en we kwamen uit bij *De Meeuw* van Tsjechov. Ten slotte bleek dat Barbarossa op Jalta was geweest en dat hij diens stuk in provincietheaters geregisseerd had, dat hij vloeiend Frans sprak en dat hij nog nooit van zijn leven iets met de aanleg van baden te maken had gehad.

We konden er niet achter komen wat zijn echte beroep was. Als we hem er zonder omwegen naar vroegen, antwoordde hij ons met gedichten van Maximiliaan Volosjin. Gedichten die, volgens hem, de aard van zijn leven goed weergaven:

Verjaagden, zwervers, dichters en de rest
die verlangden te zijn, al is het niet veel
het dier heeft zijn donker hol, de vogel zijn nest
maar de bedelstaf en armoede zijn ons deel.

Twee dagen nadat Barbarossa bij ons opgedoken was, konden we ons al niet meer voorstellen hoe we het in dat vervloekte Zamirje ooit zonder deze man hadden kunnen stellen.

Met Kedrin hield Barbarossa helemaal geen rekening. Wanneer Kedrin met zijn saaie redevoeringen van wal stak, dwars door het algemene gesprek heen, zei Barbarossa vriendelijk glimlachend: 'Hee, ouwe. Wachten tot je gevraagd wordt.'

Soms, meestal diep in de nacht, namen onze gesprekken een bijzonder vurige wending. Dan hadden we het over de revolutie.

Romanin was sociaal-revolutionair ingesteld, Kedrin breide aan zijn eindeloze belerende verhaal van constitutioneel-democraat, Barbarossa beweerde daarentegen dat zowel Romanin als Kedrin door de arbeidersrevolutie weggevaagd zou worden en naar de duvel en z'n ouwe moer geholpen. Steeds vaker viel de naam Lenin en het woord 'Internationale'.

Wanneer Barbarossa aan het woord was, zweeg iedereen. Het was net of we het rumoer van de volksmenigte al hoorden, het geroezemoes van de revolutie die over Rusland heen spoelde als een oceaan die dijken wegvaagt.

Barbarossa werd zelfs door Kedrin niet in de rede gevallen. Deze wreef alleen met trillende vingers zijn brilleglazen op, snoof vervaarlijk alsof zijn neus verstopt was en schokschouderde.

Dit was een teken dat Kedrin het toppunt van opwinding had bereikt, net als het woord 'als-tu-blieft!' dat hij vanuit de hoogte en uitdagend uitsprak. Maar daarmee was de woede van Kedrin gewoonlijk ook voorbij, en hij ging bedroefd naar bed terwijl hij in zich zelf mompelde en zijn huzarenuniform keurig opgevouwen op het krukje legde.

Maar toen wij op een goede dag bezoek kregen van een verpleegster uit een naburige afdeling, die de bijnaam 'Olijf' droeg, kwam aan het licht dat Kedrin een groot bewonderaar was van het schone geslacht.

Uit zijn koffer haalde hij een flesje Franse parfum, Coty, en gaf dat aan de verpleegster. Deze zat zwijmelend naar hem te kijken en giechelde van blijdschap. Kedrin trippelde om haar heen en wreef in zijn handen totdat Barbarossa brulde: 'Hee, ouwe! Rustig wachten tot je gevraagd wordt.'

Na de Februarirevolutie was Kedrin een tijdje commissaris van de Voorlopige Regering aan het westelijk front. Men kan zich zonder moeite voorstellen hoeveel tandeloze en walgelijk vervelende toespraken hij toentertijd gehouden zal hebben. Als de soldaten hem daarvoor niet doodgeslagen hebben, is dat alleen maar aan geluk te danken.

Ik kwam tijdens deze winter in vele kleine stadjes en plaatsjes, soms te paard, soms ook met de trein.

Wit-Rusland zag er toen ongeveer uit als een oud landschapsschilderij eruit zou zien dat door iemand in een smerig stationsrestaurant vlak bij het front opgehangen was. De sporen van het verleden waren nog overal te zien, maar dat was slechts een leeg omhulsel, de rest was vervaagd.

Ik zag kastelen van Poolse magnaten, waaronder het bijzonder rijke slot van vorst Radziwill in Nesvisj, ik zag grote boerenhoven, schilderachtig nauwe en rommelige joodse stadjes, oude synagogen en gotische kerken die in deze armzalige moerassige omgeving aandeden als buitenlanders op doorreis. Ik zag gestreepte kilometerpaaltjes, die dateerden uit de tijd van Nikolaas I.

Maar weg waren de vroegere magnaten met hun overdadig en zorgeloos leventje en hun onderdanige 'knechten', weg de huisbakken rabbijnen-filosofen, het was over met de angstwekkende 'Dagen des Oordeels' in de synagogen, voorbij met de Poolse vlaggen, helemaal gaar, uit de tijd van de eerste 'opstand', achter de kerkaltaren. Weliswaar wisten de oude joden in Nesvisj nog te vertellen van de grappen en grillen van Radziwill, de duizenden 'knechten' die van de Russische grens tot aan Nesvisj toe met fakkels langs de weg stonden wanneer Radziwill zijn maîtresse, de avonturierster Kingston ophaalde, van de tumultueuze jachtpartijen, de festijnen, het despotisme en de adellijke arrogantie, de dommelijke poeha die in die tijd doorging voor een paspoort tot de Poolse 'hogere kringen'. Maar ook zij vertelden alleen wat ze van anderen gehoord hadden.

Momenteel had de oorlog de geijkte zeden en gewoonten te

zamen met deze wazige herinneringen volledig uitgewist. De oorlog vertrapte ze, verdreef ze tot in de laatste schuilhoeken, overstemde ze met rauwe vloeken en het trage gedonder van de kanonnen die ook 's winters vuurden, gewoon om hun schorre kelen te schrapen.

Maar midden in deze chaos en oorlogsverwarring kreeg de nieuwe wending al duidelijk gestalte, en in de harten van de mensen was het even onrustig als voor een langzaam opzettend onweer.

Het was een drijfnatte winter. Er viel natte sneeuw die half weggedooid wekenlang bleef liggen, de aarde bedekkend als een vuile brij. Vochtige winden woeien hardnekkig uit Polen over en rukten aan het half verrotte stro op de daken van de Witrussische boerenhutten.

Ik hield van die tochten omdat ik dan alleen kon zijn. Na wat ik in de herfst had meegemaakt, kon ik mij nog niet losmaken van het gevoel van vervreemding en van de behoefte te herinneren. Het leven van alledag maakte de herinnering aan Lolja stuk en minder zuiver. Ik begon haar stem al te vergeten–en dat maakte me bang.

Tijdens deze reizen stelde ik me zelf met onbegrijpelijke halsstarrigheid aan alle mogelijke ontberingen bloot: ik liet me doornat regenen, tot op mijn botten koud worden, ik sliep in een schuur in het stro of anders zo op de grond, ik at nauwelijks, in plaats daarvan rookte ik de ene vochtig geworden, zurig smakende sigaret na de andere.

Het minste en geringste deed me inwendig beven en riep treurige gedachten en een verloren gevoel bij me op.

Zo ook een keer in Molodetsjno. Ik sliep in een lege, onverwarmde derdeklaswagon die op een rangeerspoor stond. Bij het aanbreken van de dag werd ik wakker. Iedereen kent zo'n stijf verkleumde dageraad die aarzelend de al even stijf verkleumde starre nacht verdringt. In de winter is de nacht heer en meester, terwijl de dag meer weg heeft van een kostganger die zoveel mogelijk op de achtergrond tracht te blijven.

Ik lag met mijn jas over me heen op de houten bank en begon het zowaar een beetje warm te krijgen. Er weerklonk een hoorn op het traject. Waarschijnlijk stond er een troepentransport op het station. De klank van de hoorn was klaaglijk en doordringend. In mij begon alles te trillen en terwijl ik naar het weeklagen van de hoorn luisterde, begreep ik plotseling heel de hulpeloosheid van het milieu waar ik toe behoorde, heel mijn uit zijn verband gerukte, onherbergzame en eenzame leven. Ik dacht aan mijn moeder, aan mijn broers die aan een of ander front niet ver hiervandaan streden, aan Lolja, en ik dacht eraan hoe een hart zonder zorg en zonder menselijke tederheid verbitterd raakt.

En waarom voelde ik mij zo alleen? Ik had hier graag een antwoord op gehad. Ongetwijfeld doordat wij vol boekenwijsheid, vol vage poëzie en hoogdravende gedachten het leven te lijf gingen en dat het volk ons onverschillig voorbij liep zonder ons zelfs maar op te merken; want zij hadden vast andere zonen en helpers nodig.

Begin december keerde ik weer eens van zo'n reis te paard naar Zamirje terug. Ik raakte verdwaald en kwam nabij de voorste linies op de weg terecht.

Het was een sombere avond. Er lag ijzel op de straat. Het paard stapte voorzichtig om niet uit te glijden. Al spoedig was het zo donker dat het struikgewas aan beide zijden van de weg niet eens meer te zien was.

Voor mij, in de verte, hoorde ik een dof gedender. Het paard spitste zijn oren en begon te dansen. Ik luisterde scherp en herkende het vertrouwde gedender van een legertros. Hoewel deze nog tamelijk ver weg was, stuurde ik mijn paard toch de berm in, want wij wisten allen maar al te goed dat de koetsiers van de legerwagens door alles heen rausden.

Plotseling hoorde ik een zacht gefluit. Voor mij, boven op de weg ontplofte met een zwakke flits een schrapnel. Dan een tweede, een derde. De Duitsers hadden de straat onder vuur genomen, dat liet geen twijfel over.

Tussen de ontploffingen door was duidelijk te horen dat de legerstoet nu in galop aan kwam stormen. Zoals gebruikelijk zou daar voorop wel weer paniek uitgebroken zijn.

Toen ontplofte vlak naast mij een schrapnel. Het drong eerst niet tot me door. Maar er was iets met mijn linkerbeen. Het leek wel van watten.

Ik stak vlug mijn hand in de schacht van mijn laars en voelde iets nats en warms. Toen ik mijn hand weer terugtrok, kreeg ik zo'n stekende pijn in mijn been dat het was alsof het verbrijzeld werd; ik greep naar de zadelboog, maar ik hield het niet meer en viel op de weg. Ik moet daarbij op mijn gewonde been terecht zijn gekomen want ik verloor even het bewustzijn.

Toen ik weer bijkwam, was het wilde geraas van het konvooi al vlakbij. Ik klampte mij aan de stijgbeugel vast en moedigde mijn paard aan. Snuivend en goed uitkijkend waar het stapte, trok dit me van de weg de greppel in.

Zo lag ik daar, me nog steeds vasthoudend aan de stijgbeugel, terwijl op twee pas afstand van mijn gezicht het konvooi gierend, fluitend en ratelend voorbij daverde; de paarden hinnikten dol van angst en de met ijzer beslagen wielen hotsten over de straat. Ik dacht dat er nooit een eind aan zou komen.

Dan werd alles stil. Het paard snoof aan me en begon onrustig te hinniken. Het kostte me vijf minuten om de elektrische lantaarn uit mijn zak te halen en aan te knippen. Daarna herinner ik me niets meer. Ik had zeker weer mijn bewustzijn verloren en lag met de brandende zaklantaarn naast me op de grond.

In het schijnsel van dit licht werd ik door enkele soldaten-telefonisten ontdekt, die in een tweewielige kar op weg waren naar Nesvisj; zij pikten mij op, verbonden me zo goed en zo kwaad als het ging, namen me mee en leverden me bij het veldhospitaal af.

Ik lag ongeveer een maand in het hospitaal van Nesvisj. Het was geen zware wond, het bot was niet geraakt. Ik lag alleen. Er waren geen gewonden.

Romanin kwam me vaak opzoeken. De badinrichting was eindelijk geopend en Romanin straalde.

De 'hooggeëerde rat' Kedrin kwam ook een keer of twee. Hij vertelde mij over Raspoetin, schuw om zich heen kijkend, hij had het over het 'innerlijk verval van het keizershuis' en zijn grijze puntbaardje trilde van vrees en verontwaardiging.

Omstreeks die tijd bezocht Nikolaas II het westelijk front. Hij 'bezocht' ook Zamirje. Naar aanleiding van dit bezoek moest het dorp in orde gebracht worden. Dit kwam erop neer dat men een heleboel sparren uit het bos haalde om daarmee de meest armetierige hutten te camoufleren.

In het ziekenhuis las ik veel. Toentertijd liep iedereen hoog met de Scandinavische auteurs, Ibsen, Strindberg, Hamsun en Bang. Ik las Ibsen, deze grote koelie van de menselijke ziel. Dan kreeg ik het boek van Moeratov *Beelden uit Italië* in handen en ik dook onder in de muffe lucht van musea en Italiaanse kathedralen. Ik zag in gedachten de hoge heuvels van Perugia, verzonken in een blauwige nevel en zacht door de zon beschenen.

Ik begon in *Het leven van een mens* van Leonid Andrejev, maar ik legde dat al gauw weer opzij in ruil voor Tsjechovs *Steppe*, zuiver en eenvoudig.

Ik kreeg heimwee naar Rusland. Het meest van al dacht ik aan de bossen van Brjansk, in mijn herinnering het gelukkigste en mooiste plekje ter wereld. Ik herinnerde mij de beboste ravijnen, de rivieren en de omgehakte stukken met jonge pijnbomen en berken, pioenrozen en wit bloeiend zilverblad.

Daar was het gouden paradijs, daar kon je verlicht ademen, daar vond je rust. Om die rust kon ik wel huilen. Maar wie kon mij die geven?

Ik begon al gauw op krukken rond te strompelen en ik mocht zelfs naar het dorp. Daar rustte ik wat uit bij de horlogemaker die ik kende. Aan alle kanten tikten omzichtig klokken, op de vensterbank bloeide pelargonium en de horlogemaker vertelde mij, terwijl hij door een zwarte loep naar zijn werk keek, de plaatselijke nieuwtjes.

Ik kreeg kranten en tijdschriften, vooral de *Ogonjok*. Ik bekeek daarin de monotone tekeningen van veldslagen van de schilder Svarog en tientallen foto's van gesneuvelde officieren. De kranten stonden vol vage opmerkingen over Nikolaas en Alice, Raspoetin en Goremykin; de zwarte schaduw van een ravevleugel was over Rusland gevallen.

Romanin stuurde mij vaak kleine pakjes met kaas, worst, suiker.

Op een keer begon ik uit verveling een oude verfrommelde krant door te bladeren. Er had een stuk kaas in gezeten en hij zat vol vetvlekken.

In de rubriek 'omgekomen aan het front' stond: 'Gesneuveld aan het Galicische front luitenant van het geniebataljon Boris Georgijevitsj Paustovskij' en iets lager: 'Gesneuveld bij de opmars naar Riga de vaandrig van het Navaginskij-infanterie regiment Vadim Georgijevitsj Paustovskij.'

Dat waren mijn twee broers. Zij waren op dezelfde dag omgekomen.

De hoofdarts van het lazaret liet mij gaan, ofschoon ik eigenlijk nog te zwak was. Ik kreeg een kar toegewezen die mij naar Zamirje bracht. 's Avonds nog vertrok ik uit Zamirje naar Moskou, naar mijn moeder.

XXIV/DROEVIG GEDOE

Moeder was helemaal uitgedroogd, leek zelfs kleiner te zijn geworden. Maar haar gezicht had nog altijd dezelfde uitdrukking van gekwetstheid en verborgen verdriet waarvan niemand ooit iets begrepen had.

Toen ik aankwam lag de dood van mijn broers al meer dan een maand achter ons. Moeder huilde slechts zelden. Zij huilde nooit gauw.

Mijn zusje Galja begon te beven wanneer zij het over haar broers had. Dit deed ze echter alleen als moeder er niet bij was. In haar aanwezigheid beheerste ze zich.

Ik was toen al van veel menselijk leed getuige geweest en ik had gemerkt dat de mensen bijna altijd proberen dit te verzachten. Het makkelijkst lukte dit de oude mensen die in een weerzien na de dood geloofden en overtuigd waren dat de zielen van de gestorvenen naar de Elyzeese velden gingen.

Wat kan verdriet verzachten? Herinneringen, vrienden, de natuur, het besef dat de dode goede herinneringen achterlaat en de zorgen om de naasten.

Moeder en Galja droegen een heimelijk en wrang verdriet met zich mee.

Het leven moest doorgaan. Moeder moest leven ter wille van Galja en Galja leefde omdat moeder dan voor haar, Galja, kon zorgen.

Ik wist niet hoe hen te helpen. Ik zelf was verschrikkelijk onder de indruk van deze twee gelijktijdige sterfgevallen. Wij hadden als broers weinig gemeen gehad. We waren alle drie heel verschillend. Maar daardoor kreeg ik alleen nog maar meer medelijden met hen die nu niet meer leefden.

Heel toevallig kwam er een redmiddel. Ik vroeg aan Galja wat zij en moeder eigenlijk wisten van de omstandigheden waaronder mijn broers waren omgekomen. Het bleek dat hun daar niets over bekend was.

'Dan moeten we daarachter zien te komen.'

'Hoe dan?' vroeg Galja.

'We moeten schrijven naar de legeronderdelen waar ze bij dienden. We moeten hun kameraden opsporen, diegenen vinden waar ze op de dag van hun dood mee samen waren. Hun brieven, dagboeken en overige papieren laten opsturen, alles wat zij achtergelaten hebben.'

Ik had er geen vermoeden van dat deze woorden zo'n uitwerking zouden hebben. Er was weer een levensdoel. Er was weer een taak.

Galja had het erover met moeder en de volgende dag al toonden zij een hardnekkige, koortsige, voor niets terugschrikkende ijver.

Galja en moeder schreven brieven naar het front. Zij spoorden overal kameraden van Dima en Borja op, zelfs wanneer ze in een lazaret lagen of uit dienst ontslagen waren. Zij kwamen achternamen van soldaten te weet die onder mijn broers gediend hadden. Ze deden overal navraag.

Moeder begon er bovendien wat aan te doen om een uitkering te krijgen.

Toen begonnen er antwoorden te komen. Moeder en Galja brachten nu bijna al hun tijd zoet met het uitzoeken ervan, feiten met elkaar te vergelijken, ten einde de omstandigheden waaronder mijn broers waren gesneuveld, duidelijk te stellen. Als er onduidelijkheden in de brieven zaten, deden ze opnieuw navraag.

Het bleek dat Dima een dagboek had bijgehouden, niet meer dan een paar bladzijden met losse aantekeningen. De ontcijfering van dit dagboek vergde ook hele dagen.

Door deze correspondentie werd met veel mensen contact opgenomen. Iedere briefschrijver vertelde, zij het ook terloops, wel iets over zijn eigen leven. Zo kregen we er nieuwe correspondentievrienden bij, gewijd aan de nagedachtenis van mijn broers. Moeder en Galja verdiepten zich oprecht in het bestaan van hun nieuwe kennissen. Moeder die altijd al graag goede raad had uitgedeeld, om de mensen, zoals zij het uitdrukte, 'tot eerlijk en verstandig handelen aan te zetten', stuurde hun lange brieven vol adviezen en tips, voortdurend gewag makend van ervaringen uit haar eigen leven.

Voor een buitenstaander was het aangrijpend te zien hoe een oude ongelukkige vrouw anderen wijze raad op hun levenspad mee wilde geven, terwijl haar eigen leven aan duigen lag.

Zo ging het leed langzamerhand op in andermans leven, in krampachtige bedrijvigheid, in heel dit bittere gedoe. Ik was er blij om, ook al begreep ik dat de ontnuchtering niet lang uit zou blijven. En wat moesten we dan?

Mijn tante Vera Grigorjevna had in Kijev een kleine hoeve in het bos, aan de rivier de Priepjat, Kopanj geheten. Tante Vera maakte zich er al een hele tijd druk om dat dit huis leeg stond en niemand de boel onderhield. Zij had moeder al meer dan eens het voorstel gedaan met Galja naar Kopanj te verhuizen, maar moeder had dit altijd afgewezen omdat ze het absoluut nodig vond voor Dima en Galja in Moskou te wonen.

Nu dat tante Vera er weer bij moeder en Galja op aandrong, naar Kopanj te verhuizen, hapte moeder gretig toe.

Er werd besloten vroeg in de lente te verhuizen. Van dat moment af aan werd moeder kalmer en zelfs vrolijk. Er was een lichtstraal doorgebroken. Moeder maakte al plannen om de hoeve op te knappen en er met eenvoudige middelen iets van te maken 'waar die sloddervos van een Vera zelfs niet van had kunnen dromen'.

Over mij maakte moeder zich geen zorgen. Ik ving op een keer toevallig een gesprek tussen haar en Galja op.

'Waarom is Kostik rustiger dan wij tweeën?' vroeg Galja.

'Hij leidt een ander leven,' antwoordde moeder. 'Hij heeft veel gereisd en veel mensen gezien. Hij heeft zijn eigen interessen. Hij houdt het niet op één plaats uit. Hij gaat zijn vader achterna.'

In deze opmerking lag natuurlijk een aardig stuk verwijt. De 'zucht naar verandering van omgeving' van mijn vader was er volgens moeder de oorzaak van dat ons gezin aan lager wal en uit elkaar geraakt was.

Voor mijn moeder bestond er alleen plicht. Plicht en anders niet. Vreugde putte ze slechts uit de vervulling van de plichten die zij zich zelf had opgelegd.

Vader daarentegen had, zoals moeder het noemde, het leven tot op de laatste druppel uitgepeurd, waartoe natuurlijk alleen een aartsegoïst in staat is.

Zo zag moeders levensfilosofie er op haar oude dag ongeveer uit.

Ik kreeg van de Unie van Steden twee maanden verlof om te herstellen. In maart moest ik weer terug naar mijn afdeling.

Voor de tussenliggende periode deed de Unie van Steden mij het voorstel om bij het versturen van medicijnen en levensmiddelen van Moskou naar het front een handje te helpen. Dat betekende een klein extraatje en daarom nam ik het aan. We moesten sparen voor de verhuizing naar Kopanj.

Mijn taak kwam erop neer, vrachtrijders te charteren, naar de magazijnen te rijden, daar de medicijnen en andere goederen in ontvangst te nemen, deze naar de goederenstations te brengen en af te geven voor verzending naar de verschillende afdelingen van de Unie van Steden.

Iedere ochtend ging ik naar het Varvarskajaplein. Daar was de vrachtrijdersbeurs.

Er golden strenge wetten. Je mocht met geen van de vrachtrijders apart afspraken maken. Daar kon je een pak slaag voor oplopen.

De vrachtrijders, reusachtige gebaarde boeren in jassen van schapevacht waar ze nog een zeildoeken voorschoot overheen droegen, schoolden bijeen op het plein, waar de kwinkslagen en vloeken niet van de lucht waren. De slepersbaas liet geen oog van hen af opdat geen van hen de kans zou krijgen een klant weg te kapen en zo het slepersgilde te bedriegen.

Om bij hen te komen moest je je een weg banen door een massa volgevreten duiven.

Zo gauw er een klant in zicht kwam, rukte de slepersbaas zijn pet van zijn hoofd, alle voerlui smeten er hun koperen nummerplaatje in en de baas liep al rinkelend met de inhoud van zijn pet, de klant tegemoet.

Die haalde er dan net zo veel nummers uit als hij sleperswagens nodig had.

Vóór de loting werd er verwoed afgedongen, ook al waren de sinds tientallen jaren ingeburgerde tarieven voor laden en lossen al lang bekend.

In de maand dat ik dit werk deed, leerde ik bijna alle goederenstations van Moskou en een heleboel pakhuizen en magazijnen op mijn duimpje kennen.

Het was een uitgebreide, maar vrij onbekende wereld met eigen zeden en gewoonten. Ik kreeg er de indruk dat iedereen stal – de magazijnmeesters, de bewakers, de sjouwers, de voerlui en vooral de wegers op de goederenstations. De voerlui stalen openlijk en als ze op heterdaad werden betrapt, grepen ze naar een beproefd middel: vloekend en tierend begonnen ze ruzie te zoeken. Niet veel mensen hadden zin om het met deze potige boeren, bovendien nog solidair omdat ze voor elkaar aansprakelijk waren, aan de stok te krijgen.

Men stal gewoon alles wat los en vast zat, van oude spijkers tot oude bastmatten aan toe.

Zo ging het onderaan. Maar wat er bovenaan gebeurde, daarnaar kon je alleen maar raden.

Alles wat louche, onbeduidend en inhalig was, werd door het voorbeeld van Raspoetin tot aan het hysterische toe opgezweept. Overal had men het over hem.

De paardendief uit Tobolsk, de hereboer met de geile ogen heerste over het hele land, zat op de Russische troon.

'Zijn we soms minder dan Grisjka Raspoetin?' riepen de vrachtrijders schaterend en floten de voorbijgaande vrouwen na. 'Zet 'm op, jongens! Grijp wat er te grijpen is! Grigorij Raspoetin staat voor ons in! Wij weten gerust ook wel hoe je drank kan stoken en hoe je op de jaarmarkten paarden kan stelen.'

De hele dievenbende had één onschendbare, heilige regel, namelijk: delen. Delen met iedereen die bij de diefstal betrokken was, hem zijn 'rechtmatige' aandeel geven.

En dan de magazijnen! Ik zag enorme kelderverdiepingen uitpuilend van de spullen voor het leger: bontmutsen die onder je handen uit elkaar vielen, flutterige jassen uit een soort handgeweven lakense stof, volledig vormeloze petten met kapotte kleppen en kokardes, marslaarzen met zolen van vergaan leer, neteldoeken ondergoed dat je huid tot bloedens toe openhaalde.

Dat alles werd verpakt in geurige nieuwe bastmatten die werden dichtgenaaid en naar het front gestuurd. Deze matten waren inderdaad het enige bruikbare in die hopen rotzooi en half bedorven waar.

Ik wachtte ongeduldig het einde van mijn verlof af om zo snel mogelijk naar mijn afdeling terug te kunnen keren. Van veraf scheen deze mij vriendelijk en vertrouwd toe. Het was alsof alle mensen die nog gezond en eerlijk waren met zijn allen aan het front zaten, terwijl hier alles verlopen leek.

Ook de Moskouse winter was helemaal in overeenstemming met deze gedachten, almaar dooi, vuile sneeuw, motregen, kille regen en ijzel.

Het ijs in de vijvers van de Dierentuin dooide weg. De roep van de een of andere watervogel klonk onafgebroken over de vijver, het was net of hij vroeg: 'Wat is dat allemaal, mijn God, wat is dat allemaal?' Tot in onze woning was het gekrijs duidelijk te horen.

Ik werkte alleen 's morgens, kwam vroeg thuis, at een karig middagmaal en trok me dan in mijn kamertje terug.

Moeder en Galja zaten te naaien en bereidden zich op het vertrek voor. Tot halverwege de nacht ratelde de naaimachine jachtig. De vloer lag bezaaid met eindjes draad en snippers stof.

Ik zat in mijn kamer te schrijven. Ik schreef over de oorlog, over mijn generatie. Ik was ervan overtuigd dat deze generatie de wereld grondig zou veranderen.

In deze generatie leefde veel onrust en verbeeldingskracht. Argeloos geloofde ik dat deze eigenschappen mijn generatie ervoor zouden behoeden een onbeduidend bestaan te slijten, heen te gaan zonder iets verricht te hebben en slechts zoals Romanin het uitdrukte 'rook in de ruimte achter te laten'.

Ondanks dit vertrouwen zag ik toch steeds duidelijker dat er naast deze generatie van intellectuelen en mensen die zich zelf buiten elke klasse opgesteld hadden en zich als het 'zout der aarde' beschouwden, een enorme bevolkingslaag bestond, miljoenen mensen die zich zelf 'ons arbeidersmensen' noemden en een intens, mij tot nog toe onbekend bestaan leidden.

In hen school echte levenskracht, onverdraagzaamheid en een nuchtere waarheid die zij op hun eigen kromgewerkte rug meegezeuld hadden. Deze waarheid konden de welluidendste gedichten niet doen verstommen en liet zich niet door de vage filosofieën van iemand als de toen in de mode zijnde Bergson in de schaduw stellen. Overal voelde men hun aanwezigheid, zoals men een gespannen doordringende blik voelt. En weldra liet het geen twijfel meer over dat men in Rusland niet meer rustig leven en werken kon zonder duidelijk positie te bepalen tegenover de arbeidersklasse, hun strijd en verwachtingen.

Ik begon een verhaal te schrijven over een jonge man van mijn tijd. Ik schreef er lang en langzaam aan. Het zwierf met me mee gedurende al de jaren van revolutie en burgeroorlog en bleef nog lang liggen rijpen. Uiteindelijk liet ik het verschijnen onder de titel *Romantici*, maar dat was veel later, in de jaren dertig.

Ik schreef toen ook wat gedichten, die ik naar een bekende dichter stuurde. Ik dacht nooit dat hij mij zou antwoorden maar hij deed het toch. Ik kreeg een ansicht van hem. Daarop stond met grote letters geschreven: 'U beleeft uw verzen als buitenstaander.'

Deze ene zin nam de hele ansicht in beslag.

Ik leefde toen een dubbel leven, een echt en een verzonnen leven. Over mijn echte leven schrijf ik in dit boek. Het verzonnen leven bestond onafhankelijk van het echte en voegde er alles aan toe wat er in dit werkelijke leven niet was en niet kon zijn. Alles wat mij aanlokkelijk en heerlijk toescheen.

Het verzonnen leven bestond uit zwerftochten, uit ontmoetingen met buitengewone mensen, uit verbazende gebeurtenissen. Er hing het teder waas der liefde over. In wezen was het een lange aaneengeregen droom. Natuurlijk kan men nu medelijdend glimlachen om mijn toenmalige zielstoestand. Makkelijker kan niet. Wij zijn door ervaringen rijp geworden en hebben zo te zeggen recht op zo'n glimlach. Dat geloven tenminste nuchtere lieden die van mening zijn dat enkel zij met serieuze dingen bezig zijn.

Maar in werkelijkheid hebben zij er het recht niet toe. Zij hebben het recht niet met die jonge dromen te spotten die in de ziel van velen de eerste zaadkorreltjes der poëzie hebben doen ontspruiten. In deze verdichtsels lag zuiverheid, edelheid, en een afspiegeling van deze eigenschappen bleef over het hele leven van die mensen liggen.

Ieder die in zijn jeugd deze eigenschappen had, zal het met me eens zijn dat hij in die tijd over onuitputtelijke rijkdommen beschikte.

De wereld was van hem. Voor hem bestonden er geen grenzen, in de tijd niet en in de ruimte niet. Zo nog kon hij de geur van paddestoelen in de Taiga inademen en geen moment later de lucht van de Parijse boulevards met haar wazig brandende lantaarns. Hij kon een gesprek aangaan met Victor Hugo, met Lermontov, met Tsaar Peter de Grote en met Garibaldi. Hij kon een zeventienjarige gymnasiaste met een bruine schooljurk die van verlegenheid aan haar vlechten peutert, evengoed zijn liefde verklaren als Isolde. Hij kon samen met Mikloecho Maklaï in de tropische wouden van Nieuw-Guinea wonen of met Poesjkin naar Erzeroem galopperen. Hij kon in het klooster zitten of de eerste wegen door de bossen van Florida banen. Hij kon met de vader van de kleine Dorrit wegens schulden in de gevangenis zitten of mee terugreizen naar Engeland met de as van lord Byron.

Grenzen waren er niet. Ik zou de scepticus wel eens willen ontmoeten, die niet toegeeft dat deze tweede wereld een mens verrijkt en invloed uitoefent op de gedachten en handelingen tijdens zijn leven.

Over dit alles schreef ik. Ik zat daarbij op de brede vensterbank. Een tafel bezat ik niet. Ik onderbrak me zelf vaak, keek uit het raam naar de takken van de linden in de Zoölogische Tuin, waar bevroren sneeuw op lag. Ik hoorde een vogel op de vijver klagend en zachtmoedig roepen: 'Wat is dat allemaal? Mijn God, wat is dat allemaal?'

Midden in mijn schrijfwoede kreeg ik een brief van de Unie van Steden. Ik werd opgeroepen door hoofdadministrateur Sjtsjepkin, een bekend leider van de constitutioneel-democratische partij.

De volgende morgen ging ik naar hem toe. De Unie van Steden was gehuisvest in een groot gebouw naast het Kunsttheater.

Ik werd ontvangen door een oud grijs heertje dat er tamelijk goedig uitzag maar een geërgerde uitdrukking op zijn gezicht had.

'Kijk eens, mijn beste jongen,' zei hij. 'Ik moet u een hoogst onaangenaam bericht meedelen.'

Hij had deze zinswending uit *De revisor* van Gogol en die lag hem zeker goed, want hij kuchte, zwaaide met zijn poezelige handen door de lucht en herhaalde: 'Een hoogst onaangenaam bericht! Terwijl u in ons detachement ziekenoppassers in Zamirje dienst deed, bracht Zijne Majesteit daar een bezoek.'

'Ja,' antwoordde ik, 'dat was inderdaad zo.'

'Ja,' zei Sjtsjepkin, 'er was echter ook nog iets anders inderdaad zo. Namelijk dat een van onze medewerkers in Zamirje het bezoek van Zijne Majesteit op zeer satirische wijze heeft beschreven. Hij deed dat in een brief aan een vriend, waarbij hij in zijn jeugdige overmoed vergat dat er een militaire censuur bestaat. Was dat zo?'

'Ja,' antwoordde ik.

Tijdens mijn verblijf in het lazaret van Nesvisj had ik veel over dit bezoek van Nikolaas horen vertellen en had een schoolvriend in Kijev daar zo het een en ander over geschreven.

'Ja, en dan was het ook nog eens zo,' ging Sjtsjepkin verder, 'dat de censuur precies dié brief openmaakte. Aangezien de ondertekening onleesbaar was maar op de enveloppe het stempel van uw afdeling prijkte, heeft de censuur als juist geoordeeld ons dit geval te laten afhandelen, zodat wij de auteur van deze brief zouden opsporen, om hem als we hem gevonden hadden niet meer naar het front te sturen. Is die brief van u?'

Sjtsjepkin hield een vel papier onder mijn neus.

'Ja.'

'Dit keer bent u er nog goedkoop van af gekomen,' zei Sjtsjepkin. 'Ofschoon we volgens de berichten aan u een goede medewerker verliezen, valt er voor de rest toch niets aan te doen, wilt u dus onmiddellijk uw papieren teruggeven en uw afrekening in ontvangst nemen.'

Ontzettende haast als ik had om naar mijn afdeling terug te gaan, was dit een vreselijke, verpletterende slag voor me. Wat stond er nu verder te gebeuren?

Vanuit de Unie van Steden ging ik niet rechtdoor naar huis maar naar de Tretjakov-galerij. Het was er leeg. In de hoeken zaten de vrouwelijke opzichters te knikkebollen. Uit de roosters van de verwarming woei warme lucht.

Ik ging op een bank zitten tegenover *Vorstin Tarakanova*, een schilderij van Flavitzkij en keek er lange tijd naar, wel een uur lang. Ik deed dat steeds weer, omdat de vrouw op dit schilderij op Lolja leek.

Ik had geen zin om naar huis te gaan. Ditmaal was het me definitief duidelijk geworden dat ik geen thuis had.

XXV/IN HET VOORSTADJE TSJETSJELJOVKA

In februari vertrokken moeder en Galja naar Kijev. Ik bleef in Moskou, in de hoop ergens werk te vinden.

Net in die tijd werd mijn oom Nikolaï Grigorjevitsj, de artillerie-ingenieur, van Brjansk naar Moskou overgeplaatst en naar een Franse militaire missie gestuurd.

Tante Maroesja was met oom Kolja meegekomen naar Moskou. Mijn oom had een dienstwoning in een klein huis in de eerste Mesjtsjanskajastraat tot zijn beschikking gekregen.

De medewerkers van de missie – allemaal Franse artilleristen – gebruikten vaak het middageten bij oom Kolja.

Ik was op zo'n middagmaal uitgenodigd en bekeek de Fransen nieuwsgierig. Hun blauwe tunieken verspreidden een geur van parfum. Bijna alle officieren hadden bloemen mee voor tante Maroesja en waren erg galant. Maar achter deze galanterie en geraffineerd-beleefde conversatie ging iets schuil van de drie musketiers van Dumas. Dit 'iets' kwam meestal te voorschijn na de Russische wodka. Dan werd het luidruchtig, dan vielen er gevatte scherpe woorden, dan klonken er lachsalvo's en uiteindelijk hieven de officieren in koor het lied van de stationschef aan. Dit was het lievelingslied van de reizigers op de Franse treinen en uitsluitend bedacht om de stationschef razend te maken.

Wanneer de stationschef het perron opkwam om het vertreksein te geven, gingen de reizigers in de rijtuigen voor de open ramen staan en zongen op de cadans van de wielen, eerst langzaam dan steeds sneller, dit liedje. Daarbij maakten ze allemaal tegelijk, net als Chinese duikelpoppetjes, een buiging voor de stationschef.

Het lied bestond maar uit één zin, die steeds weer herhaald werd: 'C'est le cocu, le chef de la gare! C'est le cocu, le chef de la gare!', waarvan de vertaling luidt: 'Daar staat hij, de bedrogen echtgenoot, de stationschef! Daar staat hij!'

De officieren droegen het lied met verschillende personages voor. Bijzonder lollig was een bejaarde overste met een gelige baard, de 'kolonel', in de rol van de woedende stationschef.

Soms kregen de officieren ruzie en dan kwam er in de lage eetkamer van oom Kolja kruitdamp te hangen en kon men ieder ogenblik verwachten dat de sabels getrokken werden. De ogen fonkelden, de dunne snorretjes trilden nerveus, de een schreeuwde nog harder dan de ander totdat de 'kolonel' zijn hand in de gesteven manchet opstak. Dan hield iedereen meteen zijn mond.

Volgens oom Kolja waren al deze officieren kundige ingenieurs. En de 'kolonel' ging zelfs door voor een eminent Frans geleerde op het gebied van de metallurgie en was de auteur van wetenschappelijke boeken.

Oom Kolja had met een heel stel metallurgische fabrieken te

maken. Ik vroeg hem of hij mij in een van deze fabrieken een plaats als arbeider kon bezorgen. Hij vond dit helemaal geen gekke vraag en zorgde dat ik werk kreeg als sorteerder van granaten bij de fabriek van Brjansk in Jekaterinoslav.

Eerst moest ik in een Moskouse fabriek het vak leren en tevens vertrouwd gemaakt worden met de hydraulische pers. In die tijd werden de granaathulsen op zulke persen gemaakt.

Ik maakte deze leertijd door in de fabriek van Gustav List aan de Sofiakade.

Om te beginnen moest ik tekeningen leren lezen, vellen blauw papier met wazige voorstellingen van onderdelen van een hydraulische pers. Zulke blauwdrukken waren echt iets om je ogen te bederven.

Bovendien leerde ik met fijne meetapparatuur omgaan, nodig voor de controle van kulassen en ontstekingsbuizen.

's Avonds keerde ik van de fabriek naar huis terug, waar een blind paard nog geen schade aan kon richten. Moeder had al haar bescheiden meubelen verkocht. Alleen een veldbed en een stoel waren overgebleven.

Deze leegte stond me aan. Niemand stoorde mij meer als ik tot laat in de nacht wilde lezen, roken of nadenken. Ik dacht voortdurend aan de boeken die ik beslist zou schrijven. Later heb ik dan wel heel andere boeken geschreven maar dat doet er verder niet toe.

Kort daarop vertrok ik. Ik stapte per ongeluk in de verkeerde trein, ik moest er na Koersk op het station Rzjava uit. Ik bleef er een paar uur op de goede trein wachten. Deze kwam na de eerste trein die ik in Moskou genomen had.

Ik maakte me niet druk. Het was best fijn, in de derdeklaswachtkamer te zitten, de dienstregelingen te bestuderen, het bellen en tikken van het telegraaftoestel te horen en het perron op te lopen wanneer de sneltreinen zonder te stoppen voorbijdenderden dat het kleine station ervan stond te schudden.

Ik zwierf wat door de velden in de buurt van het station. Hier, achter Koersk begon de lente al. De sneeuw was geslonken en zag er poreus uit als puimsteen. De kraaien zwermden krassend rond.

Ik werd net zo vaak als later in mijn leven, overvallen door het verlangen over de vochtige voorjaarsvelden te verdwijnen en nooit meer terug te komen.

In Jekaterinoslav huurde ik een slaapplaats in het voorstadje Tsjetsjeljovka, niet ver van de fabriek van Brjansk.

Ik bezat in totaal twaalf roebel.

Ik sliep in de keuken van een draaier die weduwnaar was. Hij woonde samen met zijn enige dochter Glasja, een meisje van ongeveer vijfentwintig jaar dat tuberculose had.

Naast mij sliep er in de keuken nog een nieter uit de Brjanske fabriek, een lange vent met schuwe ogen. Ik heb hem nooit een woord horen zeggen. Vragen beantwoorden deed hij ook niet, want hij was stokdoof.

Iedere avond wanneer hij uit de fabriek thuiskwam, had hij een fles troebele Jekaterinoslaver Boeza mee – een regionale dranksoort die uit gierst gestookt werd – dronk de fles leeg, liet zich met kleren aan op zijn kapotte matras op de grond vallen en bleef voor dood wachten tot de eerste ochtendsirene hem wekte.

De eigenaar van de woning was een man met een zwarte snor, die ook al geen mond opendeed en voor zijn logeerders geen cent interesse had. Maar op een keer zei hij toch tegen me: 'Jij bent zeker student. Je zou me wel 's wat literatuur te lezen kunnen geven. Om mijn hersens een opfrissertje te geven.'

Ik had echter geen 'literatuur' bij me. Na een kort stilzwijgen zei hij: 'Als Glasja gezond was, gaf ik haar ten huwelijk. Aan jou. Bij jou zit er altijd toekomst in. Ik heb gezien dat je 's nachts altijd zit te schrijven. Dan hoef je tenminste niet langer op de grond onder de gootsteen liggen te wroeten. De kraan lekt, daar kan geen mens bij in slaap vallen.'

Hij zei dat alles met onbewogen stem, alleen om tenminste wat te zeggen te hebben, zonder zelf te geloven dat er iets uit voort zou komen.

's Avonds hoorde ik hoe Glasja hem de les las: 'Wat zanik je alle huurders toch aan hun hoofd met je stomme geklets. Waarom probeer je me altijd aan de man te brengen. Ik ben geen overbodige opvreter. Ik doe al het werk in huis.'

'Eend dat je me bent!' zei de vader daarop, eerder op tedere dan op geïrriteerde toon. 'Kip zonder kop! Ik maak me zorgen om jouw geluk. Je moet toch niet altijd en eeuwig in deze kamer naar het behang blijven zitten staren.'

'Voor mij is op deze wereld geen geluk weggelegd!' antwoordde Glasja en begon te huilen. 'Waarom je me op de wereld hebt geholpen, weet je zelf niet. Het volgend voorjaar zijn mijn dagen al geteld.'

De vader ging woedend weg. Glasja huilde uit, kwam dan de keuken in en vroeg mij of ik niet iets te lezen had, iets over liefde, trouw tot in de dood.

Zij had een dikke laag poeder op. Haar gewoon al bleke gezicht zag er met de poeder uit als een goedkoop masker van papiermaché. Haar eau de cologne rook naar zoetige zuurtjes.

Ik antwoordde haar dat ik over liefde, speciaal over liefde, trouw tot in de dood, geen boeken had.

'Ach, die huurders!' zei Glasja. 'Mijn keel komen ze uit.'

Zij sloot zich op in haar kamer en op een oude grammofoon draaide zij de brutale liedjes van de clowns Bim en Bom:

De mooie Lucretia uit Lombardije
stond lekker knoedels te bereien
terwijl Monna Giovanna in haar hum
de kippen waste met parfum.

Glasja hoestte 's nachts vaak zo lang en zo hevig dat ik dacht dat ze erin bleef en dan hoorde ik haar in zich zelf zeggen: 'Lieve Heer, was er maar iemand te vinden die zo vriendelijk was om mij te willen neerschieten als een hond.'

Ik had medelijden met haar. Ik ging naar de openbare bibliotheek in Tsjetsjeljovka en nam het boek *Werkers van de zee* van Victor Hugo voor haar mee, het verhaal van de matroos Gilliatt, die zijn geliefde tot in de dood trouw blijft. Glasja had het boek ongelooflijk snel, in één avond uit.

Ik lag op mijn matras te lezen. De nieter lag al knarsetandend te slapen. Plotseling werd de deur van Glasja's kamer wijd opengesmeten, het boek van Hugo vloog met ronddwarrelende bladzijden in een boog door de keuken en plofte vlak naast mijn matras op de grond neer.

'Daar heeft u het!' schreeuwde Glasja naar mij. 'Daar heeft u dat afschuwelijke boek, dat lor. Die Fransman van u zou erin moeten stikken. Hij liegt! Hij liegt, de hondsvot! Zo iets heeft nooit bestaan en zal ook nooit bestaan. Als er zulke mensen op de wereld zouden zijn, dan zou ik vast ook niet zo leven als ik nu doe. Ik zou zo iemand op handen dragen.'

'Zulke mensen zijn er,' zei ik. 'Schreeuwt u toch niet zo.'

'Ach, "schreeuwt u toch niet zo"! Kijk 's an, hoe origineel! Moet ik dan soms voor u zingen "Men zegt dat ik een losbol ben"? Of een matchiche voordansen? Ik haat alles!' schreeuwde zij en smeet de grammofoon van de tafel. 'Ik haat het, ik was liever blind geweest dan dit te zien, laat het vagevuur alles verbranden!'

Zij scheurde een omgekrulde strook behang van de muur. Stof vloog in het rond. De nieter sprong op en vloog naar de kraan om zich te wassen. Hij moet gedacht hebben dat de sirene al voor de eerste maal geloeid had.

Op dat moment kwam net de draaier thuis. Hij pakte Glasja bij haar armen maar zij scheurde met op elkaar geklemde tanden, doodsbleek en met vurige ogen de ene strook behang na de andere van de wand en zienderogen werd de kamer zwart en kaal alsof men de muren binnenste buiten gekeerd had.

Voor de ramen schemerde het tere blauw van de lentemorgen reeds.

Het einde was dat Glasja een bloedspuwing kreeg en die morgen nog naar het bedrijfsziekenhuis moest worden gebracht. De draaier raakte aan de drank. De nieter dronk zijn Boeza en sliep net als voorheen zonder zich iets aan te trekken van de puinhoop in de woning of het lot van zijn verhuurders.

Vrij spoedig na de dood van Glasja vertrok de nieter en het was of de woning van de draaier leeggeveegd was.

Op een avond toen ik alleen thuis was en ouder gewoonte op de matras lag te lezen, werd er zacht maar dringend op de deur geklopt. Ik deed open. Voor de deur stond een arbeider uit onze werkplaats,

Boegajenko genaamd, een rustige spotzieke man. Maar nu was hij zichtbaar verlegen.

'Ik kom u eens opzoeken,' zei hij. 'We zouden eens rustig met elkaar moeten praten.'

Hij keek naar de zwarte kale wanden en zuchtte.

'U heeft het hier niet getroffen. U bent bij een nietsnut van een man terechtgekomen. U zou er beter aan doen wat anders te zoeken.'

'Ik blijf zo lang niet meer in Jekaterinoslav,' antwoordde ik. ''t Is de moeite niet.'

'Een nietsnut,' herhaalde Boegajenko. 'Hij heeft het leven en zijn vrienden de rug toegekeerd en zijn toevlucht gezocht bij de wodka. Zulk soort mensen zaait slechts verwarring onder de proletariërs. Onze mensen kunnen over het algemeen wel tegen een stootje.'

'Dat weet ik,' zei ik, 'de mensen hier lopen in de voorste rijen.'

'Daar wilde ik het nou juist over hebben. Wij hebben een hele tijd goed op u gelet. Maar u heeft dat, geloof ik, niet eens gemerkt.'

'Waarom dan wel?' vroeg ik, van mijn stuk geraakt.

'Om te zien wat voor vlees we in de kuip hadden,' antwoordde Boegajenko en lachte kort. 'Vandaag de dag moet je de mensen argwanend bekijken. Op het punt van vertrouwen.'

'Nou en?' vroeg ik.

Boegajenko ging zitten, stak een dikke eigengedraaide sigaret op en vertelde me bij stukjes en beetjes, net alsof hij tegen zich zelf sprak dat hij me een hele tijd goed in de gaten had gehouden en tot de overtuiging was gekomen dat ik volgens hem iemand was die weliswaar nog ver van de revolutionaire beweging stond maar betrouwbaar was. Nu was het zo dat ze een vlugschrift tegen de volledige willekeur in het land uit wilden brengen en er niemand was om de tekst te schrijven. Het zou fijn zijn wanneer ik, een man die iets van literatuur af wist, dit vlugschrift zou schrijven, dan zouden zij, de arbeiders het nakijken en 'in circulatie brengen'.

Ik ging akkoord. Ik schreef het vlugschrift en legde er alle pathos in waartoe ik in staat was. De schaduw van Victor Hugo zweefde figuurlijk gesproken boven mij toen ik de tekst schreef. Maar Boegajenko weigerde het vierkant.

'Dat is niet geschikt voor ons doel. Heus, 't is mooi geschreven, heel verzorgd. Maar schoonheid, weet u, die verzacht vaak datgene wat niet verzacht moet worden, en die stelt gerust. Alles ter zake dienende, dan is het goed. Dit soort zaken moet toegankelijk zijn. Alles moet zo simpel uitgedrukt worden dat zelfs de meest ongeschoolde het snapt. En als iemand het leest, moet hij woedend worden en bereid zijn tot actie. Zijn vuist moet zich als vanzelf ballen. Ik zou me kunnen voorstellen dat dat misschien een beetje moeilijker is dan mooi schrijven. Probeert u het nog eens.'

Daarna zwoegde ik een paar avonden lang aan het vlugschrift, tot ik er eindelijk in slaagde het eenvoudig en begrijpelijk te schrijven.

Het vlugschrift werd gehectografeerd, aangeplakt en rondgedeeld in de werkplaatsen. Ik was er erg trots op, maar jammer genoeg kon ik niemand zeggen dat ik de auteur er van was. Ik wilde een exemplaar als aandenken maar Boegajenko nam het me af en verweet mij dat ik van samenzweren geen kaas gegeten had. Maar met het vlugschrift was hij in zijn nopjes, hij glimlachte onder zijn doorrookte kortgeknipte snor en zei: 'U moet wel even weten wat voor jongens er bij ons in de streek op fabriek zitten.'

In de fabriek controleerde ik schrapnelhulzen. Zij werden op lange tafels van ongeschaafde planken op stapels gelegd. Ik scheen erin met een kleine elektrische lamp en controleerde of er aan de binnenkant van de huls putjes of verbrande plaatsen in het metaal zaten. Daarna controleerde ik de diameter van de huls met een kaliber. Op de onbruikbare hulzen zette ik met krijt een kruis. Er was veel uitschot. Oudere vrouwelijke arbeiders brachten dit uitschot weg op kleine wagens om overgesmolten te worden.

Vlak bij de plaats waar ik werkte, stond een cirkelzaag. Het ding zaagde ijzer en maakte daarbij een onverdraaglijk gierend geluid. Ik kreeg er de koude rillingen van en een radeloze woede maakte zich van mij meester. Het gieren leek wel een draaiende boor in mijn hersenen. Ik werd er blind en doof van en als ik had gekund, had ik de zaag in stukken gehakt. Dat er erger gespot kon worden met de mens, zijn zenuwen, zijn hersens en hart, kon men zich niet voorstellen.

Als de cirkelzaag zweeg, was het nog erger: allen wachtten met gespannen zenuwen tot hij weer begon te gieren. Alleen van het wachten al werd je misselijk. En meteen daarop vrat de zaag zich weer met triomfantelijk gegil met zijn stalen, als razend ronddraaiende tanden in het ijzer, terwijl roodgloeiende vonkenfonteinen opspoten.

Ik viel niet onder de fabrieksdirectie maar onder de administrateur van de artilleriedienst bij de fabriek van Brjansk, kapitein Veljaminov, die uit Petrograd gestuurd was.

Om de drie, vier dagen moest ik me bij hem melden en hem over mijn werk verslag uitbrengen.

Ik kon er almaar niet opkomen op wie kapitein Veljaminov leek, maar dan schoot het me eindelijk te binnen: hij deed mij denken aan de dekabrist Jakoebovitsj. Veljaminov had net zo'n mager gezicht, zo'n donkere hangsnor en zwarte band om zijn voorhoofd.

Veljaminov woonde op de Bolsjoï Prospekt. Uit het raam van zijn woning keek hij uit over de Dnjepr, en tuinen waar de bomen al begonnen te botten. Over de bomen hing, zoals altijd vroeg in het najaar, een nauw merkbaar groen waas.

Veljaminovs kamer lag vol technische tekeningen en een heleboel zaken die niets te maken hadden met zijn eigenlijke vak, dat van artillerist.

Veljaminov had als hobby fotografie en etnografie. De vensterbanken lagen tjokvol met maatbekers, flesjes met ontwikkelaar, spanramen voor afdrukken. Het rook zurig naar fixeerbaden.

Op de ronde tafel met het kale tafelkleed lagen onder een philodendron een heleboel opnamen. Het waren ansichten uit provinciestadjes zoals Porchov, Gdov, Valdaï, Lojev, Roslavl en vele andere. In elk stadje had Veljaminov iets interessants ontdekt. Met een sigaret tussen zijn lippen vertelde hij op minzame toon maar met zichtbaar genoegen over zijn vondsten en liet er foto's van zien.

De ene keer was dat een houten poort uit de tijd van Peter de Grote, of fantasievol gesmede balkonhekken, de andere keer een overdekte markt of een uitkijktoren uit de tijd van Gogol.

Al zijn vakantiedagen bracht Veljaminov door op verlaten, verwilderde plaatsen ver van de hoofdsteden. Op verlaten landgoederen fotografeerde hij schilderijen, tegelkachels en in de kamers, en tuinen bewaard gebleven beeldhouwwerk, bracht de opnamen naar Petrograd en liet ze aan bevriende kunstkenners zien.

Met ingehouden trots vertelde hij mij hoe het hem gelukt was het graf van Poesjkins kindermeisje, Arina Rodiovna in het dorp Soeïda bij Loega op te sporen, evenals een buste van de hand van de bekende beeldhouwer Kozlovskij en twee schilderijen van de Franse schilder Poussin in een dichtgespijkerd huis bij Tsjerepovets.

Ik zat tijdenlang bij Veljaminov te kijken naar de foto's. Hij schonk thee voor mij in uit een thermosfles en onthaalde mij op boterhammen met gekookte worst.

In zijn tjokvolle kamer was het erg behaaglijk. Ik draalde om weer naar Tsjetsjeljovka terug te gaan, naar die armetierige keuken waar van de honger doorschijnend geworden bruinige kakkerlakken op de muren achter elkaar aan zaten.

Op een dag zei Veljaminov: 'U heeft nu lang genoeg in Tsjetsjeljovka gezeten en de cirkelzaag aangehoord. Ik zal u naar Taganrog sturen. Dat is een prachtige stad. Maar op weg naar Taganrog, pikt u Joezovka mee, waar u in de fabriek van Novorossiesk een meet- en controle inrichting voor granaten op poten zet. Dat zal in totaal dan een week of twee, drie in beslag nemen. Gaat u daarmee akkoord?'

Natuurlijk had ik daar niets op tegen.

Veljaminov keerde mij mijn loon uit, verschafte mij geld voor de reis, beloofde in de zomer ook naar Taganrog te komen en we namen afscheid van elkaar.

Die nacht kon ik thuis in Tsjetsjeljovka de slaap maar niet vatten. Wij lieten het licht altijd branden want zo alleen waren we veilig voor de kakkerlakken. In het donker lieten zij zich van de muren vallen en tippelden over ons gezicht en handen.

Terwijl ik daar zo lag, kwam er een onzinnige gedachte bij me op: gewoon een dag of vijf, zes te laat in Joezovka te zijn en in de tussentijd een uitstapje naar Sebastopol te maken. Veljaminov hoefde er niets van aan de weet te komen.

Als jongetje was ik eens in Sebastopol geweest, toen we met het hele gezin van Kijev naar Aloesjta gereisd waren; sindsdien had ik deze stad niet meer kunnen vergeten. Ik zag hem zelfs vaak in mijn dromen terug–helemaal ondergedompeld in de weerschijn van het zeeoppervlak, klein, schilderachtig, en met overal een geur van zeewier en de rook van stoomschepen.

De kraan drupte, de kakkerlakken dronken uit het kleine plasje water op de grond, op straat riep een dronkelap snikkend: 'Schiet mij dood, Judas! Midden in mijn hart!' maar ik merkte niets van dat alles. Ik ademde op weg naar dromenland de geur van bloeiende amandeltuinen al in.

XXVI/SLECHTS ÉÉN DAG...

Aan het stationsloket in Jekaterinoslav moest ik een pasje voor Sebastopol kunnen laten zien. Dat had ik niet en er bleef mij niets anders over dan een kaartje te nemen tot Bachtsjisaraï. Ik was ervan overtuigd dat ik van daaruit toch naar Sebastopol zou kunnen komen.

De oude loketbediende bleek zomaar met me mee te voelen.

'Strenge voorschriften!' zuchtte hij. 'En dat alles om het voorval met de "Keizerin Marija"!'

De tragische ondergang van de grootste lijnboot van de Zwarte-Zeevloot, de 'Keizerin Marija', was een raadsel. Men had het er toen in de hele wereld over. Het schip dat in de Noordelijke Baai voor anker gelegen had, was zomaar opeens zonder verdere zichtbare aanleiding de lucht in gegaan en met de kiel naar boven gezonken.

Vlak voor de explosie hadden 'doorluchtige bezoekers' het schip nog bezichtigd. Onder hen hadden zich leden uit het gevolg van keizerin Alexandra Fjodorovna bevonden. Waarschijnlijk had een van hen kleine tijdbommetjes, ter grootte van een champagnekurk, op de meest kwetsbare plaatsen van het schip gelegd.

Het geval van de 'Keizerin Marija' stond niet op zich zelf. Het kwam vaak voor dat transportschepen met oorlogsmateriaal op weg naar Europa door zulke kleine bommetjes in de Atlantische Oceaan de lucht in gingen of in brand vlogen. De bommen werden bij het innemen van brandstof stiekem in de kolenbunkers van het schip gegooid.

In de trein bleef ik lange tijd bij het raam staan. Een warme, pikdonkere zuidelijke nacht daalde neer. Op de stationshaltes deed ik de deur van de wagon open en luisterde scherp. Er steeg een onscherp ritselend geluid uit het donker op. Het moest de aarde zijn die, nog nat van de dooiende sneeuw, bezig was te drogen.

Ik ergerde mij aan iedere stop en was blij met iedere kilometerpaal die voorbij schoot in het zwakke lichtschijnsel dat uit de treincoupés viel.

Er was toen nog geen elektrisch licht in de treinen. Er brandden kaarsen. In de schemerige wagon kon je lekker over de toekomst zitten dromen zoals die altijd aanlokkelijk en rijk geschakeerd voor je leek te liggen. Die tweede, verzonnen wereld waar ik kort geleden nog over geschreven heb, ontvouwde zich er met buitengewone kracht. Ik kon me er helemaal in terugtrekken zonder gewetenswroeging te krijgen. Onderweg kun je toch niet werken of lezen en je hebt alle tijd om je verbeelding de vrije loop te laten. Als je natuurlijk geen opdringerige medereizigers hebt.

Gelukkig was dat niet het geval. Naast mij bij de deur stond een jonge matroos in een zwarte marinejas. Hij begon steeds weer een liedje voor zich uit te neuriën, brak het dan weer af en begon van voren af aan. Ik herinner me slechts de eerste woorden:

Op een keertje van je hoi
Gebeurde het op station Dzjankoï

Ik heb dus nooit geweten wat er gebeurd was op het station van Dzjankoï waar onze trein om middernacht aankwam.

Na Dzjankoï zat ik almaar in het donker te staren of ik de uitlopers van de Krimbergen niet kon ontdekken, maar meer dan de lichten van Simferopol kreeg ik niet te zien.

Het perron in Simferopol was verlaten. Het begon net te dagen. Van het gebergte kwam een flinke wind. De populieren op het plein voor het station ritselden met hun bladeren.

De ramen van het stationsbuffet waren hel verlicht. Op een lange tafel stonden tussen zilverig blinkende champagne-emmers vazen met takken amandelbloesem. Een jonge bruingebrande matroos zat met zijn ellebogen op tafel geleund, onbezorgd te roken. Toen onze trein zich in beweging zette, kwam hij op zijn dooie gemak uit het buffet het perron op en sprong behendig op de treeplank van de laatste wagon.

De conducteur kwam de kaarsen uitdoen. In het serene blauwe waas van de ochtendschemering strekte zich een land uit de oudheid voor mij uit: door morgenrood beschenen bergtoppen, over kiezels klaterende heldere beekjes, platanen en een betoverend oplichtende hemel, daar in de verte waar onze trein met een langgerekte wolk van teer roze rook achter zich aan, heen stoof.

In Bachtsjisaraï stapte ik uit. De conducteur zei me dat hier 's nachts een boemeltje uit Simferopol langs kwam en dat ik daarmee het beste in Sebastopol kon komen. Ik moest alleen de gendarme drie roebel toestoppen.

Ik moest dus een hele dag in Bachtsjisaraï zoetbrengen.

Het stadje had smalle straten, geplaveid met kaal gesleten stenen platen. Uit fonteinen liep murmelend water. Vrouwen lieten grote koperen kannen vollopen. Naarmate er meer water in stroomde, veranderde ook de klank van hoog tot heel laag.

Deze muziek van het water in de koperen kannen verraste mij. Het leek afkomstig te zijn uit verzonnen landen zoals ze in mijn fantasie ontstonden. Even geloofde ik dat het helemaal geen verzinsels van me waren maar dat er op de wereld gewoon landen waren waar al datgene wat ik zogenaamd verzonnen had, werkelijk bestond.

Alles hier, was nieuw voor mij, vooral de fonteinen. Het waren helemaal niet van die fonteinen zoals ik vroeger wel eens gezien had, waar de straal water uit de snavel van een bronzen reiger of uit de bek van een dolfijn opspoot. Hier lagen gewoon stenen platen verankerd in dikke muren en uit een opening in deze tegels stroomde water in een trage straal.

De zo beroemde 'Fontein der Tranen' in het paleis van Bachtsjisaraï bleek er al evenmin als een klassieke fontein uit te zien. De druppels vielen langzaam als tranen met nauwelijks hoorbaar getinkel van het ene bekken in het andere.

Ik ging een smal koffiehuis binnen. Daar was een bouwvallige glazen veranda voor ingericht, die rammelde en trilde bij elke voorbijrijdende kar. Onder de wankele tafels liepen waggelend duiven dof roekoeënd rond.

De ramen keken uit op een kloof, een karstachtig keteldal, overwoekerd door doornstruiken. Erdoorheen liep een weg naar de holenstad Tsjoefoet-Kale.

'Wat een leventje!' dacht ik terwijl ik op de veranda zat. De zwart-rode bloemen van de fuchsia's in potten hingen tot op het tafelkleed.

Wat een leventje! Romanin had groot gelijk als hij zei dat ons leven sinds enige tijd tot 'geschiedenis en geografie' geworden was.

Ik had zo naar afwisseling verlangd. En nu was mijn wens in vervulling geraakt.

Wel lag er in deze voortdurende veranderingen meer droefheid dan vreugde. Maar zoals in de verte als een blauwe muur de zee oprees, rees achter al het verdriet de onoverwinnelijke jeugd op. Dat temperde het gevoel van mislukking en nederlaag.

Ik betaalde mijn koffie en ging op weg naar Tsjoefoet-Kale.

Ik had er geen idee van wat een holenstad was, voordat ik de steile, gele rotswand had gezien die met de ontelbare venstergaten aan een honingraat deed denken.

Langs een steil pad klom ik naar het plateau bovenop en belandde meteen in zulke oude tijden dat het onwaarschijnlijk voorkwam.

In de met gele korstmossen begroeide kalksteen waren diepe wegen uitgehouwen. Zware wielen hadden er diepe sporen in uitgesleten. Lage ingangen leidden naar de holwoningen. Over het altaar van een kleine onderaardse basiliek renden hagedissen.

Wie had deze stad uitgehouwen? Niemand kon me dat zeggen. Nergens was een sterveling te bekennen.

Tapijten kleine lila bloemetjes bedekten ieder vrij stukje van de steenachtige grond tussen de kale rotsen. De bloempjes waren erg regelmatig van vorm, vijf kleine bloemblaadjes, maar om ze goed te kunnen bekijken had je wel een vergrootglas nodig.

Een mager bruin paard liep tussen de rotsen te grazen. Hij stond vaak weg te soezen, terwijl zijn vel schokte wanneer er een wesp op ging zitten.

Ik klom op een rots en ging zitten, op mijn handen steunend. De steen onder mijn handpalmen was zondoorstoofd.

Voor mij lagen in een statige halve cirkel net zulke stompe bergen als de Tsjoefoet-Kale.

Ik was helemaal alleen in deze ijle woestenij. Ver in de diepte zag ik schapen, net knotten wol. Hun bellen waren duidelijk hoorbaar.

Ik had geen zin om te bewegen. Ik ging op mijn rug liggen en doezelde weg. De hemel schitterde in een blauw licht. Tussen mijn wimpers braken de scherpe stralen van een bont gekleurde vlam. Een adelaar zweefde in de hoogte, keek op me neer en overwoog of hij niet naast me zou komen zitten.

Dan hoorde ik het zachte tikkelen van waterdruppeltjes, draaide me om en zag hoe uit een spleet in de rots naast me een haarfijn waterstraaltje neersijpelde in haastige druppeltjes, net kleine kraaltjes. Ik viel in slaap.

Toen ik wakker werd, stond de hemel in lichterlaaie; de kleur was niet langer blauw maar okerig rossig en woest. Aan het hemelgewelf werden vuurrode wolken uiteengedreven in de vorm van veren, waaiers, zuilen, machtige bergtoppen en eilanden. De zon ging onder. Haar koperen schijf goot een onheilspellende brandgloed over de bergen.

Deze ongelooflijke avondbrand sloeg met het moment meer om zich heen, steeds heftiger en feller, tot een zinderend gloeien, om dan in enen uit te doven.

En zo ging het ook. De zon zonk weg en meteen daarop ruiste er een kille wind door de sleedoorns.

Ik daalde naar beneden. Luider nog dan overdag klonk het klateren van de fonteinen door Bachtsjisaraï.

Ik dronk nog een kop koffie in hetzelfde koffiehuisje – ik was slecht bij kas – en ging hongerig maar welgemoed en opgewonden naar het station.

De trein kwam om vijf uur 's morgens. Ik had geen kaartje genomen.

Ik bleef voor in de wagon staan. Vlak achter mij stapte een grote gendarme op. Hij had mij, als enige passagier die in Bachtsjisaraï instapte, natuurlijk meteen gezien.

'Uw pasje?' vroeg hij glimlachend.

Ik stak hem een drie-roebelbiljet toe. Hij nam het aan, tikte aan de klep van zijn blauwe uniformpet en ging weg. Ik bleef bij de deur van de wagon staan.

Ik kon maar niet bij het raam weg komen. Wanneer zou ik de zee eindelijk zien? Het werd al licht. We denderden tussen steile stenen wanden door. Meteen daarop stoof de trein over lichte rammelende bruggen boven afgronden. Dan werd de wagon in een scherpe bocht opzij gerukt. Een met gele bloemetjes bedekte helling flitste voorbij. We stoven tussen groene wijngaarden door en opnieuw viel het doffe dreunen boven op ons in een smalle kloof. De ruwe rotswanden vlogen zo vlak langs de treinramen dat het gevaarlijk was je hand uit te steken.

Na de tunnel overviel het groenige water me opeens en voor mijn ogen strekte zich de Noordelijke Baai uit, wiens kronkelige kust zich al weer snel in de droge nevel verschool.

Buiten lag alles onbeweeglijk. Maar de trein reed en daarom was het net of alles voor de ramen tinkelde, wiegelde, en fonkelde: de zwarte schoeners, die met de kiel naar boven op het strand lagen, de grijze kruisers, de lange torpedoboten, de bakens, de vlaggen, de wachtschepen, de masten, de pannendaken, de netten, de meerpalen, de acacia's en het plotselinge opvlammen van een felle lichtstraal in de kiezels op de oever – weerspiegelingen van de zon in een oud conservenblikje.

En dan ontvouwde zich in de nevelflarden het uitzicht over het amfitheater van de stad, als gepatineerd door de glorie van het verleden.

De trein boorde zich met gierende remmen dapper in de wirwar van steegjes, hellingen, tuinen, trappen en steunmuren en stopte eindelijk voor een sierlijk station.

Ik heb veel steden gezien van mijn leven, maar mooier dan Sebastopol ken ik er niet één.

De Zwarte Zee komt bijna tot aan de drempels van de huizen.

Hij vervult de kamers met ruisen, wind en geuren. Kleine open trams glijden voorzichtig de hellingen af alsof zij bang zijn hals over kop in het water terecht te zullen komen. Het loeien van de brulboeien klonk van de rede.

Bij de markt kabbelden kleine golven vlak naast de met zink beslagen uitstalkisten van de marktkoopmannen, naast de hopen schol en rossige baars, en pramen lagen met hun boorden tegen elkaar aan te schuren.

De branding die uit open zee kwam aanrollen, beukte op de ronde torens van de forten. Pantserschepen lagen onder stoom op de rede.

Sirenes loeiden, het luiden van de scheepsbel ging over en weer met het klingelen van de trams en de carillons van de kerken. De passagiersschepen toeterden ontevreden, ankerkettingen ratelden gierend. Als de schemering viel, klonk bij het binnenhalen van de vlag op de schepen de koperen klank van hoorns. Het droevige geluid droeg ver over het verstillende water. Al gauw werd dit afgelost door zachte walsklanken die van de Primorskoïboulevard kwamen. Je zou zeggen dat daar niet een orkest speelde maar dat de schemering zelf de rond het gedenkteken voor vergane schepen opspattende golven in slaap zong.

Ik zwierf in de stad rond tot ik erbij neerviel en ontdekte voortdurend schilderachtige hoekjes.

Ik was vooral gek op de trappen waardoor de bovenstad met de benedenstad was verbonden. Zij waren gemaakt van gele poreuze zandsteen.

Aan beide zijden van deze trappen stonden huizen op terrasvormige verhogingen. Kleine, geheel en al met klimop begroeide hangbruggen liepen van de trapportalen naar de ingang van de huizen. Ramen en balkondeuren stonden open en je kon buiten goed horen wat er binnen allemaal gebeurde: gelach van kinderen, stemmen van vrouwen, gerammel van vaatwerk, toonladders, gezang, blaffen van honden en het metalen gekrijs van papegaaien. Om de een of andere reden waren er toen veel papegaaien in Sebastopol. 's Avonds werd de stad verduisterd. Men was bang voor een verrassingsaanval van de Duitse vloot.

Deze verduistering was echter verre van volledig. In de rolgordijnen die voor de ramen van de winkels waren neergelaten, waren letters uitgesneden die een opschrift vormden en van binnenuit verlicht werden. Woorden als 'Lunchroom', 'Mineraalwater', 'Bier', 'Fruit' wierpen een gedempt geheimzinnig licht op straat.

Praatzieke vrouwen verkochten tot 's avonds laat op de trottoirs viooltjes uit grote manden. Naast hen stonden lantaarns en kaarsen op kleine krukjes. De vlammetjes bewogen nauwelijks: met de avond ging de wind altijd liggen.

Hele groepen zeelieden – officieren en matrozen – bevolkten 's avonds de straten. Zonder de verduistering en de schijnwerpers die de hemel aftastten, zou niets meer aan de oorlog doen denken.

Zo ongeveer moeten de havensteden in de tijd van de blokkade in het begin van de negentiende eeuw eruitgezien hebben toen de oorlogsdreiging niet bepaald groot was. Logge vijandelijke pantserschepen stoomden voor de kust heen en weer en vuurden uit hun bronzen kanonnen op de met sleedoorns overwoekerde oude forten. Echt oorlog was het toen niet. Maar het zich bewust zijn van een licht gevaar deed bij de mensen een zekere nerveuze opwinding ontstaan en veroorzaakte die onbezorgde opgewektheid die doorgaat voor een absolute eigenschap van dappere mensen.

Van de vroege schemering tot aan het vallen van de avond zat ik op de Historische Boulevard, niet ver van de bolwerken van 1854.

Onderaan lag de Zuidelijke Baai, erachter de Korabelnajazijde. Rondom bloeiden de amandelbomen. Ontroerender en zuiverder dan een amandelboom bloeit geen boom. Iedere tak was helemaal in rose bloesems gehuld, als een bruid in haar luchtige tooi.

In de stad ging geen licht aan en de schaduw van de avond verspreidde langzaam een wispelturige nevelsluier.

Aanvankelijk werd het goud van de ondergaande zon door deze sluier weerkaatst, dan begon deze een zuiver zilveren kleurschakering aan te nemen tot het zilver uiteindelijk het goud volledig verdrong. Maar al gauw begon ook het zilver troebel te worden, alle lichtvoetigheid te verliezen en een dichte opaalblauwe aanslag te vertonen. Als dan uiteindelijk ook dit blauw oploste, brak de nacht aan.

Van de Historische Boulevard ging ik naar het station, waar ik wilde proberen een kaartje te kopen en zonder pasje op de trein te stappen. Mijn trein vertrok midden in de nacht.

De eerste de beste kruier bleek meteen bereid mij zonder het vereiste pasje aan een kaartje te helpen.

'U heeft nog drie uur voor de trein vertrekt,' zei hij, 'en u bent jong. Waarom zou u zich in de wachtkamer gaan zitten vervelen? Gaat u nog maar een eindje wandelen en onze mooie stad bekijken!'

Ik ging naar de tramhalte en stond net na te denken over de vriendelijkheid en de trouwhartigheid van de Zuiderlingen, toen er een marinepatrouille, twee matrozen met geweren en banden om hun arm, energiek op mij af kwam stevenen. Zij vroegen mijn papieren. Ik liet ze zien.

'Waar woont u?' vroeg een van de matrozen. 'In welke straat?'

Ik moest toegeven dat ik niet in Sebastopol woonde.

'Vanzelf!' zei de matroos. 'Waarom zou u ook in Sebastopol moeten wonen? We zullen u naar de luitenant moeten brengen. Vergis u niet, dat is er een die dwars door je heen kijkt!'

We gingen. Onderweg vroeg de matroos: 'Hoeveel heeft u de kruier gegeven?'

'Tien roebel.'

'Hier heeft u uw geld weer terug,' zei hij en gaf mij het tienroebelbiljet.

Ik keek om, maar het was donker en ik zag geen kruier, al wist ik zeker dat hij me vol leedvermaak stond na te kijken.

De matrozen brachten mij naar een klein huis ergens in de buurt van de Nachimovavenue. In een gewelfde kamer zat op een vensterbank een magere luitenant met een haviksneus, naast hem een meisje in een korte geruite rok. Twee blonde strengels hingen op haar borst, zij frummelde er wat aan en liet een been heen en weer bungelen. Aan haar grote teen hing een afgetrapte toffel die op en neer wipte.

Aan de tafel zat nog een andere luitenant, in velduniform–jas en pet, een zwarte revolver aan de gelakte gordel.

De matrozen deden verslag en gingen daarna de gang op.

De luitenant in het velduniform pakte mijn papieren, stak een sigaret op, kneep zijn ogen half dicht voor de rook en begon ze door te nemen.

'Tja!' zei hij ten slotte. 'Vrolijk huppelt het vogeltje zijn ongeluk tegemoet, zonder dat het weet wat het eigenlijk doet.'

Het meisje moest lachen en keek vrolijk naar mij, onderwijl doorwiebelend met haar been.

'Kijk eens hier!' zei de luitenant. 'Nu moet u mij eens eerlijk zeggen wie u bent, wat u bent, waarvoor u in Sebastopol bent en waarom u er weer stiekem tussenuit wilt. Uw papieren zijn in orde. Maar je moet wel van goeie huize komen, wil je er iets van snappen.'

Ik was erg met me zelf aan, maar ik vertelde de luitenant hoe de vork in de steel zat.

'Aha!' zei hij tevreden gesteld. ''k Voel 'm. U bent zo iets als een poëtisch bohémienfiguur?'

'Sasja,' zei de man met de haviksneus die op de vensterbank zat, 'doe niet zo lollig!'

De luitenant met de revolver sloeg deze woorden volledig in de wind.

'Als u mij bewijst,' zei hij, 'dat u een dichtersziel heeft en dat de muze der verre omzwervingen u heeft betoverd, dan kunnen wij het misschien eens worden.'

Het was me niet helemaal duidelijk of hij een loopje met me nam of dat hij het serieus meende. Maar ik besloot net te doen of het ernst was.

'Als admiraal Eberhard,' zei de haviksneus bij het raam weer, 'jouw verhoortalenten ter ore zouden komen, dan zou jij, mijn beste Sasja, de "aak" niet ontlopen.' Zo noemde men toentertijd de drijvende gevangenis in Sebastopol.

'Een dichter,' vervolgde de luitenant met de revolver op schoolmeesterachtige toon, zonder op de woorden van de haviksneus te letten, 'moet de poëzie van buiten kennen. Wat heeft u ons te dienaangaande aan te bieden?'

Ik begreep hem niet.

'Zegt u maar een of ander gedicht op!' zei het meisje. 'Hij is namelijk zelf ook dichter.'

'Op een keer zond God de raaf een stukje kaas,' zei de haviksneus mij spottend voor.

'Nee,' zei ik, 'als we nu toch zover zijn, zal ik gedichten van Leconte de Lisle voor u opzeggen.'

'Hee, hoe vind je hem!' riep de luitenant met de revolver verwonderd. 'Waar wil ie heen? Dat is een handig grapje! Nee, dan horen we liever "Nooit zal ik vergeten..." van Blok. Maar niets weglaten. Als u uw pasje tenminste van ons wil hebben.'

'Wat een flauwe grappen, jongeman!' zei de haviksneus, maar de luitenant met de revolver deed ook nu of hij lucht was.

Ik zei Bloks gedichten op. Ik vond ze zelf ook mooi.

Allen zwegen. In de gang stampten de soldaten met hun geweren op de grond.

'Wat een tegenvaller,' zei de luitenant met de revolver, alsof het hem speet. 'Kent u dan echt helemaal niemand hier in Sebastopol die borg voor u kan staan?'

'Nee,' antwoordde ik.

'Ik sta borg voor hem, Sasja!' zei de haviksneus. 'Maak geen flauwsies! Je ziet toch meteen wat voor vlees je in de kuip hebt. Schrijf zijn pasje maar uit. Morgen geef ik je mijn schriftelijke verklaring.'

Zijn kameraad lachte en begon zorgvuldig het papier op te stellen. Terwijl hij schreef, raakten we in gesprek over poëzie. De haviksneus hield van Fofanov en het meisje van Mirra Lochvitskaja.

Blozend en op smekende toon zei het jonge meisje dat ze, als we wat meer tijd hadden gehad, een eigen gedicht had opgezegd. Jammer genoeg was het te lang.

'Alstublieft!' De luitenant reikte mij mijn papieren en mijn vrijbrief aan. Met een zucht zei hij: 'Wat jammer dat u weggaat! Anders hadden we elkaar morgen buiten diensttijd ergens kunnen ontmoeten. We hebben genoeg om over te praten.'

Ik bedankte hem en zei dat Sebastopol blijkbaar een wonderstad was. Nergens had mijn arrestatie zo ongewoon kunnen eindigen als hier in Sebastopol.

'Mijn beste en wat naïeve jongeman,' antwoordde de luitenant met de revolver, 'daar is helemaal niets wonderlijks aan. Vergeet niet dat spionnen en andere verdachte figuren nooit hun hart bij een kruier uit zouden storten. Vindt u niet dat ik een mooi aforisme heb gevonden?'

Ik ging naar buiten. Het meisje en de haviksneus boden aan met me op te lopen tot de straat die afdaalde naar het station. De luitenant met de revolver keek erg op zijn neus. Natuurlijk had hij ook graag aan de zijde van het blonde meisje door de nachtelijke straten van Sebastopol gewandeld.

Onderweg zei het meisje: 'Komt u ons eens opzoeken. Ik woon op de Groene Heuvel, nummer vijf. Ik heet Rita. Iedereen kent me daar. Ach, wat jammer dat u weggaat! Wij zijn met zo weinig hier in Sebastopol.'

'Wie "wij"?'

'Wel, wij, dichters. Die twee daar en ik. En dan nog een student uit Charkov.'

Op het station kwam de mij bekende kruier op me af. Hij glimlachte breeduit en vrolijk naar me.

'Ziezo!' zei hij. 'Alles voor de bakker? Nu bent u gerust en voor mij is het ook prettiger. Geeft u mij maar vijf roebel, dan haal ik meteen even een kaartje voor u.'

Door het open raam kwam een geur van algen naar binnen. De witte lichtbanen van de schijnwerpers vergoten zich in de donkere verten van de zee waar ze spoorloos verdwenen. Ook ik vond het jammer deze stad te moeten verlaten, korte en vrolijke halte na de laatste afmattende maanden.

XXVII/HOTEL 'GROOT-BRITTANNIË'

In Joezovka logeerde ik in een goedkope kamer in hotel 'Groot-Brittannië'. Het hotel, dat meer op een kwalijk riekend hol leek, droeg zijn naam ter ere van het vaderland van Hughes en Balfour, twee Engelsen die reusachtige fabrieken en mijnen in het Donetzbekken bezaten.

Vandaag de dag is van het toenmalige Joezovka niets meer over. In plaats daarvan is er een riante stad gegroeid. In die jaren was

Joezovka echter een onordelijke, smerige nederzetting met rondom krotten en hutten in de grond.

Elke verzameling hutten had er een spotnaam: holenwijk, puinzicht, verdomhoek. De sombere humor van deze benamingen gaf precies het troosteloze aanzien weer.

In een keteldal naast deze nederzettingen rookte de metallurgische fabriek Novorossiesk waar ik heen gestuurd was om de meetinrichting op poten te zetten.

De rook steeg daar niet alleen uit de fabrieksschoorstenen omhoog. De werkplaatsen rookten zelf ook. Een rook die geel zag als een vossevacht en naar aangebrande melk stonk.

Een onwaarschijnlijk purperrode vlam flikkerde boven de vuurmuilen van de hoogovens.

Vettige roet dwarrelde uit de lucht naar beneden. Met al de rook en al het roet was er in Joezovka niets wits meer overgebleven. Alles wat eigenlijk wit hoorde te zijn, was hier met een vuilgrauwe, geel doorlopen kleur overtrokken. Grauw waren de gordijnen, de kussenslopen en lakens in het hotel, grauw de overhemden en zelfs de paarden, katten en honden waren grauw in plaats van wit.

Het regende bijna nooit in Joezovka en een warme wind deed dag en nacht kolengruis, vuil en kippeveren opwervelen. Alle straten en erven lagen bovendien bezaaid met doppen van zonnebloempitten. Vooral na feestdagen lag het er overal vol mee.

Op pitten van zonnebloemen knagen heette daar 'peuzelen'. De hele bevolking deed eraan mee. Je kwam maar zelden een ingezetene tegen aan wiens kin niet een lege dop plakte.

Je had ware virtuozen, vooral onder de vrouwen, die bij de hekken stonden te kletsen. Dat ging met ongelooflijke snelheid; de pit werd niet eens met de hand in de mond gestopt, maar gewoon van een afstandje met de nagels in de mond geschoten.

Onderwijl vonden de vrouwen nog tijd om te roddelen ook, en dit wel zó gemeen als alleen burgervrouwen uit het Zuiden dat kunnen, vol naïeve brutaliteit, smerig en kwaadaardig. Iedere vrouw was vanzelfsprekend 'baas in eigen huis'.

Naast kletsen en zonnebloempitten peuzelen vonden de vrouwen ook nog tijd elkaar in de haren te vliegen. Zodra twee vrouwen elkaar met dierlijk gekrijs aanvlogen, verzamelde zich een schaterende menigte om hen heen, en de vechtpartij werd een kansspel – men wedde om twee kopeken wie de winnares zou zijn. De bank werd gehouden door oude plaatselijke zuiplappen. Zij haalden het geld op in een oude kapotte pet. De vechtende vrouwen werden opzettelijk van alle kanten opgejut en aangevuurd.

Het kwam voor dat geleidelijk aan een hele straat slaags raakte. De mannen kwamen met hun riem in hun hand naar buiten. Ploertendoders en boksbeugels kwamen in werking, er kraakten botten, er vloeide bloed. Als het eenmaal zover was, kwam er uit de 'Nieuwe Wereld', waar de administratie van de mijnen en de fabriek zat, in draf een peloton kozakken aanrijden dat de vechtenden met de karwats uit elkaar joeg.

Het was moeilijk te bekijken wat er zo allemaal in Joezovka huisde. De onverstoorbare portier van mijn hotel legde mij uit dat het vooral 'glibberige figuren' waren: uitdragers, kleine woekeraars, marktvrouwen, uitzuigers, drankhandelaren en -handelaarsters zonder vergunning, die hun kostje opscharrelden onder de arbeiders en mijnwerkers in de streek.

De fabrieken rookten van alle kanten. Aan de horizon herkende men de mijnen aan de grijze stoffige piramides van hun stortbergen.

Het hotel 'Groot-Brittannië' verdient, als reeds lang uitgestorven fossiel, hier beschreven te worden.

De muren ervan waren in een vuile vleeskleur gesausd. Toen echter had de eigenaar van het hotel dit saai gevonden. Daarom had hij de muren met toen in de mode zijnde decadente schilderingen laten versieren – met witte en lila irissen en kokette vrouwenhoofdjes die tussen waterlelies door gluurden.

Een onuitroeibare lucht van goedkope poeder, keukenwalm en geneesmiddelen hing overal. Het elektrische licht brandde dof, bij het geelzuchtachtige schijnsel kon je niet lezen. Alle bedden waren doorgezakt en hadden kuilen als bakkerstroggen.

De kamermeisjes 'ontvingen' op elk uur van de dag of de nacht gasten.

Onderin speelden verlopen jongelui met in de nek geschoven petten en vlinderdasjes op het gestopte en weer opnieuw gestopte biljartlaken hun carambole. Iedere avond werd er wel iemand met de biljartkeu de schedel ingeslagen.

Er werd grof gespeeld. Het geld werd in zakjes aan de biljarttafel gestopt, waarbij het wel zaak was ervoor te zorgen dat de zogenaamde 'linkerds' die altijd in de buurt waren er niet mee aan de haal gingen.

De muren tussen de hotelkamers waren erg dun. 's Nachts hoorde ik gezucht, gekreun, grove afdingerij, soms hartverscheurend gejammer van een vrouw. In zulke gevallen werd de portier gewekt, de deur van de kamer ingetrapt, een luid huilende, afgeranselde vrouw vloog eruit, meestal één van de vaste kamermeisjes en achter haar aan werd een aangeschoten knul met een kleffe spuuglok de kamer uit gesleurd. Hij brulde van woede en sloeg wie hij maar raken kon.

Hij werd geboeid en met een paar porren in zijn rug weggebracht.

'Heb je dat meisje weer afgezet, klerelijer! Voor de zoveelste keer! Ophangen moesten ze je!' klonken van alle kanten beschuldigingen.

Het huilende meisje werd door haar vriendinnen omringd. Snikkend liet zij het geld zien dat zij krampachtig in haar vuist hield, als bewijs dat zij was afgezet.

De meisjes telden met zijn allen het geld na, riepen ach en wee en zeiden dat alle mannen niet beter verdienden dan met zwavelzuur begoten te worden.

Een kleine grijsharige handelsreiziger, vertegenwoordiger bij de confectiezaak 'Mandel & Co', woonde al deze schandalen altijd als toeschouwer bij. Hij droeg een wijd vallend kersrood pak en gele bottines met jubeltenen.

Het was zijn gewoonte de beledigde meisjes te troosten.

'Moesja,' zei hij, 'je moet alles met filosofische rust opnemen. Neem een voorbeeld aan mij.'

'Ach wat, loopt u nou gauw heen!' antwoordde Moesja door haar tranen heen. 'U kunt barsten met uw goeie raad. Ik ken die filosofische rust van u!'

Maar de oude baas liet zich niet van zijn stuk brengen.

'De oude Grieken,' vervolgde hij. 'geloofden dat rust de essentiële voorwaarde voor geluk is. De essentiële voorwaarde! De ultima ratio! Snap je? En zeg me nu maar eens voor hoeveel hij je heeft opgelicht.'

'Voor een roebel, dat loeder!' zei het meisje terwijl ze ophield met huilen.

'Hier heb je je roebel. Veeg je tranen af, fris je op, kleed je aan en zorg dat je weer net zo mooi bent als je was en breng dan een fles wijn, mineraalwater en gebak op mijn kamer.'

'Loopt u gauw heen!' antwoordde het meisje verontwaardigd. 'U dacht zeker dat ik voor een roebel naar u toe kwam? Ouwe zak!'

De oude trok zich er niets van aan. Met zijn handen in zijn broekzakken liep hij de gang af, terwijl hij neuriede:

Onder de vurige hemel van Argentinië, olé
Een land met beeldschone vrouwen
Onder de zuidelijke hemel zo blauw
Daar raakte Joe verliefd op Chloë

In het hotel woonde ook iemand die bij ieder bemind was, 'Oom Grisja, stiller dan het water' geheten.

Het was een onooglijke man, wat brouwend, met een blond baardje en blauwe, kinderlijke ogen. Hij droeg op zijn blote lijf een tussorzijden colbert waarvan hij de revers preuts bij elkaar hield, en hij rilde altijd alsof hij het koud had, maar dat kwam van de drankzucht.

Men zei dat Oom Grisja de zoon was van een senator in Petersburg, dat hij op het lyceum was geweest en er in Parijs vervolgens een kolossaal vermogen had doorgejaagd, waarop hij pianospeler in een bioscoop was geworden (toen noemde men de bioscoop nog 'illusie') en nu moest leven van andermans liefdadigheid, en waarbij hij er zo tussendoor op avondjes een roebel of twee als onovertroffen gitarist en zanger van wrede romances meepikte.

Oom Grisja was er zo ellendig aan toe dat zelfs de eigenaar van het hotel, een zwaarlijvige man met bolhoed en een krappe geruite broek, medelijden met hem had en hem werk gaf. Hij mocht het theewater in de grote ketel aan de kook houden. Daarvoor woonde Oom Grisja gratis in het kamertje waar de waterketel stond.

Dit kleine kamertje was als het ware een club van het hotel. Daar ontmoetten de 'vaste gasten' elkaar, speelden zwarte piet of domino, legden een kaartje, bespraken alle nieuwtjes terwijl de kamermeisjes er hun kousen stopten, en naaiden en streken.

Op zekere dag werd in het kamertje bij Oom Grisja de verjaardag gevierd van het kamermeisje Ljoeba van onze derde etage. Op dit feest werden, wat als een bijzondere eer gold, vier huurders, onder wie ik, uitgenodigd. De andere gasten bestonden uit de tandarts Faïna Abramovna, een al wat oudere vrouw, een medewerker van een Charkover dagblad, een grote man die met krukken liep, en de apothekersleerling Albert, een sproetige jongen met een tere huid. Om zijn mond speelde voortdurend een minachtende en begrijpende glimlach.

De oude handelsreiziger had ook geprobeerd binnen te komen, maar de meisjes hadden hem er niet ingelaten. De meisjes hadden allemaal hun mooiste jurk aangedaan en Ljoeba, bleek en zwijgzaam in haar zwarte jurk, zag er, zoals Albert zei, 'helemaal uit als koningin Margot'.

De ontroerde Ljoeba sloeg haar lange wimpers op terwijl zij ons allemaal aandachtig aankeek, en iedere keer weer werd ik getroffen door de zuiverheid die uit haar ogen blonk.

Men kon gewoon niet geloven dat dit dezelfde Ljoeba was die kort geleden nog 's nachts had staan huilen en schreeuwen, met haar hand haar gescheurde batisten nachthemd op haar borst bij elkaar hield en haar blote ronde knieën tegen elkaar drukte, luidkeels de dikke zwarte huurder van nummer 34 vervloekend, die, zoals ze zei, een schoftige vuilak was.

Oom Grisja had zich geschoren en droeg een geleend roze overhemd, met een koperen speld in de vorm van een rups als halssluiting.

Men ging aan tafel, waarop een niet meer zo frisse hors d'œuvre uit het restaurant van het hotel en flessen lijsterbesjenever stonden. In het midden prijkte een groot boeket lila rozen van papier.

Ljoeba ging naar Oom Grisja toe en streek hem over zijn schaarse haar. Oom Grisja greep in de vlucht haar hand en drukte deze. Dan trok Ljoeba even zijn voortdurend trillende hoofd tegen haar borst. Zij keek daarbij over zijn hoofd heen het raam uit en haar blik was kalm als altijd.

Blozend en gelukkig spoorden de meisjes ons aan toch vooral toe te tasten. Zij keken ons vriendelijk aan en zeiden: 'Eten jullie alsjeblieft, op Ljoeba's geluk en gezondheid! Generen jullie je toch niet. Alles is lekker vers, zo uit de keuken, reken maar.'

Ljoeba zat tussen Oom Grisja en mij in.

'Ik zou u iets willen vragen,' zei Ljoeba. 'Wat is dat eigenlijk, wat u schrijft. Iedere keer dat ik uw kamer doe, vind ik overal stukken papier. Waar schrijft u eigenlijk over? Iets over het gevoelsleven?'

'Ja,' antwoordde ik, 'over een gelukkig leven, Ljoeba.'

'Ach, als ik de moeite waard was,' zuchtte Ljoeba, 'dan zou u misschien iets goeds over me kunnen schrijven. Een hele roman. En de mensen zouden het lezen en tranen met tuiten huilen.'

'Drink nou maar, Ljoeba!' riep Moesja naar haar. 'Drink, voor het verdriet je gebroken heeft.'

Ljoeba's blik werd duister.

'Hou op!' zei ze zacht. 'Ik ben echt niet van plan mijn dagen in verdriet te slijten.'

'Ik zei zomaar wat,' antwoordde Moesja, 'je weet dat ik je graag mag, Ljoeba!'

'Schrijft u ook liedjes?' zo wendde Ljoeba zich weer tot mij. 'Let u trouwens maar niet op dat uilskuiken van een Moesja.'

'Nee, liedjes schrijf ik niet. Ik heb wel eens gedichten geschreven. En ik ken er een heleboel.'

'Gevoelige?'

'Ja, ook.'

'Zegt u er eens een paar op!'

'Nou, vooruit maar,' zei ik. Mijn hart sloeg al wat overmoedig, door de naar binnen gewerkte lijsterbesjenever. 'Maar dan voor u alleen. Omdat het vandaag uw feest is.'

'Echt voor mij alleen?' vroeg Ljoeba en raakte even de kleine zilveren ring aan die ik om mijn pink had. 'Van wie is die ring?'

'Van mij.'

'Dat is niet waar, die ring is niet van u.'

Het was nu echt lawaaiig rond de tafel. Ik dacht even na. Het moest een eenvoudig, begrijpelijk gedicht zijn.

'Wat kan 't ook schelen,' dacht ik dan, 'dan begrijpt ze het maar niet!' en ik begon een beetje zangerig voor te dragen:

Nee, niet jou bemin ik zo ongedurig
Niet voor mij straalt je schoonheid zo vurig
Ik zie in jou mijn eigen lijden
Mijn jeugd uit lang vervlogen tijden.

Het werd stil rond de tafel.

Soms als ik je zit aan te staren
Zie ik een blik uit verre jaren
't Is niet met jou dat mijn hart wil spreken
Haar stem is nooit uit mij geweken.

Ik stopte.

'Ga door!' zei Ljoeba heftig. 'Als u nou toch begonnen bent, rijt dan mijn hart maar helemaal aan stukken.'

Ik spreek met de vriendin uit mijn jonge jaren
Jouw gelaat doet dat van haar voor mij bewaren
Jouw mond spreekt een sinds lang verstorven stem
Jouw ogen weerspiegelen haar liefde voor hem.

Een van de meisjes haalde diep en luidruchtig adem en snikte een keer.

'Gedichten van Lermontov kun je beter zingen dan declameren,' merkte Oom Grisja op en stemde zijn gitaar.

Hij sloeg een teer akkoord aan en zong met zijn mooie krachtige tenorstem:

Stil en alleen is mijn pad door de nacht,
In de nevel blinken witte kiezels zacht...

'Allemaal meezingen!' beval hij en weer lieten zijn vingers de gitaar weemoedig spreken. 'Toe vooruit, allemaal!'

De verlatenheid is slechts God gewaar
De sterren spreken tot elkaar.

Allen zongen zachtjes het slotcouplet mee. Ljoeba zat met haar ellebogen op tafel geleund, haar kin in haar handen, zingend het raam uit te kijken. Haar ogen straalden. Oom Grisja speelde met geheven hoofd, op zijn wangen blonk een traan.

Plotseling werd de deur opengeduwd en de gezette zwarte man met zijn zoete oosterse oogopslag, de vaste huurder van nummer 34, kwam binnen.

'Ljoebotsjka, lekkertje!' zei hij flemend. 'Ik moet met u praten. Komt u toch eventjes met me mee. Ik moet absoluut even met u praten.'

'Praten?' vroeg Ljoeba en draaide zich om. 'Je wilt met me praten? In je kamer?'

'Nou en of. Mijn kamertje is precies wat je hebben moet.'

Ljoeba stond op.

'Je weet zelf ook wat voor dag het voor mij is! En toch kom je aanschuifelen, omdat je het niet uithoudt, goorling! Donder op!'

'Ljoeba!' gilde Moesja, maar het was al te laat. Ljoeba had een fles lijsterbesjenever gepakt en deze met volle kracht naar de zwarte man gesmeten.

De fles sloeg aan flinters op zijn hoofd. Hij greep met beide handen naar zijn gezicht, smeerde de met bloed vermengde drank over zijn dikke wangen, deinsde terug naar de gang, struikelde over de drempel en klapte zwijgend achterover.

'Ik sla hem dood!' schreeuwde Ljoeba woest. 'Ik sla ze allemaal stuk voor stuk dood als krolse katers! Allemaal! Raak me niet aan! Blijf uit mijn buurt! Als 't moet, ga ik naar Siberië, dwangarbeid verrichten, maar eerst reken ik met dat tuig af!'

Zij plofte op een stoel neer en ging met haar hoofd voorover op tafel liggen.

'Meisjes,' zei ze met stille smart, 'mijn vriendinnetjes! Mogen we dan niet eens één keer de vuiligheid van ons afspoelen? Meisjes!' schreeuwde ze, bevend als een riet. 'Ik heb een lichtende droom gehad... Ik dank u, Oom Grisja, ik dank u, lieve mensen! Ik dank jullie allemaal!'

Zij verslikte zich in haar tranen en begon te hoesten. Oom Grisja stond naast haar bij de tafel, bevend en krampachtig slikkend.

Ik legde een arm om Ljoeba's schouders. Zelfs door haar jurk heen voelde ik hoe heet zij was.

Ik begreep dat ik haar nu die absolute veelbetekenende woorden moest zeggen, die je maar eens in je leven tegen een mens kunt zeggen, om hem te redden. Maar ik kreeg ze niet over mijn lippen, deze zo belangrijke woorden van liefde en troost. Ik kon ze niet uitspreken, hoe graag ik het ook wilde. Misschien had ik moeten liegen, als ik zeker geweten had dat ik Ljoeba daarmee kon helpen. Maar ik had deze woorden al lang uitgesproken, daar in Wit-Rusland, toen de stervende Lolja mij zacht wegduwde en haar ogen vol tranen stonden die niet meer vergoten zouden worden.

En het waren ook niet mijn woorden die Ljoeba nodig had. Ze hadden van Oom Grisja moeten komen. Maar wat kon deze aan de drank verslaafde, beverige, iele, van aalmoezen bestaande oude man haar nu zeggen?

En dus zweeg ik. Ik pakte alleen Ljoeba's hand en drukte deze en zij wierp een snelle blik op mij van onder haar betraande, vochtige wimpers en streelde mijn wang met haar hand.

Serieuze mensen zullen er wel om lachen en het hebben over sentimenteel gedoe – maar deze blik is mij mijn hele leven bijgebleven en ik zal hem nooit vergeten.

In de gang klonken snelle voetstappen, rinkelende sporen, luide stemmen. Ik keek op. De hele gang stond vol geschrokken kamerbewoners.

Een schriele commissaris van politie kwam met verscheidene agenten de kamer in. Poeslief hielden deze hun hand aan het gevest van hun sabel.

'Mag ik u verzoeken, juffrouw!' zei de commissaris van politie op norse maar toch bijna meewarige toon.

Ljoeba stond snel op en ging de kamer uit zonder iemand aan te kijken. Niet eenmaal keek ze naar ons om.

De man op de gang werd weggedragen. De meisjes huilden en sloegen hun armen om elkaar heen en Oom Grisja sloeg krampachtig het ene glaasje lijsterbesjenever na het andere achterover, alsof het water was.

Toen ging de man met de krukken, die de hele avond zijn mond nog niet open had gedaan, naar de deur, sloot deze en zei: 'Wij zijn getuigen. Voor het gerecht moeten we zeggen dat die vent Ljoeba vloekend aanviel en dat zij uit zelfverdediging met een fles naar hem heeft geslagen. En die oude man daar,' bij die woorden wees hij op Oom Grisja, 'die moet broodnuchter voor het gerecht verschijnen. En moet hetzelfde getuigen als alle anderen.'

Toen kwam Grisja overeind. Hij keek de man met de krukken scherp aan en zei zeer gewichtig: 'Weledele heer! U hoeft mij niet de wetten der zieleadel in de omgang met vrouwen te leren. Ik heb deze kwaliteiten al met de moedermelk binnengekregen. Als het noodlot mij ten val heeft gebracht, geeft dat nog niemand het recht mij in mijn waardigheid aan te tasten. Ik vergeef het u alleen omdat u ridderlijk heeft gehandeld.'

Oom Grisja drukte de man met de krukken stevig de hand.

Die avond brak er plotseling iets door in mijn bewustzijn. Alles waar ik vroeger van weerhouden werd, boezemde mij nu geen enkele angst meer in. Ik stelde me niet meer zo oppervlakkig tegenover de mens op als ik tot dan toe gedaan had.

Sinds die dag begreep ik dat wij het sprankje ware menselijkheid in al onze medemensen moeten zoeken, al doet hij nog zo vreemd en oninteressant aan.

Ieder mens heeft diep in zijn hart wel een gevoelige snaar die zelfs bij een lichte beroering van het mooie, beslist zal resoneren.

Kort na het voorval met Ljoeba verhuisde ik van hotel 'Groot-Brittannië' naar de tekenkamer van de granaatwerkplaats.

De tekenaar Grinko, een lusteloze teringachtige man, voormalig sociaal-revolutionair, kreeg me zover. Hij was mij een keer in mijn hotel komen opzoeken, kon niet uit over de stank die in het hotel hing en haalde mij over naar de tekenkamer te verhuizen, al zou ik niet lang meer in Joezovka blijven.

In deze ruimte werkte alleen Grinko. Ik kwam 's avonds laat uit mijn werkplaats terug en bracht de nacht door op een houten slaapbank.

Het leven op de fabriek stond zo ver van de benauwde sfeer in het hotel dat ik het gevoel had alsof er tussen de fabriek en 'Groot-Brittannië' wel honderd werst lag.

Ik ging iedere avond na mijn werk nog naar de Bessemergieterij. Urenlang kon ik ernaar kijken hoe het gesmolten staal uit de reusachtige, roterende smeltovens stroomde, die veel weg hadden van drie verdiepingen hoge stalen peren.

Iedere keer 's nachts wanneer er gegoten ging worden, ging ik naar de hoogovens. Het was een onheilspellend schouwspel. Het gietijzer stroomde door geulen in de grond terwijl de paarse rook eraf sloeg. Alles rondom had eigenlijk maar twee kleuren, zwart en rood. Bij de vuurgloed van het gietijzer zagen de arbeiders eruit als bewoners van de hel.

Soms ging ik ook de railswalserij in. Enorme walsen verslonden vibrerend en knarsend de wit verhitte blokken staal en persten en kneedden ze in hun metalen koude muilen om dan in plaats van het dikke blok staal een lange balk uit te spugen. Deze ging dan snel van de ene wals naar de andere, werd daarbij almaar meer uitgerekt totdat hij in donkerrood gloeiende rail veranderd was.

Eenmaal klaar, rolden de rails vlak voor onze voeten langs glijgoten weg, terwijl er honderden vonken rondspatten.

Rondom was niets dan gedreun, geknars, gerammel, er siste stoom, rook steeg op, vonken schoten omhoog, er klonk gegil en geratel. Door al het lawaai heen klonk met lange uithalen: 'uitkijken daar.' Op die plaats duwden arbeiders stalen karren met gietelingen voort en als je niet vlug genoeg opzij sprong, begonnen je kleren te schroeien. Boven je hoofd zwenkte een kraan door de lucht met zo'n roodgloeiend blok tussen twee stalen klemmen gekneld, als tussen de scharen van een kreeft.

Grinko verliet pas laat de tekenkamer. Hij was ongetrouwd, hij had geen haast om thuis te komen.

Als Grinko weg was, ging ik op de harde slaapbank een boek liggen lezen. Ik vond het prettig dat ik hier in de tekenkamer altijd de geluiden van de draaiende fabriek hoorde. Het was geruststellend, te weten dat de hele nacht honderden mensen vlakbij aan het werk waren en wakker bleven.

Ik lag te lezen en keek zo eens naar het aan de muur hangende portret van een oude man. Het stelde Bessemer voor, de uitvinder van een nieuwe methode om staal te smelten. Dan sliep ik in met het gevoel alsof ik in een rijdende trein lag, zo hoorde ik het geraas, gestamp en gedaver door mijn slaap heen.

Grinko deed, zoals hij met zijn lange neus en haar tot laag in de nek achter zijn gekantelde tekentafel zat, denken aan een karikatuur van Gogol. De gelijkenis werd nog versterkt doordat hij altijd een zwarte vilthoed droeg en een oude zwarte cape die met spangen in de vorm van een leeuwekop sloot. Zulke capes werden een poosje door marineofficieren gedragen.

Op een goeie dag vertelde ik Grinko over onze trein met de ziekenoppassers. Als antwoord kreeg ik het verhaal van zijn bevrijding uit de gevangenis door Sokolovskij.

Ik probeerde politieke thema's bij Grinko te vermijden. Ik vond het typisch dat een voormalige sociaal-revolutionair in een militaire werkplaats aangesteld was en nog wel als tekenaar.

Grinko sprak over alles met een minachtende glimlach en duidelijk verveeld, maar af en toe blonken zijn ogen eventjes kwaadaardig.

Ik merkte dat de arbeiders om hem lachten. Zij noemden hem achter zijn rug om 'de blazer van de aftocht', een duidelijke steek onder water voor het feit dat hij de revolutionaire zaak had opgegeven.

Toen ik op een keer bezig was met de elektrische lamp de granaathulzen door te lichten, trof ik een briefje aan waarop stond: 'Uw buurman in de tekenkamer is niet te vertrouwen. Verbrand dit briefje.'

Dat deed ik en ik begon van dan af goed op de arbeiders te letten die mij de granaathulzen brachten. Maar hun gezicht verraadde niets.

De dag voor mijn vertrek uit Joezovka vond ik in een huls een proclamatie, die in viervoud gehectografeerd was. In de rechterhoek stonden de woorden: 'Proletariërs aller landen, verenigt u!'

Dit was een bolsjevistische proclamatie, waarin opgeroepen werd om de imperialistische oorlog te veranderen in een burgeroorlog.

Ik las de proclamatie door en stopte hem weer in de huls. Toen ik na de middagpauze in de fabriekshal kwam, zat de proclamatie er niet meer. De arbeiders keken mij glimlachend aan maar niemand zei een woord.

Mijn trein naar Taganrog vertrok 's avonds. Ik ging afscheid nemen van Grinko.

Hij zat als altijd druilend op zijn kantoorkruk en zei zonder op te kijken: 'U heeft mij ten onrechte gewantrouwd. Ik ben vroeger wel sociaal-revolutionair geweest, maar nu ben ik anarchist.'

Hij zweeg even en zei dan bedroefd, alsof hij helemaal niets van zijn eigen woorden geloofde: 'De anarchie is het enige rationele stelsel binnen de menselijke samenleving.'

'Mij best!' zei ik. 'God zij met u.'

'U bent óf een opportunist,' zei Grinko daarop, net zo zacht maar nu toch met een kwade ondertoon in zijn stem, 'óf een cynicus. En ik dacht nog wel met een progressief ingestelde jongeman te maken te hebben.'

'In mijn papieren staat dat ik een kleine "burgerman uit de stad Vasilkov in het gouvernement Kijev" ben. Wat wilt u dan van mij? In ieder geval dank ik u voor uw gastvrijheid, die er ook de reden toe is dat ik geen ruzie met u wil maken.'

'Zo te zien schopt u het nog ver,' merkte Grinko op uitgesproken grove toon op.

'Nou, zo ver als u zal ik het wel niet brengen. Dat geef ik u op een briefje! Tot ziens!'

Ik pakte mijn koffer. Grinko bleef op zijn stoel zitten druilen, keek met genepen blik naar mij, snoof en zweeg.

Ik liep naar buiten.

Terwijl ik 's nachts in het donkere stationsbuffet van Jasinovatoje zat te wachten op de trein naar Taganrog, moest ik eraan denken dat er weer een kleine etappe van het leven achter mij lag en er daarmee nieuwe bitterheid bij was gekomen. Maar hoe vreemd het ook klinken mag, dat bittere gevoel ontmoedigde mij niet, integendeel, het versterkte alleen maar mijn vertrouwen dat er mooie dagen in aantocht waren en de bevrijding voor het hele volk op komst was.

'Het komt!' zei ik tegen me zelf. 'Het kan niet anders dan komen, omdat alleen in het wachten zelf al een enorme vruchtbare kracht besloten ligt.'

XXVIII/OVER AANTEKENINGENBOEKJES EN HET GEHEUGEN

Er wordt vaak aan schrijvers gevraagd of zij een aantekeningenboekje bijhouden of dat zij uitsluitend op hun geheugen vertrouwen.

De meeste schrijvers hebben wel een aantekeningenboekje, maar zij maken er slechts zelden gebruik van voor hun werk. Zulke aantekeningen vormen dan ook een op zich zelf staand genre in de literatuur. Zodoende worden naast de romans en verhalen van een of andere schrijver soms ook zijn aantekeningen los uitgegeven.

Op het gymnasium al zei onze leraar voor Russische literatuur Sjoelgin, altijd: 'Cultuur is geheugen.' Aanvankelijk begrepen we niet precies wat Sjoelgin daarmee bedoelde maar naarmate we ouder werden, begrepen we dat het inderdaad zo was.

'In ons geheugen liggen hele eeuwen opgeslagen,' zei Sjoelgin altijd. 'De hele wereldgeschiedenis, de verbeelding, het menselijk denken – dat alles wordt door het geheugen bewaard en zet ons verstand aan het werk. Zonder verstand zouden we vegeteren als blinde mollen.'

Voor een schrijver is het geheugen bijna alles. Het opgespaarde materiaal wordt er niet alleen maar opgeslagen. Het meest waardevolle wordt er als in een toverzeef achtergehouden. Stof en molm vallen erdoor en worden door de wind weggevoerd en slechts het goudzand blijft achter. En daarmee worden dan kunstwerken gemaakt.

Het is niet toevallig dat ik het over aantekeningenboekjes had.

Enige jaren geleden gaf men mij het aantekeningenboekje van een overleden schrijver te lezen. Ik begon erin en zag al heel gauw dat het hier niet om een paar losse korte aantekeningen ging, zoals normaal het geval is in aantekeningenboekjes en dagboeken, maar om een vrij samenhangende afschildering van een onbekende stad aan zee. Verderop zal ik proberen deze beschrijving zo exact mogelijk weer te geven.

Des te verder ik kwam, des te scherper doken er in mijn geheugen vergeten kleuren en geuren en bepaalde vertrouwde plekjes op. Maar ik kon me niet zo meteen herinneren waar ik deze plekjes gezien had en wanneer dat geweest was. Zij doken op als uit een nevelwaas of uit een verre droom waarvan je probeert de stukken weer in elkaar te passen, zoals je een stukgeslagen beeld weer aan elkaar lijmt.

Wat er dan wel in deze aantekeningen stond?

Om te beginnen was er een nauwkeurige beschrijving van de acacia's en de bloesems ervan.

'Over de bloesems ligt een gelig en rozig waas en ze doen altijd een beetje verwelkt aan.

De schaduw van de gevederde acaciabladeren valt op witte muren en er zit zelfs beweging in wanneer je geen zuchtje wind voelt. Je hoeft deze levendige schaduw maar te zien om te weten dat je in het Zuiden bent, vlak bij zee.

Als de acacia's uitvallen, voert de wind hopen bloesems mee door de straten. Zij rollen ruisend als een droge branding over het plaveisel en botsen tegen tuinhekken en huismuren.'

In dit boek stond ook een aantekening over de steile havenstraatjes die naar de haven beneden leidden. Zulke straatjes, die pal bij de schepen en de wijde zee uitkomen, zijn vaak veel belangrijker voor een literaire beschrijving dan op het eerste oog lijkt.

'Het plaveisel van de straten aan de haven is door de hoeven van de sleperspaarden zo afgesleten dat er een loden glans over ligt. Tussen de straatstenen zijn van een kar gerolde haver- en tarwekorrels gaan ontspruiten. De steile steunmuren zijn met brem begroeid. Een ondoordringbare wirwar van takken, bladeren, doornen en gele bloesems bulkt naar beneden als een verstarde waterval.

Op sommige plaatsen zijn in dit stoffige groen nissen uitgehakt. Er gaan koffiehuisjes en winkeltjes in schuil. Daar wordt spuitwater verkocht en Baklava, Grieks bladerdeeggebak met honing.

De voorgevel van de koffiehuizen is altijd van glas. Je ziet mannen in verschoten overhemden er met hartstocht zitten kaarten.

Maar dat is niet alles. Op lage bankjes zitten er oude vrouwen gepofte kastanjes te verkopen. De kolen in hun vuurpotten zijn roodgloeiend. Je hoort voortdurend een licht knappend geluid – dat doen de openbarstende bolsters van de kastanjes.

Een scherpe bocht – en beneden ligt, als uit een prentenboek, de haven net speelgoed zo klein.

De smalle pieren zijn met gras overwoekerd dat een spoorlijntje aan het oog onttrekt. Dat is jammer. Anders hadden we de roodverroeste rails kunnen zien en de margrieten die hun witte kopjes erover buigen.

In de mond van de gietijzeren kanonnen die er dienst doen als meerpaal staat, als in een glas, zoutig water. Je hoeft je er maar over te buigen of je krijgt een geur in je neus waar je hart van begint te bonken, de geur van de oceaan en van alsem, die geur waar je van opfrist en die doet denken aan zeereizen, zo gezond voor het hart en zo vruchtbaar voor de geest.

Kleine groenige golven kabbelen tegen de palen.

De meeuwen krijsen doordringend en stoten een begerig gesnater uit als zij uit de hoogte een school jonge argeloze vissen zien.

Onder het beuken van de golven weergalmt het metalen geraamte van het seinvuur, een kleine vuurbaak op het havenhoofd.

Aan de seinmasten van de haven hangen geheimzinnige ballen en kegels.

Wat kondigen deze zwarte ballen aan? Zwaar weer soms? Of juist volledige windstilte, wanneer het net is of de doorzichtige lucht helemaal vervloeit in het zeewater. En de zee die deze zuiverheid opzuigt, wordt zelf ook tot op de bodem doorzichtig.

Nee, waarschijnlijk wordt het toch storm! De zwarte zeilen van de vissersboten klapperen druistig. De boordlichten pinkelen in de schemering.

De gedachte aan verre zeereizen heeft u al te pakken. Maar het is toch ook een beetje jammer, weg te gaan uit deze gezellige stad, waar de blauwe en groene luiken aan de muren van de huizen rammelen in de wind en op de boekenplanken in de verlichte kamers dikke boekdelen staan, waarschijnlijk verzamelde jaargangen van de tijdschriften *Niva*, *De wereld rond* of *Vaderland*.

Maar je kunt niet eens aan boord want er liggen geen stoomboten in de haven. Die blijven allemaal een stuk verder op de rede liggen.

Of er dan echt geen stoomschepen in de haven zijn? Ja, toch wel, de sleepboot van de havendienst. Hij ligt goeiig te snorken bij de steiger. Dan ligt er ook nog de oude schoener, "Werker van de zee". En verder nog twee afgetakelde korvetten.

Heel lang geleden zijn die hier eens voor de sloop heengebracht en liggen ondertussen nog altijd midden in de haven, waar zij hun zware ankerkettingen als gestrekte armen in het water laten hangen. Al dromend denken zij aan hun grootse verleden toen zij door de Straat van Magelhaen voeren en hun voorsteven het olieachtige water bij de Archipeleilanden doorkliefde. In het donker kun je, al is het met moeite, hun gebogen ramsteven, boegsprieten en schoorstenen onderscheiden.

Overdag kun je naar een van deze korvetten toe roeien, de wacht een pakje sigaretten van het merk "Zigeuner-Ada" toestoppen en dan op het dek in de schaduw van de schoorsteen gaan zitten lezen, wat en hoe lang je maar wilt. Het fijnste is natuurlijk om op zo'n plek gedichten te lezen of reisbeschrijvingen, zoals *Het fregatschip Pallas* of het dagboek van kapitein Cook.

Maar u moet trouwens zelf maar uitzoeken wat voor boek u het liefst leest op dit van ouderdom wit uitgeslagen dek, met rondom de geur van de ijzeren, tot aan de waterlijn met dichte franjes waterplanten begroeide scheepsromp.

Vanaf het dek van deze korvetten, getuigen van wereldwijde glorie, heb je goed zicht op zee.

De schittering van de zee heeft hier geen azuurblauwe turkoois, saffier, aquamarijn- of andere prachtkleur van de zuidelijke zeeën.

Zij is groenig en bewegingloos. Haar enige sier zijn de wolken. De zee weerspiegelt deze gewillig, wel wetend dat ze haar verre ruimten verlevendigen.

De wolken komen langzaam uit het zuiden opzetten. Zij lijken op middeleeuwse steden met vestingtorens, kathedralen, basilieken, triomfbogen, schitterende ridderbanieren en een verre achtergrond van besneeuwde bergen. Mont-Blancs of Monte Rosa's.

Een of andere knettergekke kunstenaar heeft deze stad bizar verlicht. En bij zonsondergang ontvlammend, stralen de wolken alle halftonen van de avondgloed uit – van blauw tot goud en van paars tot zilver.'

Ik las deze aantekeningen en had het tergende gevoel met iets te maken te hebben wat ik kende. Ik zocht naar een plaats- of persoonsnaam om deze stad te herkennen. Ik voelde ergens in mijn onderbewustzijn wel van welke stad er hier sprake was maar ik was er nog niet helemaal zeker van.

Ah! Hier! Eindelijk! 'Eigenaardig dat zich in de boeken van een van onze opmerkelijkste schrijvers, geboortig uit deze stad, niets weerspiegelt van alles wat hier zo juist beschreven werd, noch de zee, noch de haven, noch de acacia's noch de zwarte zeilen.'

In deze woorden lag de oplossing van het raadsel. Ja, natuurlijk, dat sloeg allemaal op Taganrog, de geboortestad van Tsjechov.

Zodra ik het geraden had, kreeg alles wat ik gelezen had leven voor me, het verloor ieder vleugje onbekendheid dat ik onder het lezen gevoeld had, en het werd reëel en kreeg een scherp reliëf.

Ja, dat was Taganrog! Zo had ik het gezien in 1916 toen ik er vanuit Joezovka heen ging en er tot laat in de herfst was gebleven.

Zo zag ik het toen omdat ik jong was, één brok romantiek, mijn hoofd volgestouwd met gedichten en verhalen over zee en omdat ik datgene zag wat ik wilde zien.

Daarom ben ik er op rijpere leeftijd lange tijd voor teruggeschrokken in Taganrog terug te komen, omdat ik bang was teleurgesteld te worden en een heel andere stad aan te treffen dan ik hem voor het eerst voor me had gezien.

Wat doe je eraan! Met het groeien der jaren verliezen we dat reddende talent waarmee we de dingen buiten hun proporties zien.

Maar in de herfst van 1952 moest ik toevallig weer in Taganrog zijn en kreeg het overtuigende bewijs dat ik het in mijn jeugd toch goed had gezien. Taganrog was nog even mooi. Het had niets aan schoonheid ingeboet, al had de stad wel een ander karakter gekregen. Taganrog was nu een stad van studerende jeugd, van jongens en meisjes, van luid geroep op straat, van lachende stemmen, van armen vol boeken, van liederen en discussies.

En daar, waar in 1916 onooglijke voorstadjes lagen, waren nu leuke kleine stadjes ontstaan, nederzettingen van arbeiders rondom nieuwe fabrieken. Zij lagen in een kring van lawaai om het oude Taganrog heen.

Maar Taganrog zelf was net zo uitgestorven, gezellig en stil als vroeger. De vissersscheepjes met de zwarte zeilen staken van wal en dreven zo traag naar de zee dat het van boven op de heuvel, waar de bronzen Peter staat, leek alsof de wind zwarte herfstbladeren over de zee woei.

Toen ik in 1916 in Taganrog was, streek ik in hotel 'Koembaroeli' neer, een groot, kil en leeg huis. Het was gebouwd in die fabelachtige tijden toen Taganrog de rijkste stad aan de Zee van Azov was, de metropool van Griekse en Italiaanse grossiers.

Dat was een tijd dat in Taganrog een Italiaanse opera schitterde, dat Garibaldi en de op Hellas verliefde dichter Sjtsjerbina er woonden. Ook de kale fat Alexander I woonde en overleed er, omringd door een uitgelezen gevolg.

Maar al gauw daarna maakten Odessa en Marioepol van Taganrog alle rijkdom afhandig en de stad verstilde en raakte leeg.

De kamers in hotel 'Koembaroeli' waren zo hoog dat het plafond door de kleine reikwijdte van het lamplicht 's avonds in het donker bleef. De donker geworden fresco's aan de muren stelden klassieke landschappen voor met ruïnes, watervallen en smachtende herderinnen in rode rokken. De herderinnen zaten, hoe kon het anders, bloemenkransen te vlechten.

De eerste twee maanden die ik in Taganrog doorbracht, werkte ik in de ketelmakerij 'Neuf-Wilde'. Deze behoorde toe aan een maatschappij van Belgische aandeelhouders.

De fabriek lag buiten de stad in de verzengend hete steppe. In de werkplaatsen kon je het sjirpen van de krekels horen.

Toen ik aankwam werd net de enige hydraulische pers voor de fabricage van granaathulzen gemonteerd. In de lichte lege fabriekshallen liepen Belgische ingenieurs met panamahoeden en bontgekleurde bretels rond. Zij gedroegen zich tegenover ons, Russische arbeiders, vanuit de hoogte en wantrouwend. Zij trokken in ieder geval vrijwel constant een zure grimas.

In de fabriek heerste in wezen aldoor een staking op z'n Italiaans. Er werd zo langzaam, met zo veel tegenzin en zo slap gewerkt dat in twee maanden net aan het voetstuk voor de pers klaarkwam.

In de stad heerste al voedselschaarste, er was lang niet altijd voldoende brood. De prijzen stegen en ons voedsel bestond voornamelijk uit mineraalwater en scheepsbeschuit. Deze gezouten scheepsbeschuit bezorgden we ons in 't zwart met kisten tegelijk in de depots van de intendances en werd eerlijk onder de arbeiders van onze werkplaats verdeeld.

In het hotel wonen was duur en al gauw vond ik een kamer bij een zekere Abrasja Flachs, een ongegeneerde en luidruchtige commissionair.

Abrasja Flachs was er heilig van overtuigd dat ik naast mijn werk in de fabriek verhalen over Jack the Ripper schreef en over de beroemde Amerikaanse detectives, Nick Carter en Nat Pinkerton.

Dit was het enige literaire werk dat door Abrasja Flachs erkend werd. Zijn rommelige huis lag vol stuk gelezen boekjes, van slecht grauwig papier maar met kleurige omslagen die de wonderbaarlijke misdaden van bandieten en de niet minder wonderbaarlijke heldendaden van deze detectives afbeeldden.

Bijzonder duidelijk herinner ik me een van deze omslagen, met

Nat Pinkerton die in de klauwen van een zwarte moordenaar gevallen was. De neger hield Pinkerton met gestrekte armen om zijn middel vast boven een bodemloze afgrond terwijl Pinkerton koelbloedig zijn beide pistolen op de moordenaar gericht hield. De moraal van dit plaatje was duidelijk: als de neger losliet en Pinkerton liet vallen, dan zou de detective nog net op tijd twee kogels door de neger jagen. Zo te zien had geen van beiden, de neger net zomin als de detective, er belang bij de ander te doden. Abrasja Flachs was enthousiast over deze illustratie.

Abrasja had een kleine, zeurderige vrouw met allemaal zwarte krulletjes, een klaaglijke stem en stekelige ogen.

'Laat ze u vooral niet vertederen omdat ze zo klein is,' nam Abrasja mij in vertrouwen, 'zij is zo gemeen als een dolle kat. Je kunt je nog beter in zee verdrinken, dan met zo'n vrouw samen te leven.'

Abrasja verdronk zich niet, maar zocht leuke afleiding in kleine slippertjes. Op een keer ontmoette ik hem op de botensteiger met een nuffige, koeiig kijkende juffer. Op haar hoed wiegelden roodfluwelen klaprozen. De juffer draaide koket met een Japans parasolletje waar badende negerinnen op afgebeeld stonden. Abrasja huurde een boot en voer met de juffer een eind de zee op. Toen de boot een stuk uit de kust was, begon het meisje op verdachte wijze te schateren en luide gilletjes te slaken.

De botenverhuurder, Lagoenov, een norse brombeer, zei dat Abrasja Flachs een gauwdief en een rokkenjager was en dat hij op een goeie dag zijn welverdiende straf zou krijgen voor zijn duistere praktijken. Een boot verhuren aan zo'n man was alleen maar een aanfluiting voor de zee.

Iedere keer wanneer madame Flachs een nieuwe daad van ontrouw van haar Abrasja ter ore kwam, stond het huis te trillen op zijn grondvesten.

Om te beginnen rende madame Flachs in peignoir de binnenplaats op en riep met tragische stem, haar magere armen naar de hemel geheven: 'Hoort 't aan, fatsoenlijke vrouwen! Hoort 't aan! Hij heeft zich weer met dat vod, met dat lor van een Ljoeska afgegeven! Ik wil geen voet meer zetten in mijn eigen huis voordat ik dat stuk etter van kant heb gemaakt en me zelf met zwavelzuur vergiftigd heb. Geef toe!'

Daarna stormde madame Flachs de straat op, zeker naar een apotheek om zwavelzuur te kopen, of misschien ook op zoek naar Ljoeska. De medelijdende buurvrouwen van de binnenplaats liepen haar achterna, brachten de jammeraarster terug en spraken haar als om strijd kalmerend toe: 'Windt u niet zo op, mevrouw Flachs, je zou er een beroerte van krijgen! Als vrouw moet u zuinig zijn op uw zenuwgestel! Iedere man heeft zijn gebreken!'

'Haal mijn moeder!' snikte madame Flachs. 'Mijn lieve oude moedertje! Telegraafstraat nummer vijf! En mijn zusje Berta! En tante Sofietje! En mijn kleine intelligente Borja! Zij zullen het schandgerecht voor hem zijn. En haal die nietsnut zelf ook hierheen, anders weet ik niet wat ik me zelf nog doe!'

Zij begon over de grond te rollen, te stampvoeten en te gillen. De vrouwen riepen ach en wee, liepen heen en weer, gaven haar valeriaandruppels te slikken tot er eindelijk een nors, zwaarlijvig oud wijf met een grijze snor aan kwam zetten, het 'lieve moedertje'. In het voorportaal begon ze al met een hese stentorstem te roepen: 'Houd je mond! 't Lijkt hier de zigeunerkermis wel met dat gekakel! Smijt een emmer ijskoud water over haar kop!'

Mevrouw Flachs kwam onmiddellijk tot bedaren en kreunde alleen nog zachtjes als een gewond vogeltje.

'Ik begin er zat genoeg van te krijgen,' baste het lieve oude moedertje, 'mij met die imbeciele eendvogel te moeten bemoeien. Houd je wafel, hysterische geit! Wat zie je d'r uit! Sta op, vooruit ga je wassen – en laat ik geen woord meer van je horen, idioot!'

Een uur of twee later werd dan precies onder mijn raam op de binnenplaats de krijgsraad gehouden. De hele familie was er, zusje Berta en de kleine intelligente Borja, incluis.

Het was onbegrijpelijk en afschuwelijk dat deze oorverdovende familieruzie beslist publiekelijk op de binnenplaats en in het bijzijn van de brandend nieuwsgierige buren behandeld moest worden.

Een ronde tafel waar een gehaakt kleed op lag en een paar wrakke Weense stoelen werden de binnenplaats op gesleept. Allen gingen rond de tafel zitten. Alleen Abrasja hield zich terneergeslagen afzijdig als een aangeklaagde.

Het duurde nog even voor de zitting zou beginnen. Het wachten was op de rabbijn. Ondertussen deed ieder er het zwijgen toe, verwijtende blikken op Abrasja werpend.

Bij zo'n familiereünie verscheen Abrasja altijd heel slordig ten tonele, in hemdsmouwen, zonder boord en bretels en met losse schoenveters. Misschien wilde hij medelijden opwekken of misschien duidde dit tenue op berouw en was het een vervangingsmiddel voor het oude gebruik van as op je hoofd strooien.

Dan kwam de goedige oude rabbijn aanzetten, snoot zijn neus dat het over de hele binnenplaats schalde, nam plaats in de enige zachte stoel, wreef uitgebreid over zijn baard met een geruite zakdoek, en zei: 'Dus de hele poppenkast begint weer van voren af aan,' en begon het verhoor. Ook al werd er Jiddisch gesproken, dan belette dat de talrijke Russische toeschouwers toch niet om met alle verwikkelingen van dit familiedrama mee te leven.

Het eindigde allemaal met een verzoening. De rabbijn werd uitgenodigd voor een etentje in de huiselijke kring en voor een poosje was de rust weergekeerd.

Veel werk was er niet in de fabriek Neuf-Wilde. Ik was op tijd thuis, schreef en las veel.

Ik had mij in de stadsbibliotheek laten inschrijven. Op aparte boekenplanken stonden daar alle boeken die Tsjechov geschonken had. Zij werden niet uitgeleend maar de lezer mocht ze soms inkijken.

Het waren werken van min of meer vergeten schrijvers: van Potapenko, Sjtsjeglov, Ertel, Ismaïlov, Barantsevitsj, Moeisjel, met handtekeningen van de auteur of een opdracht van Tsjechov in zijn fijne lichte handschrift dat aan een doktersrecept deed denken.

Het leven ging hier zo rustig zijn gangetje dat ik er zelfs een bepaalde vaste regelmaat in wist te brengen. Schrijven deed ik thuis maar om te lezen ging ik naar een van de afgetakelde korvetten in de haven, meestal de 'Zaporozjets'.

Ik werd goeie vrienden met de wacht en hij liet me op ieder willekeurig uur van de dag op het korvet. Als de nachten warm waren, bleef ik soms zelfs slapen op de 'Zaporozjets'.

Bij de botenverhuurder Lagoenov nam ik een boot, roeide naar het korvet, maakte de boot aan de steile ijzeren valreep vast en klauterde het hoge dek op.

Ik nam iets te eten mee en zette samen met de wacht thee.

Ik had de indruk en misschien was het ook wel echt zo, dat ik me gezonder voelde van al die zon en het lichte gevoel van honger dat ik toen steeds had.

Ik las alles wat los en vast zat en leerde het werk van alle dichters, geleend van de bibliotheek, uit mijn hoofd. De muziek van de gedichten bracht mij in een roes. Pas poëzie vormde een voldoende klankbord voor de rijkdom van de Russische taal.

In de gedichten klonken de woorden als het ware nieuw, alsof ze voor het eerst bedacht en gezegd waren. Steeds weer bezorgden hun trefzekerheid, hun expressieve kracht en hun uitstraling mij een schok.

Enkele van mijn lievelingsverzen kon ik eindeloos herhalen. Iedere dag kwamen er andere in mij op, de ene strofe ruimde het veld voor de andere.

Soms kwam Lermontov bij me boven: 'De stille steppe wordt blauw en houdt als een zilveren krans de Kaukasus omsloten,' soms Poesjkins woorden: 'Iedere dag voert een snippertje van het bestaan met zich mee,' dan weer het 'Voorjaarsonweer' van Tjoetsjev waarin beschreven wordt hoe

Hebe, haar lichtzinnigheid niet gewaar
bij het vrolijk voeren van Zeus' adelaar
over de aarde met een luchtig gebaar
ledigt een bruisende bokaal vol bliksem's misbaar,

of het gedicht over de lente van Fet: 'Het rijk van de storm, vorst en sneeuw ontvliet jij, mei, zo fris en zuiver.'

Ik was omringd door een schaar van dichters. Ik sprak met hen. Mijn hoofd duizelde van de veelheid aan uit één stuk gegoten gedachten en beelden. Waar hadden ze dat allemaal vandaan gehaald, uit welke heldere en vurige diepten der ziel?

Ik voelde mij als de bezitter van grote rijkdommen. Leconte de Lisle, en Heine, Verhaeren en Burns spraken met mij. En zij konden hun woorden niet beter kiezen dan ze deden. Was dat niet het ware geluk? Toen ik zo jong was verbaasde ik me er al over – en dat doe ik vandaag nog – dat er mensen zijn die dat niet begrijpen of aan wie het voorbij gaat.

Ik was er heilig van overtuigd dat ook buitenlandse dichters beter klonken in de Russische vertaling dan in hun eigen moedertaal.

Vooral de gedichten van Herédia maakten toen een heel diepe indruk op me. Zij pasten bij de kusten van de Zee van Azov met zijn steile landtongen, steppen en het waas van de Oudheid. Herédia's gedichten kende ik uit mijn hoofd. Ik kan niet nalaten hier iets te citeren:

De tempel staat vervallen, bovenop de steile kaap waar,
van marmeren godinnen en bronzen helden kriskras door elkaar,
geborgen door de dood in de kale aard',
nog slechts wat eenzaam gras de roem bewaart.

Daarnaast klonken gedichten van de vergeten dichter Mej: 'De goudgelokte Phoebus wierp zijn goudgeslagen schild over de zee en de dageraad liet haar prille blos over het marmer uitvloeien.'

En tegelijkertijd zongen de als de adem van de ochtendstond zo weidse en lichte strofen van Alexander Blok:

O lente zonder grens en zonder einde en zonder schroom,
grenzeloze en eindeloze droom!
Ik herken je, leven! Ik aanvaard je zonder talmen,
En laat ter begroeting mijn schild luid galmen...

Gedichten waren voor mij net zo reëel als brood, het werk in de fabriek, zon en lucht. Zij lieten mij in een voortdurende spanning leven, in een onverwachte rijk geschakeerde wereld. Zij voerden mij mee zoals een schuimende rivier een afgebroken tak meesleurt. Ik kon geen weerstand bieden.

Alles om mij heen, bekeek ik door de doorzichtige substantie van gedichten. In het begin had ik het gevoel dat de dingen die door de poëzie beroerd werden, meer inhoud kregen dan tevoren, een nieuwe sterke uitstraling.

Maar dat was niet zo. Ik heb er nooit een moment spijt van gehad dat ik in mijn jeugd zo bezeten was van poëzie. Want ik weet dat de poëzie het leven tot volledige expressie brengt, dat de poëzie een extra dimensie van de wereld blootlegt, die een trage blik maar moeilijk kan omvatten.

Dit was de eerste keer dat ik niet als toerist in Taganrog was. De indrukken gleden niet langs me heen maar hoopten zich in mij op, kregen diepgang. En daarom was ik ook zo gek op gedichten die vervuld waren van de oorspronkelijkheid van het leven aan de kust. Ik kon ze hier toetsen aan alles wat zich rondom mij afspeelde. Ik roeide vaak de zee op, meestal 's avonds na mijn werk. De zon ging onder. Ik legde de boot stil. Water druppelde van de riemen.

Het schouwspel van de ondergaande zon maakte woorden in mij wakker: 'De gouden schijf van de zon, de lazuurblauwe leegte verlatend, zakt langzaam weg in de deinende diepte van de zee.'

Het verbaasde mij dat woorden zo dicht bij de waarheid konden zijn. De gouden schijf van de zon verliet echt de leegte van de hemel en zonk langzaam weg in de zachte deining van de zee. Er lag niets hoogdravends, niets kunstmatigs in deze woorden en toch ging er een grote plechtigheid van uit. Ik heb nooit precies kunnen constateren wanneer deze plechtigheid begon, om vervolgens vrij zijn weg te banen.

Ik hield ook van de aan de haven liggende scheepskantoortjes, blauw van de tabakswalm, met de vaarplannen aan de muur. Het kantoorpersoneel bestond hoofdzakelijk uit Grieken. Onwillekeurig zag ik hen zoals in het gedicht: 'Ik spiedde zo vaak zoekend in 't rond, / voelde zo vaak een stekende blik in mijn rug boren, / Agamemnon in een kroeg als markeur vermomd, / Odysseus in een der duistere scheepskantoren.'

Ik was er zeker van dat ik onder deze mensen mijn Odysseus zou vinden. Dat gebeurde ook inderdaad. Hij heette Georgij Sirigos. Het was een scheepsagent, een magere man met een bruin gezicht en droevige zwarte ogen. Om zijn pezige polsen had hij een rozenkrans van barnsteen.

Weer of geen weer, Sirigos roeide in zijn kleine sloep naar de stoomschepen op de rede. Hij ging door voor de beste kenner van de Zee van Azov. Aan de kleur van de hemel kon hij zien hoe de wind de volgende dag zou staan en of de haringscholen naar de uitmonding van de Don zouden trekken. Hij gaf de windrichting op een graad nauwkeurig aan. Geen kompas zou het beter hebben kunnen doen.

Sirigos had een knappe dochter. Zij kwam vaak in het kantoor van haar vader met een boek op de vensterbank zitten waar zij onder het lezen alles om zich heen vergat. Als je iets tegen haar zei, antwoordde ze niet meteen maar hief langzaam haar hoofd alsof ze ontwaakte uit een diepe slaap. Haar blauwe ogen lachten nooit en haar lange zwarte vlechten roken naar lavendel.

Om haar smalle arm had zij een tinnen matrozenarmband. Zij sprak nooit met iemand.

Soms zag ik haar aan de haven op de rand van de pier zitten, haar benen bengelden naar beneden. Zij kreeg spatten op haar zwarte jurk van de schuimende golven. Net als alle Griekse vrouwen hield zij van zwart. Zij werd door vele zeelieden ten huwelijk gevraagd maar zij wees ze allemaal af.

Sirigos en zijn dochter hielden mijn gedachten lange tijd bezig en wie zal zeggen hoeveel romantische verhalen ik bedacht heb met Sirigos, zijn dochter en ik als helden.

Ongeveer op een werst afstand van Taganrog stond op lage rotsen in volle zee een seinvuur. Het werd 'de Schildpad' genoemd.

Ik roeide vaak naar 'de Schildpad' toe. Met windstil weer legde ik mijn boot aan het ijzeren hek ervan vast en gooide mijn hengel uit. Meestal ving ik alleen zwarte donderpadden, een opmerkzame uitdrukking om hun bek. Zij schenen niet erg in te zitten over de onaangename toestand waar ze onverwachts in beland waren, maar probeerden blijkbaar uit te vissen hoe het zover gekomen was.

Het doorzichtige water omspoelde de stenen. In de verte, op de landtong, zag je Taganrog, de koepels van de kathedraal en de roodachtige klippen van de kust.

Op een keer was ik zo met mijn hengel in de weer bij 'de Schildpad', dat ik helemaal niet lette op het invallen van de schemering. Ik zat met mijn rug naar de volle zee toe en hoorde plotseling een langzaam aanzwellend dof geraas. Ik keek om. Op zee stak wind op. Een grijze sluier hing boven de horizon. Dan flikkerde er vaag een bliksemflits in op. Rondom werd het water plotseling zwart en kreeg een stijve rimpeling.

Ik duwde van 'de Schildpad' af en begon naar Taganrog terug te roeien. De wind nam zo snel toe dat de golven na luttele minuten al in de sloep sloegen.

Zoals wel vaker op zee gebeurt, vooral op de Zee van Azov, begon de wind te draaien, veranderde in landwind en begon mij terug te drijven naar de open zee. Een kleine windhoos raasde laag langs de golven voorbij.

Het werd snel donker. De vuurtoren van Taganrog ging aan.

De lantaarns van de vuurtoren waren zo ingesteld dat je op verschillende afstanden een verschillende kleur zag. Ik herinner me de volgorde van de kleuren niet precies meer, maar ik geloof dat het licht vanuit de haven rood was, verder weg groen en helemaal uit de verte wit.

Ik keek om. De vuurtoren gaf wit licht. Tot de haven was dus nog een heel eind.

De wind ging als een bezetene tekeer. Hij kwam in vlagen aanzetten, stoof gierend opzij, wervelde in het rond en floot boosaardig langs de riemen.

De golven sloegen met een klap tegen de voorkant van de sloep, de boot steeg in de duisternis omhoog en ik hoorde het water met emmers naar binnen plempen.

Ik zat al tot mijn enkels in het water. Er moest gehoosd worden. Ik legde de riemen neer en zocht op de tast naar het hoosvat. Maar op hetzelfde moment kwam de boot dwars op de golven te liggen; het duizelde me en ik begreep dat de eerstvolgende grote golf over de sloep heen zou plenzen en dat deze om zou slaan.

Ik greep de riemen beet en begon opnieuw uit alle macht te roeien. Mijn natte hemd plakte aan mijn lichaam vast en zat me erg in de weg. Mijn handen gloeiden, waarschijnlijk hingen de vellen erbij.

Toen ik weer omkeek, gaf de vuurtoren groen licht. Ik was dus dichter bij de haven gekomen. 'Nog even,' moedigde ik me zelf aan, 'nog even! Dadelijk wordt het licht rood! Dan ben je gered.'

Ik had ieder besef van tijd verloren. Het moest ongeveer middernacht zijn. Rondom tierde en raasde zware duisternis. Je kon niet eens het schuim van de aanstormende golven zien.

Ik roeide, kreunend van inspanning. Mijn natte haar hing in mijn ogen maar ik liet het zo want er was toch niets te zien en ik durfde de riemen geen moment los te laten, uit angst af te drijven op de harde wind.

Ik keek nog eens om en begon te vloeken: het licht was weer wit! Ik dreef snel af en het leek of geen macht ter wereld de sloep tegen deze dolle wind kon laten optornen.

Toen liet ik de riemen los en begon weer te hozen. Er kwam een eigenaardige onverschilligheid over me. Terwijl ik hoosde, moest ik opeens aan moeder en Galja denken, aan het nauwe straatje in Lublin waar ik voor Lolja seringetakken had afgebroken, aan de grijze wolken op weg naar Baranovitsji, aan de zachte vrouwenhand die teder mijn wang streelde en aan het houtvuur in de synagoge van Kobrin.

De herinneringen kwamen zonder enig verband in me op, liepen door elkaar heen en verdrongen elkaar. Het was net of ik even blind en doof was geworden.

Toen ik opkeek, hing het licht van de vuurtoren helemaal achter de horizon. Het leek op een dovende ster.

Ik greep de riemen en begon langzaam en regelmatig als een automaat te roeien. Ik verwonderde me erover dat ik nog niet verdronken was. De golven hadden me door elkaar gehusseld en ik was nog maar nauwelijks tot denken in staat.

Ik keek om en zag een groen licht. In plaats van vreugde voelde ik een onbegrijpelijke toorn in me opkomen. Ik begon met zoveel kracht te roeien dat de riemen ervan kraakten. Ik stond nu rechtop te roeien, hing met het gewicht van mijn hele lichaam in de riemen. Ik vloekte met opeengeklemde tanden en begon dan als een dwaas steeds weer dezelfde woorden te herhalen: 'Verduiveld nog an toe! Ik laat me niet klein krijgen!'

De tijd verstreek en het was alsof deze nacht nooit zou eindigen.

Plotseling hoorde ik achter mij een nieuw hels gebrul. Ik keek om en zag het rode licht van de vuurtoren. De haven was vlakbij. Het waren de golven die brullend op de pieren stuk liepen en terugstroomden terwijl andere golven al weer op hen aanstormden. Zwarte waterkolommen en vlokken schuim vlogen omhoog. Bij de haveningang stond me nog het ergste te wachten, daar was wat zeelieden 'een duivelsketel' noemen. Om in de haven te komen, moest ik me een weg banen door een spermuur van hels ziedend water.

Op de havenhoofden brandde licht en daar hield ik de sloep op aan. Meteen werd ik me weer van gevaar bewust.

Met behulp van het lichtschijnsel bepaalde ik welke kant de golven mij op dreven en begon als een waanzinnige te roeien. Ik schreeuwde om af te reageren. Wat ik eruit gooide weet ik niet meer.

De sloep werd heen en weer geslingerd als een kurk op een waterval. Hij rees omhoog, de voorsteven wilde alle kanten uit, het bonkende water deed de bodem kraken.

Verblindend wit licht vlamde op boven mijn hoofd. Ik kon natuurlijk niet weten dat dit een lichtraket was en dat ik op de pier gesignaleerd was.

Ik zag de zwarte kademuren heel dichtbij en merkte plotseling dat ik in kalmer water beland was. De lichten op de havenhoofden gleden langzaam naar achteren en ik werd niet langer heen en weer geworpen en door elkaar geschud. Dan zag ik de hoge boegsprieten van de vertrouwde korvetten voor me, sidderende lichtreflexen en ik hoorde een langgerekt geroep: 'Hee, de sloep, de sloep!'

Op de pier werd met een lantaarn gezwaaid. Ik stuurde de boot op het licht van de lantaarn af, naar een stenen trap toe en gooide de riemen in de boot.

De wachters trokken mij uit de boot en brachten mij naar het wachthuis, waar ik bij het verblindende licht van de elektrische lamp me zelf zag – kleren helemaal stuk, drijfnat, met bebloede blauwe handen.

'Hebt u even gemazzeld!' zei de grijsharige havenopzichter met nijdig gefronste wenkbrauwen. 'Waarom bent u de zee opgegaan terwijl de stormseinen vanmiddag om twee uur al gehesen waren?'

'Ik ken de seinen niet,' bekende ik.

'Zo!' zei de opzichter en hield mij zijn zilveren sigarettenkoker voor, 'onthoud dan goed dat ieder mens de stormseinen behoort te kennen. Net zo goed op zee als in zijn eigen leven. Om onherstelbare ongelukken te voorkomen.'

XXIX/DE KUNST LEEMHUTTEN TE WITTELEN

Van de fabriek Neuf-Wilde kwam ik in de olieslagerij van Vaksov. De zomer van 1916 liep op zijn eind.

De eigenaar van de fabriek, een jonge en wat dommelijke dikzak, ging in Taganrog door voor een miljonair. Hij liep altijd rond in een smerig kreukelig pak van tussorzijde, schurkte voortdurend met zijn volle hand door zijn verwarde rooie baardje en sprak onsamenhangend, hakkelig, van de hak op de tak springend.

Om zijn patriottische ijver te bewijzen, had Vaksov een hydraulische pers aangeschaft en was begonnen met het persen van granaathulzen. Maar deze bevlieging draaide op niets uit, van Vaksovs pers kwam alleen maar een zootje afval.

Vaksov verdient het natuurlijk nauwkeuriger beschreven te worden, maar tot mijn spijt kan ik dat hier niet doen want in de proloog van mijn novelle 'De geboorte van de zee' heb ik hem al uitgebreid afgeschilderd.

Er viel in de fabriek van Vaksov geen spat te doen. Daarom stuurde ik mijn directe chef, kapitein Veljaminov in Jekaterinoslav, een met redenen omkleed verzoek, mij van mijn taak te ontslaan. Een week later kreeg ik ten antwoord dat mijn verzoek ingewilligd was.

Ik had mijn werk in de fabriek zo makkelijk opgegeven omdat

ik op de markt in Taganrog Mykola had leren kennen, een oude visser van de Petroesjina-landtong en met hem had afgesproken dat hij mij als maat aan boord zou nemen.

Een flegmatiek 'oompje' met een ossewagen die nog ik weet niet hoe ver moest naar een of ander 'deksels gehucht', bracht mij naar de Petroesjina-landtong.

De wielen zonken tot aan hun as weg in het stof en het oompje zei: 'Naar de hel ermee, met deze dekselse stoftroep! En dat terwijl er best een middel is tegen stof. Een oud en beproefd middel.'

'Wat dan?'

'Gewoon pekel over de weg gieten. Het zout bindt het stof of het cement is. Bij ons gieten de vrouwen pekel over de lemen bodem in de hutten en die wordt zo hard als steen. Alvorens het koren te dorsen, gaat er ook pekel over de dorsvloer. Dan is de ondergrond hard. Ja, ja, meneertje! Je moet nu eenmaal weten wat waar goed voor is op de wereld. Anders bega je per ongeluk de grootste stommiteiten.'

Hij zette mij af op de plaats waar een weg naar de Petroesjina-landtong afdaalde en reed verder, traag met zijn stem zijn peinzende ossen aansporend: 'Hu, huo, dekselse kerels! De kolere kunnen jullie krijgen!'

Vanaf de heuvel zag ik onderaan een kleine zanderige landtong liggen met een stelletje stralend witte leemhutten. Aan de oever hingen fijne roze-achtige vissersnetten op staketsels te drogen. Zwarte vissersjollen wiegden zachtjes op het heldere water.

Verder was er rondom niets te zien, als je tenminste de indigoblauwe lucht, de zee, de zon en het gele op de wind wuivende gras, niet meerekent.

Toen ik van de steile heuvel naar beneden klom, kreeg ik twee vlasblonde kleine jochies op blote voeten in het oog en een al even vlasblond meisje van zo'n jaar of acht. Zij renden mij tegemoet, zo snel hun benen hen dragen konden. Het meisje liep voorop, zij keek om naar de jongens en riep: 'Vlug! We gaan ons verschuilen! Vlug!'

Dan verdwenen ze alle drie als door de aardbodem opgeslokt. Maar toen ik langs een paar hoge distelstruiken kwam, hoorde ik daar zacht gegrien en haastig gefluister uit komen: 'Huil nou niet! Anders hoort ome je. Ik haal die stekel er zo wel uit.'

De kinderen hadden zich in de struiken verscholen. Toen ik voorbij was, kwamen zij weer voor de dag en volgden op een respectabele afstand. Het ene jongetje hinkte; hij had zeker een doorn in zijn voet gekregen.

Ik bleef staan en riep naar de kinderen. Zij kwamen langzaam en schuw dichterbij met neergeslagen ogen, hun neus ophalend. Voorop het meisje, de jongens verborgen zich achter haar rug.

'Dag!' zei ik tegen het meisje. 'Waar woont hier ergens opa Mykola?'

Het meisje schrok even, sloeg een paar stralende donkergrijze ogen naar mij op en glimlachte.

In deze glimlach lag alles wat dit kleine zongebruinde wezentje voelde op dat moment: vriendelijkheid, trots en verwarring. Trots vanwege het feit dat dit stadsmens zijn vraag niet aan de jongetjes maar aan haar gericht had.

'Komt u maar, oompje,' zei ze dapper, pakte mijn hand en met een blijde blos bracht ze mij naar de laatste kleine leemhut, vlak aan de rand van het water.

Meteen verschenen, als op commando, vrouwen van alle leeftijden op de drempels van de hutten. Zij verschikten haastig iets aan hun hoofddoekje, zeiden mij vriendelijk goeiedag en vroegen plagend aan het meisje: 'Waar heb je die deftige gast dan wel vandaan, Natalka? Dat is nog eris een flink meisje! Wij dachten al, wie brengt ze daar nu bij ons op de landtong? Dat kan toch niemand anders zijn dan de kapitein van de "Kertsj".'

De 'Kertsj' was een kleine raderboot. Hij voer tussen Rostov en Marioepol heen en weer. Wanneer er toevallig vracht was, deed hij soms onderweg ook een vissersdorp aan.

Voor de kinderen stond de 'Kertsj' blijkbaar gelijk aan een sprookjesschip.

Natalka liep trots door, zonder op de misplaatste grappen van de vrouwen in te gaan. Alleen haar purperrode wangen verrieden haar vreugde. De jongetjes, zich van hun nietigheid wel bewust, sjouwden in diep eerbiedig stilzwijgen achter haar aan.

Zo kwamen we bij de hut van opa Mykola aan. Daar werd ik door Natalka eigenhandig uitgeleverd aan een mager oud vrouwtje met onderzoekende ogen, opoetje Javdocha, de vrouw van Mykola.

Onder zulke goede voortekenen begon mijn leven op de Petroesjina-landtong.

Grootvader Mykola kon mij best gebruiken. Alle jonge vissers waren gemobiliseerd en de oorlog ingestuurd en op de landtong was, zoals opa Mykola het uitdrukte 'fabelachtig' genoeg niemand meer om te werken. Het woord 'fabelachtig' gebruikte hij te pas en te onpas. Het betekende zowel 'volledig' als 'absoluut' alsook 'veel' en doodgewoon 'ja'.

Hij nam mij in dienst als hulp 'met kost zonder aandeel'; met andere woorden, grootvader Mykola verplichtte zich mij eten te geven, terwijl ik afzag van een aandeel in de opbrengst van de vangst. Ik at zo weinig dat ik precies de hulp was die hij zocht.

Het feit dat ik van een aandeel afzag en bovendien nog zo weinig 'opat', was voor hem, hoewel zeer voordelig, toch nogal verontrustend. Hij had het met opoetje Javdocha dikwijls over deze voor hem raadselachtige zaken; ze hielden mij vast voor een beetje 'getikt', een 'Lam Gods'.

Ik leerde nu de 'wetenschap van het vissen'. Het was inderdaad een wetenschap, een moeilijk handwerk. Voor de visserij was 'fabelachtig' veel ervaring en heel speciale, nergens geschreven kennis een vereiste. Beide zaken werden van vissersgeslacht op vissersgeslacht mondeling overleverd.

Opa Mykola wijdde mij kalmpjes aan in zijn wetenschap in en deed mij de hele visserij uit de doeken, aan de hand van voorbeelden en gebeurtenissen uit zijn eigen leven.

Bij stukjes en beetjes leerde ik alle vissoorten kennen die in de Zee van Azov voorkomen, hun gewoonten en de voornaamste onderwaterwegen van de visscholen. Ik leerde een heleboel seinen kennen en de namen van alle winden (en er zijn er heel wat op de Zee van Azov!) – de tramontane, bora, de bergwind, de rivierwind, de driftwind, de valwind, de stijgwind, de Kertsjer wind, de Levantewind en andere nog veel zeldzamere.

Elke visser had zijn eigen 'stek' op de zee, waar hij zijn netten uitgooide ('uitzette'). Op deze plaats moest je zeer nauwkeurig aankoersen.

Om te beginnen leerde opa Mykola mij me te oriënteren op vaste punten aan de kust of zoals het in de visserstaal heette, op een punt aan te houden. In de zeevaartsterminologie heet deze kunst 'peilen'.

'Dus,' zei opa Mykola, 'let op wanneer die dorre boom op de heuvel het kruis van de kerk in Taganrog bedekt. Dat is dan onze koers. Wij moeten daar precies op aanhouden en fabelachtig kaarsrecht als langs een strak gespannen touw erheen roeien, tot daar links die eerste grafheuvel in de steppe de grafheuvel veel verder naar achteren bedekt. Op dat kruispunt is onze "stek", waar we de netten uitzetten.'

Bij kalm weer was het niet moeilijk op zo'n punt aan te houden maar met wind kwam er heel wat roeien aan te pas voordat het mij lukte de logge vissersjol naar de gewilde plaats te krijgen.

Wij legden 's avonds de netten uit en haalden ze weer in bij het ochtendgloren, weer of geen weer. Alleen bij zware storm voeren de vissers niet uit. Zij gaven echter nooit toe dat het gevaarlijk zou zijn maar beriepen zich erop dat met die golven 'alle vis door elkaar lag' en ze toch niets zouden vangen.

Ik heb heel wat zonsopgangen boven zee gezien.

Er waren warme en tedere zonsopgangen. In de stilte van de nacht werd langzaam het ochtendgloren geboren. In het oosten werd de hemel teer-blauw, de sterren verbleekten (zij doofden niet meteen, maar kwamen steeds verder weg te staan in de hemelboog, almaar kleiner en bleker wordend) en boven het doorzichtige water dreven vage nevelflarden.

Wanneer we in de buurt van de netten kwamen, kwam de zon al op. De schaduw van de boot vlijde zich over het water. In deze schaduw kreeg het water een donkere malachietgroene kleur. Het was zo stil dat het geluid van de riemen in de dollen als in een afgesloten ruimte ver over de zee galmde.

Een dergelijke zonsopgang noemden de vissers 'engelachtig'. Maar er waren ook koude, grijze, druilerige ochtendschemeringen.

Dan joeg de wind roodachtige troebele golven op en een wittige nevel pakte zich samen aan de horizon.

Er waren zwarte, stormachtige ochtendschemeringen met een aan flarden gereten wolkenlucht, en troebelig groene zonsopgangen waarbij het schuim van de golven je in het gezicht spatte.

Als de zon donkerrood aan een vlammende hemel opkwam en er een snijdende wind stond, was er altijd regen op til.

Maar zulke slechte zonsopgangen waren zeldzaam, het was augustus, de meest windstille en warmste maand aan de Zee van Azov.

De vis verkocht opa Mykola aan marktvrouwen, haaibaaien, rap van tong; 's zondags echter bracht hij zijn vangst soms zelf naar de markt in Taganrog.

Opa Mykola was een zwijgzame oude man, en maakte zelfs een norse indruk, in tegenstelling tot de andere vissers die op de landtong woonden. Opoetje Javdocha, ziekelijk en volgzaam, deed er in het bijzijn van haar man ook het zwijgen toe en zuchtte, maar zodra hij afwezig was, beklaagde zij zich over zijn krenterigheid.

Op de landtong was het gebruik gezamenlijk de leemhutten te wittelen. Dat gebeurde vrij vaak, voor feestdagen maar ook na zware regenval.

De vissersvrouwen kwamen 's morgens vroeg bijeen en wittelden achter elkaar alle hutten, te beginnen bij het huisje van opa Mykola op het uiterste puntje van de landtong.

Dat waren vrolijke dagen. De vrouwen met hun stevige bruingebrande benen, blozende wangen en witte tanden hadden hun rokken opgeschort, zij schreeuwden druk over en weer, hun bonte halskettingen rinkelden, zij maakten grapjes, schaterden het uit en wierpen schalkse blikken vanonder neergeslagen wimpers, iets wat opoetje Javdocha 'beheksen en betoveren' noemde.

Christina, de moeder van Natalka, een magere vriendelijke vrouw met een bloedkoralen ketting om haar bruine hals, was verreuit de beste in het wittelen. Haar man was onder de wapenen en zij ging zelf met Natalka in een kleine boot uit vissen. Met een doodgewone kwast van lindebast wist Christina keurig netjes blauwe of groene omlijstingen rond de vensters te schilderen.

Ik herinnerde mij het gesprek met de drijver van de ossewagen over het gebruik van pekel en raadde de vrouwen aan zout door de krijtmelk te strooien, zodat de muren niet zouden afbladderen en de krijt beter zou houden. De vrouwen volgden deze raad graag op. Uit dankbaarheid voor deze tip beschilderde Christina de kachel in opa Mykola's hut met reusachtige blauwe rozen en haantjes.

Op zondag haalde ik de twee jongetjes en Natalka en roeide met de kinderen de zee op. Een stukje uit de kust gingen we voor anker en visten op donderpad. Dan werd er alleen nog maar fluisterend gesproken.

Natalka kwebbelde aan één stuk door over alles wat haar te binnen schoot, alle nieuwtjes die op de landtong de ronde deden. Zo werd er bij voorbeeld gezegd dat er in de steppe een vrouw met ogen van ijzer rondzwierf en uit de familie van diegene die haar aankeek zou er iemand in de oorlog sneuvelen.

En op de grafheuvel in de steppe sloeg iedere nacht een rode vlam uit een distel. ('Ik heb het zelf niet gezien maar de mensen zeggen het...') En een matroos uit Marioepol had om drie roebel gewed dat hij zijn sigaret aan deze distel zou aansteken.

'En heeft hij het echt gedaan?' vroeg de jongen met ontzag.

'Nou en of!' antwoordde Natalka langs haar neus weg. 'Hij is niet eens doodgegaan. Een matroos kan alles. En gister heeft het de hele nacht geweerlicht. Maar dat was helemaal geen weerlichten, dat zijn de zielen van de gesneuvelden die met ons praten en ons willen zien. Mijn mama zegt dat papa's ziel misschien ook zo siddert in de donkere nacht boven zee en dan huilt ze erg. Maar ik troost haar en zeg tegen haar dat ons vadertje geen kogel deren kan omdat ik mijn ijzeren kruisje onder de stenen vrouw in de steppe begraven heb, mij drie maal op één been omgedraaid heb en drie maal gezegd heb: "Heilige Mykola van Mirlicië, beschermheilige der zeelieden, behoed mijn vader voor de dood!" '

'U denkt misschien, of het lijkt u misschien dat ik jok?' vroeg Natalka mij opgewonden. 'Maar dat is helemaal niet waar! Moge God mij straffen als ik ook maar een half woordje gelogen heb.'

Als bewijs hiervan sloeg zij haastig een kruis en stak meteen bezwerend haar vingers in de lucht. De jongens keken haar angstig van opzij aan en deden stiekem hetzelfde.

Op een dag in oktober had opa Mykola drie brieven van de post in Taganrog voor me meegenomen, een van mijn moeder, een van Romanin, en een derde, in een houterig en mij onbekend handschrift.

Ik kon er lange tijd niet toe komen de brieven te openen. Net als destijds in Odessa toen ik op het hospitaalschip 'Portugal' wilde overstappen, voelde ik me een verrader. Ik had een makkelijk bestaantje verkozen terwijl de oorlog nog steeds aan de gang was en je het naderen van een nog onbekende storm vlakbij voelde.

'Natuurlijk,' zei ik in me zelf, 'het makkelijkste is hier op de landtong te blijven, een beetje te vissen, bruin te branden in de zon, gezond en sterk te worden, goede boeken te lezen alsof er niets aan de hand is en er op de wereld slechts vrede en welvaart heerst.' Ik kon mij er niet mee afmaken dat ik niet naar het front had mogen terugkeren of dat ik het leven in heel zijn verscheidenheid moest leren kennen ter wille van de grote taak waar ik me op voorbereidde: het schrijverschap.

Om de een of andere reden schoten de woorden van Polonskij mij te binnen: 'Wanneer de schrijver slechts een golf is en Rusland de oceaan, dan kan hij niet onbewogen blijven, wanneer er in de elementen beroering is ontstaan.'

Natuurlijk had Polonskij gelijk. Als ik schrijver wilde worden, moest ik midden in de gebeurtenissen van het leven staan en me niet terugtrekken in de stilte van de steppe en mij niet door de muziek van zelfs de allermooiste gedichten in slaap laten wiegen.

Nog voor ik de brieven gelezen had, stond mijn besluit om naar Moskou terug te keren al vast.

Ik ging naar de oever waar de boot half op het droge getrokken lag. Ik ging achterop zitten, maakte de brieven open en begon te lezen.

Romanin schreef me dat de afdeling verplaatst was naar Molodetsjno bij Minsk, dat er niet veel te doen was, maar dat hij er niet aan dacht bij de afdeling weg te gaan want hij voorzag dat er belangrijke tijden aan gingen breken (deze woorden waren onderstreept in de brief) en dat hij uit verschillende overwegingen bij het leger bleef.

'Wat u aangaat,' schreef Romanin, 'denk ik dat ze u nu wel weer willen aanstellen bij de afdeling. Probeer toch door te zetten in Moskou en kom hierheen. Gronski is weer gezond en bij ons terug. Hij is erg stil geworden. Kedrin is nu in Minsk bij de administratie. Houdt zich ouder gewoonte met beuzelarijen bezig. Hoe gaat het met u en wat doet u daar in het Zuiden? De duivel mag weten waar u ergens uithangt!'

Moeder schreef dat zij en Galja het erg naar hun zin hadden in Kopanj, dat zij veel werk hadden op het land en in de huishouding en dat het fijn zou zijn als ik naar hen toe kwam.

De derde brief was van Ljoeba en kwam uit Charkov.

'Ik schrijf u op goed geluk poste restante in Taganrog, misschien zult u mijn brief in handen krijgen. Van Faïna Abramovna heb ik gehoord dat u in Taganrog bent. Uw getuigenverklaring is tijdens het proces voorgelezen. Erg bedankt, lieve jongen! Ik ben vrijgesproken en alleen tot een maand kerkelijke boetedoening veroordeeld, maar u weet zelf wel wat voor nonnetje ik ben. Oom Grisja is aan delirium gestorven. Die arme man, ik heb er zo'n last van dat ik het bijna niet kan harden. En hij is begraven zonder dat ik erheen kon. Nu ben ik in Charkov, waar ik als ouvreuse in de bioscoop werk. Als ik precies wist waar u was, kwam ik, al was het maar voor een dag naar u toe want ik ben hier zo alleen en heb niemand om eens mee te praten. Ik herinner me alles en zal het nooit vergeten. Als u langs Charkov komt, schrijft u me dan. Ik kom naar het station toe, al is het midden in de nacht. Ik kus u en blijf uw Ljoeba.'

Ik besloot de komst van de 'Kertsj' af te wachten, daarmee naar Marioepol en van daaruit per spoor naar Moskou te gaan.

Ik stelde de dag van mijn vertrek uit, omdat ik er zeker van was dat ik nooit meer naar deze gezegende omgeving zou terugkeren.

Bovendien waren deze laatste oktoberdagen zo licht en warm dat het jammer was je van zo iets met geweld los te moeten maken, gewoon zonde om al was het maar een enkele minuut van deze weldadige herfst te moeten missen.

Deze welluidende dagen vol helderheid en glans braken niet zo zonder meer aan. Het licht ontlook langzaam in de ochtendnevel, nam geleidelijk de overhand en straalde dan met een bonte en toch al iets kille gloed tot de zonsondergang aan toe.

Alle geluiden waren bijzonder duidelijk hoorbaar omdat op zee volkomen windstilte heerste. De herfst was hier, in tegenstelling tot de zomer, vervuld van langzaam weg ebbende klanken. Het knisteren van dor aardappelloof onder je voeten, de verre stoot op de stoomfluit van een schip, vrouwenstemmen op de binnenplaatsen – dat alles stierf niet op slag weg, maar had een onduidelijke nagalm zoals het langzame slaan van een klok die heeft.

De gevoelige herfstlucht zoog bereidwillig de geluiden van ieder uur en iedere minuut op alsof niets teloor mocht gaan.

Het was alsof het de herfst zelf speet afscheid te moeten nemen van deze plaats en deze mensen, en hen aandachtig hoorde leven.

Door twee totaal verschillende gebeurtenissen die allebei in de herfst plaatsvonden, kwam mijn besluit om te vertrekken nog vaster te staan.

Het eerste gebeurde in Taganrog. Op zekere dag kwamen de vissersvrouwen die hun vis naar de markt gebracht hadden, terug met het volgende verhaal: er waren onlusten in Taganrog geweest, een menigte vrouwen en kinderen had bakkerijen en levensmiddelenwinkels leeggeroofd en de kozakken hadden geweigerd het vuur op hen te openen.

De tweede gebeurtenis was in verhouding tot de eerste zeer onbelangrijk.

Op een dag zat ik de netten van opa Mykola te boeten toen Ivan Jegorovitsj, een lange bonestaak van een visser bij me kwam zitten. We rookten eerst een sigaret, dan zei hij: 'Ik wilde al lang van de kant van onze gemeenschap een gesprek met u hebben. Maar ik durfde niet erg. U bent een ontwikkeld man, misschien denkt u wel heel anders dan wij vissers. Dan moet u me maar niet kwalijk nemen.'

'Waar gaat het dan om?' vroeg ik.

'Wel, dat er iets scheef zit. Onze jonge vissers zitten allemaal in het leger. En hun vrouwen zijn natuurlijk met de kinderen hier achtergebleven. De vrouwen ploeteren als een vis op het droge om zich erdoorheen te slaan en genoeg te eten te hebben. Ze moeten zelf vis zien te vangen. Voor een vrouw is dat vaak veel te zwaar. En u bent een sterke jonge knul en u bent als hulp bij opa Mykola gekomen. U had bij voorbeeld beter op Christina's boot mee kunnen gaan. Dat zou eerlijker zijn geweest. De mensen hier snappen dat natuurlijk niet helemaal. En opa Mykola heeft uw hulp alleen maar nodig om nog meer geld op te potten.'

Ik voelde dat ik een kleur kreeg. De oude man had gelijk. Waarom was ik daar zelf niet op gekomen? Ik zei tegen Ivan Jegorovitsj dat ik aan al die dingen niet zo gedacht had maar dat mijn vertrek voor de deur stond en er dus niets meer aan te doen viel.

'Zo is het,' stemde Ivan Jegorovitsj in. 'De mensen hier mogen u echter graag. Waarom blijft u niet bij ons op de landtong.'

'Nee, dat gaat gewoon niet.'

'Nou, neemt u me dan niet kwalijk dat ik u heb lastig gevallen.' Ivan Jegorovitsj stond op. 'Daar moet u natuurlijk zelf over beslissen. Leef wel!'

Na dit gesprek kon ik voor opa Mykola en opoetje Javdocha niet zoveel belangstelling meer opbrengen en ik besloot de volgende dag al de boot naar Taganrog te nemen; maar tot mijn geluk kwam precies die avond de 'Kertsj' binnen. De boot was op weg naar Marioepol.

Voor het binnenstomen van de 'Kertsj' was de hele bevolking van de landtong uitgelopen.

Ik werd als een vriend uitgeleide gedaan en men wenste mij veel geluk, gezondheid en succes toe.

Christina en Natalka zetten mij met hun boot over naar de 'Kertsj'. De twee jongens waren ook mee. Ik zei Christina niets over mijn gesprek met Ivan Jegorovitsj. Het was niet leuk toe te moeten geven dat ik suf was geweest.

Ik klom aan boord van de 'Kertsj', die een lading geperste hooibalen aan boord had en ging bij de reling staan. Het stoomschip begon verwoed te toeteren met een heel zwaar geluid dat helemaal niet bij zijn geringe afmetingen en verveloze uiterlijk paste.

De raderen ploegden door het groene schuimende water. Natalka stond in haar visjol. Zij keek erg zielig en verborg haar gezicht in haar mouw. Zij huilde terwijl Christina lachend over haar heen boog en haar een beetje plaagde.

De jol begon verder weg te raken, samen met de oever. Daar stonden de vrouwen te wuiven met witte zakdoeken en het was net of laag boven de oever een vlucht meeuwen in de lucht hing die er maar niet toe kon besluiten neer te strijken. Ook de tranen met tuiten huilende Natalka wuifde nu met haar verschoten groene hoofddoekje.

Het stoomschip voerde mij weg van de vertrouwde steile oever. En net als bij alle veranderingen in mijn leven, bonkte ook nu mijn hart weer pijnlijk. En dit viel mij des te moeilijker omdat mijn leven er wat zinloos begon uit te zien. Tussen de afzonderlijke brokstukken bestond geen enkel verband. Mensen doken plotseling op in mijn leven om weer even plotseling en misschien voorgoed te verdwijnen.

Uit Marioepol stuurde ik een telegram naar Ljoeba in Charkov. Ik had het nog niet verstuurd of ik had er al spijt van. Maar het was al te laat.

Op een vroege vriesmorgen kwam de trein in Charkov aan. Ljoeba stond op het perron op me te wachten. Zij droeg een kort jasje en had een dun hoofddoekje om. Zij had het koud, haar lippen zagen blauw.

Zij rende op mij af. Wij kusten elkaar. Dan keek zij mij diep in mijn ogen, pakte mijn hand en zwijgend gingen we achter een met planken dichtgespijkerde kiosk op het perron staan.

'U hoeft niets te zeggen,' zei Ljoeba.

Zij sloeg haar armen om mijn schouders en legde haar hoofd tegen mijn borst, alsof zij bescherming zocht. Ik zweeg. Zij kroop steeds dichter tegen me aan en haar hoofd schokte. Zo verstreken een paar minuten. Dan ging voor de derde keer de bel. Ljoeba keek op, sloeg snel een kruis voor mij, draaide zich om en liep het perron af, een punt van haar hoofddoekje tegen haar gezicht gedrukt. Ik stapte in. De trein zette zich in beweging.

XXX/EEN NATTE FEBRUARI

In Moskou ging ik van het station meteen door naar de Unie van Steden. De eerste die ik daar aantrof was Kedrin. Wij waren allebei blij elkaar te zien en omhelsden elkaar zelfs. Het bleek dat Kedrin op dienstreis uit Minsk kwam.

Ik zei dat ik graag naar de afdeling terug wilde.

'Dat is een delicate aangelegenheid,' antwoordde hij. 'Daar moeten we eerst het fijne eens van aan de weet komen.'

Hij vertrok om de zaak uit te zoeken en bleef lang weg. Toen hij terugkwam, zei hij op geheimzinnige toon dat er niets aan te doen was. De stemming in het leger was labiel, er hing iets in de lucht en je kon maar beter zorgen dat je momenteel van het front wegbleef. Dat was de opinie van de leiders van de Unie van Steden.

Ik was helemaal ontmoedigd.

Kedrin deed zijn bril af, wreef de glazen op, zette hem weer op en keek mij aandachtig aan. Na heel deze ceremonie, zei hij: 'Laat u niet kisten. Werk vinden we wel. U schrijft lang niet slecht. Romanin heeft mij uw reportage van "Blauwe mantels" laten lezen. U heeft een rake pen.'

Hij gaf mij een aanbeveling mee voor iemand die hij kende bij de redactie van een Moskouse krant.

Bij de redactie werd ik ontvangen door een kaal persoon met het gezicht van een oude acteur. Hij zat in een stoffige kamer te schrijven aan een tafel met stapels drukproeven.

Tegenover hem aan tafel zat in een fauteuil een gedrongen, potige man met listige pretoogjes en een lange grijze hangsnor. Met zijn grijze getailleerde jas en zijn hoge muts van astrakan zag hij er net zo uit als men zich Taras Boelba voorstelt.

De kale man las Kedrins brief en zei toen: 'Kijk 's aan, die leeft dus ook nog! Een ogenblik graag!'

Hij schoof de brief onder een stapel drukproeven en schreef verder.

Taras Boelba haalde uit de zak van zijn getailleerde jas een zilveren snuifdoos, gaf de kale een knipoogje, tikte met zijn vinger tegen de deksel van de doos, deed hem open en hield hem mij voor: 'Bedien u zelf. Dit doosje heeft generaal Skobelev mij na de slag van Plevna eigenhandig cadeau gedaan.'

Ik bedankte. Taras Boelba schudde met een handig gebaar wat snuiftabak op de nagel van zijn duim en nieste oorverdovend. Er verspreidde zich een geur van gedroogde kersen. De kale schonk niet de minste aandacht aan Taras Boelba.

Opnieuw knipoogde Taras Boelba als een samenzweerder naar de kale, pakte een hoefijzer van tafel dat dienst deed als pressepapier voor de drukproeven en boog het met gemak recht.

Nu keek de kale op.

'Oud geintje!' zei hij. 'Mij kun je met zo iets niet inpalmen. 't Is nu oorlog – geen sprake van voorschotten!'

'Er zit iemand op u te wachten!' zei Taras Boelba en wees naar mij. 'Ik wilde u er alleen maar even op deze manier aan herinneren. Meer niet.'

'Nou goed dan,' zei de kale traag en keek naar mij. 'Laten we maar eens kijken. Vertelt u eens wat u zoal bent. Tussen twee haakjes, mijn naam is Michaïl Aleksandrovitsj. En die daar,' hij wees naar Taras Boelba, 'is de koning van de Moskouse reporters, dichter, voormalig worstelaar en toneelspeler, kenner van alle achterbuurten in Moskou, boezemvriend van Tsjechov en Koeprin, de beroemde "Oom Giljaï", Vladimir Aleksandrovitsj Giljarovskij.'

Ik raakte helemaal onder de indruk.

'Nou, nou, niet bang zijn!' zei Giljarovskij geruststellend en drukte mij zo stevig de hand dat mijn botten kraakten.

Hij liep naar de deur. Op de drempel draaide hij zich om en zei, op mij wijzend: 'Ik heb wel vertrouwen in hem!' waarna hij een liedje neuriënd wegging.

De kale nam me aan bij de krant, feliciteerde me ermee en zei: 'Het zijn harde tijden, barstend vol onverwachte gebeurtenissen. Wij worden kennelijk getuige van een tweede Tijd der Troebelen in Rusland. Naar buiten toe ziet alles er nog gladjes uit, maar van binnen borrelt het. Des te vaster de regering het deksel op de ketel schroeft, des te heviger zal de explosie zijn. Wij moeten dat borrelen en koken in de gaten houden. Wij moeten weten waar Moskou het over heeft en wat het denkt. Waarover men het heeft in de theaters en thuis in het gezin, op de markt en in de fabriek, in de badhuizen en op de trams. Wat de arbeiders zeggen, de huurkoetsiers, schoenmakers, melkvrouwen, toneelspelers, kooplui, ingenieurs, studenten, professoren, militairen en schrijvers. Daar moet u zich om te beginnen mee bezighouden. De rest zien we dan wel.'

Dezelfde dag nog huurde ik een klein kamertje in de Granaatsteeg, het steegje waar ik drieëntwintig jaar geleden geboren was.

Ik had gemerkt dat de mensen bij ons in Rusland in treinen en cafés het makkelijkst tot een gesprek komen. Daarom begon ik in de lokaaltreinen, vol tabaksrook en lawaai. Deze boemeltjes bewogen zich in een straal van hooguit zestig werst rond Moskou. Ik nam dus een kaartje tot de eindhalte en pendelde heen en weer. Op deze manier kwam ik in korte tijd in een heleboel stadjes in de omgeving van Moskou. Ik zag nu dat de hoofdstad Moskou door een dermate bemost stuk Rusland omgeven was, dat zelfs oude inwoners van Moskou er geen begrip van hadden.

Vijftig werst van Moskou begon je reinste niemandsland: daar waren bossen vol roversbenden, onbegaanbare wegen, wegrottende gehuchten, afschilferende oude kerken, paarden met mest in hun haar klevend, dronkemansgevechten, kerkhoven met omgestoten kruisen, schapen in boerenwoningen, kinderen met snotneuzen, strenge kloosters, halfgaren in kerkportalen, markten vol strooisel waar biggegekrijs en woeste vloeken weerklonken, bederf, armoede en diefstal.

En over heel dit weidse land rond Moskou, waar de wind door de naakte takken der berken floot, was gesmoord het schorre gehuil van vrouwen hoorbaar. Allen die door de soldaten achtergelaten werden, huilden – moeders en echtgenotes, zusters en aanstaanden. Zij huilden zonder morren maar ook zonder hoop op troost. Net alsof nergens meer vreugde te verwachten viel.

Zo verkilde langzaam deze aarde onder het bloedrode uitwaaieren van de zonsondergang, bode van de winter; schuilgaand achter het somber staketsel van de sparrenbossen terwijl de eerste ijzel suikerachtig knerste en verkleumde dorpen over de velden een rookwaas verspreidden. En profetisch schenen de woorden van Alexander Blok:

Mijn Rusland, mijn leven, moeten wij beiden ons kwellen?
De tsaar en Siberië, Jermak, de gevangenis...

Ik luisterde naar de gesprekken, dronken en nuchter, schuchter en doldriest, onderdanig en opstandig–alle mogelijke gesprekken. Eén ding slechts hadden ze alle gemeen: de hoop op vrede en op de terugkeer van de soldaten uit de oorlog zodat ze voor die 'verlichting van het leven' konden zorgen zonder welke ons niet veel anders overbleef dan dood te gaan van de honger.

Het was net of alle woede van het volk daar in het Westen geconcentreerd was in het leger. Het dorp wachtte wanneer het naar hier zou overslaan, dit verfoeide leven in elkaar zou doen stuiteren en het armzalige bestaan zou wegvagen, zodat de boeren, ambachtslieden, de mensen van de fabriek, de arbeiders eindelijk de macht over het land in handen konden nemen.

Ja, dan zou het leven pas beginnen, dan zouden alle handen vanzelf beginnen te jeuken, dan zouden zagen, bijlen en hamers zo luid over het hele land klinken dat zelfs het beieren van alle klokken tegelijk er nog niet bovenuit zou komen!

Wat is een mens toch een vreemd wezen. In al deze kleine gehuchten rond Moskou zag ik facetten van de nationale rampspoed en toch wekte iets in mij heimelijk vreugde op: mijn nauwe contact met de in haar aanschouwelijkheid en eenvoud verbazingwekkende volkstaal. Voor de eerste keer kwam ik er zo van nabij mee in aanraking.

Toergenjevs uitspraak dat slechts een groot volk zo'n taal gegeven kan zijn, klonk niet overdreven maar als een waarheid als een koe.

In Moskou zelf was het anders. Daar discussieerden sommigen tevergeefs over een uitweg, anderen kenden de uitweg en bereidden zich er zwijgend op voor, en weer anderen zorgden dat ze binnen raakten. De tijden van de keiharde grijpgrage zakenlieden braken aan. Onder hen nam de Siberische industrieel Vtorov, een soort Lopachin in duizendvoud uit Tsjechovs *Kersentuin* wel de eerste plaats in.

Over heel het verstoorde leven rees de schaduw van Raspoetin. Nog nooit in de Russische geschiedenis had zo iets bestaan – dat een sluwe vos, een analfabeet, een paardendief en uitzuiger, onder de bank op de vloer vol fluimen van een derdeklaswagon naar Petersburg reisde om zijn zakken te spekken en binnen korte tijd bijna alleenheerser van het land en meester van het lot ervan, rechterhand van de tsaar en bezitter van een harem vol mooie hofdames zou worden.

Het keizerlijk, aristocratisch en ministerieel Petersburg boog voor hem het hooghartige hoofd en wachtte als een geslagen hond wanneer er een afgekloven bot op zijn bord zou overblijven.

Zo'n diep verval en smaad had het land nog nooit gekend. Het noodlotsuur moest nu wel slaan. Iedereen wachtte met smart op een ontknoping.

En deze liet niet lang op zich wachten. Het begon ermee dat Raspoetin vermoord werd. Zijn lijk duwde men onder het ijs van de kleine Neva. Raspoetin was vergiftigd, neergeschoten en verdronken. En toch had zijn hart, volgens de dokters, onder water nog wel een paar minuten geslagen. Raspoetin was zo taai als de klassieke paardendief.

Op hetzelfde moment werd de toestand in Moskou volledig onoverzichtelijk.

Duizenden Oezbekistanen trokken in dunne groene overjassen onder militaire escorte door de straten. In Centraal-Azië was hun opstand onderdrukt en nu werden de Oezbekistanen naar de kust van Moermansk gedreven waar zij aan de poolcirkel de nieuwe spoorweg moesten afbouwen en sterven. Droge sneeuw, de eerste voor hen, viel op hun met zilverdraad bestikte zwarte kalotjes. Deze processie van tot de ondergang gedoemden duurde enkele dagen.

In het oude Moskou kwamen vluchtelingen uit Polen binnenstromen, uit de Baltische provincies en uit Wit-Rusland. Door de zangerige taal van de echte Moskoviet drongen hoe langer hoe meer snelle sisklanken.

Stokoude joden die allemaal op rabbies leken, liepen rond in Moskou, tegen de sneeuw bescherming zoekend onder paraplu's.

De symbolistische dichters, die reeds iedere voorstelling van de werkelijkheid uit het oog hadden verloren, bezongen de bleke spookbeelden van de hartstocht en de gloed van onaardse begeerten. In de algemene verwarring van gedachten en gevoelens lette niemand meer op hen. Men had wel wat anders te doen.

De redactie draaide zowel overdag als 's nachts op volle toeren. Wij medewerkers brachten al onze vrije tijd op de redactie door met redetwisten, lawaai schoppen en wachten op nieuwe gebeurtenissen.

Uit Petrograd kwamen alarmerende geruchten. Reizigers daarvandaan brachten verslag uit over de rumoerige rijen voor de bakkerswinkels, over korte, woedende meetings op straten en pleinen, over onlusten in de fabrieken.

Kort na de moord op Raspoetin moest ik bij de kaalkop komen.

'Moet u eens horen,' zei hij. 'Uw artikelen vallen in de smaak. U weet er zo iets... eigens van het volk in te leggen. Daarom is het idee ontstaan u naar een erg afgezonderd gelegen district te sturen vanwaar u ons dan kunt berichten hoe momenteel de stemming is in het Rusland dat Toergenjev beschreven heeft.'

Ik ging akkoord. Wij beraadslaagden waar ik heen zou gaan, waar we niet al te ver van Moskou een plek konden vinden die zoveel mogelijk van de wereld afgesneden was.

Bij dit gesprek was een bekend toneelcriticus en Tsjechov-kenner aanwezig, de bijzonder zachtzinnige Joerij Zobolev, die door ieder, zelfs waar hij bij was, heel familiaar 'Joerotsjka' werd genoemd.

'Tsjechov heeft geschreven,' zei hij, 'dat voor hem als typisch Russisch stadje, Jefremov in het gouvernement Toela gold. Dit ligt ergens in de buurt van Jelets. Een typische Toergenjev-omgeving trouwens. Jefremov ligt aan de rivier de Krasivaja Metsja.

U weet wel, "Kasjan van de Krasivaja Metsja", dat verhaal van Toergenjev. Gaat u daar maar heen.'

Ik kwam 's nachts in Jefremov aan. Tot aan het ochtendgloren zat ik in het kale stationsbuffet waar de muren in een smoezelige lila kleur geverfd waren. Behalve oudbakken thee was er aan het buffet niets te krijgen.

De petroleumlampen walmden. De stationsgendarme met baard liep verscheidene malen langs me heen, streng naar me kijkend en rinkelend met zijn sporen.

Zodra het begon te dagen, zocht ik een huurkoetsier en reed naar het enige hotel in Jefremov.

In het grauwe licht van de opkomende wintermorgen zag het stadje er opvallend klein en armetierig uit.

Een bakstenen gevangenis, een distilleerderij met een dunne, hoge, ijzeren schoorsteen, een somber kijkende kerk, huisjes als tweelingen op elkaar lijkend, stuk voor stuk met een stenen onderbouw–dit alles deed in het schijnsel van de nog niet gedoofde, slaperig pinkelende straatlantaarns erg mistroostig aan. Uiteindelijk waren de markthallen het enige interessante bouwsel. Iets in de trant van zuilen en bogen die aan de Oudheid herinnerden, luisterde hen op.

In de vochtig-koude lucht cirkelden torenkraaien rond. In de straten hing de scherpe geur van paardemest.

'Dat is me wel een stad!' zei ik tegen de huurkoetsier. 'Hier is nou echt geen barst te zien.'

'Wie wil er hier nou wat zien?' antwoordde hij bedaard. 'Hier komt niemand om iets te zien. 't Is hier tenslotte geen Moskou.'

'Waarom komt men hier dan heen?'

'Om koren te kopen en appels. Hier had je de allerrijkste graanpakhuizen. De kooplui hebben voor honderdduizenden omgezet. En appels hebben we hier bij ons altijd nog zat, prima kwaliteit, allemaal Antonovka. Als 't u interesseert, moet u maar eens naar het dorp Bogovo, vlakbij, gaan. Ik kan u erheen brengen. Daar kun je ook in de winter net zo veel appels krijgen als je hebben wil.'

In het hotel was het donker en stil. Mijn kamer was, al zaten de ramen aan de straatkant, ook donker maar wel warm. De lucht van zuurkool en een smeulende samovar trokken uit het restaurant naar boven.

De etagekelner, een pokdalige man wiens mond van verbazing voortdurend openviel, kon er maar niet toe komen mijn kamer te verlaten en bleef naar me staan kijken. Waarschijnlijk stond hij zich af te vragen wie ik was en hoe ik het in mijn hoofd had gehaald om me in Jefremov te begraven.

Ik stoepelde hem naar buiten. Hij nam het niet verkeerd op en zei op de valreep nog even: 'U moet ons ook niet uitvlakken, laatst heeft er een kolonel bij ons gewoond! En nu woont er een waarzegster uit Moskou, mevrouw Troma! Ze is zo mager als een gevilde kat. En ze rookt drie pakjes "Ira" per dag. En haar vingers zitten vol met ringen! Allemaal briljanten! Het is hier een vrolijke boel. Vanavond wordt er beneden gedanst. Dat organiseert onze waard allemaal. Dat brengt geld in 't laatje. Het is een handige jongen.'

De etagekelner ging weg. In de trein had ik de hele nacht geen oog dicht kunnen doen, dus was het voor mij een waar genoegen, me uit te kleden en naar bed te gaan.

Voor het eerst sinds lang voelde ik vermoeidheid. Het was koud, ik had koude rillingen en had geen zin om te bewegen of met iemand te praten.

'Dat ontbreekt er nog maar net aan,' dacht ik, 'dat ik in dit gat ziek word.'

De gedachte aan ziek worden bracht mij op iets wat ik steeds probeerde te verdringen: mijn eenzaamheid. Moeder en Galja waren ver weg, Romanin was aan het front, Lolja gestorven... Ik had niemand die mij kon bijstaan in nood en bij ziekte. Niemand! Honderden mensen hadden in korte tijd mijn leven doorkruist, maar niet één was er bij me gebleven.

Zo lag ik te denken, trachtend me zelf te troosten.

Toen sliep ik in. Ik droomde al maar hetzelfde: een besneeuwde vlakte met telegraafpalen die er als een palissade met grote tussenruimtes uitzag. Ik werd wakker maar zo gauw ik mijn ogen weer dicht deed, verscheen opnieuw die eentonige vlakte en weer trok de lange rij telegraafpalen voorbij, wie weet waarheen, en waarom. Ik wist toch goed dat die telegraafpalen nergens voor waren, want vóór ons was geen stad of dorp te bekennen, alleen maar sneeuw en winterkoude tot vervelens toe.

Plotseling werd ik echt wakker omdat het net was alsof iemand mijn bed lichtjes op en neer liet deinen. Ik sloeg mijn ogen op en nog half bijkomend hoorde ik een brandweerkapel met al zijn koper schetteren. De ramen stonden te schudden. De Turkse trom dreunde dapper en volhardend. Beneden was het dansen begonnen.

Ik kleedde mij aan en ging naar beneden. Het was een prima gelegenheid om de inwoners van de stad Jefremov eens te gaan bekijken.

In de lage half donkere zaal droop het vocht in straaltjes langs de muren. Het orkest ging enorm tekeer. Meisjes met gespannen gezichten zaten op krakende stoelen en woven zich met hun zakdoekjes koelte toe.

In het midden van de nog lege zaal danste helemaal in zijn eentje een uitgeteerde man in een afgedragen pandjesjas. Zijn peper-en-zout-kleurige haar stond als een borstel op zijn langgerekte watermeloen van een hoofd. Hij was kennelijk dronken maar danste vloeiend en vurig, hupte op zijn hurken zittend van het ene been op het andere en riep: 'Hee, Njoerka, doe niet zo dom, draai je, draai je om en om!'

Bij de deur van de zaal stonden de mannen elkaar te verdringen. Er waren vrijwel geen jongeren bij, behalve een paar kwijnend uitziende jongens met lange nekken en waterige oogjes. Dat ze voor de militaire dienst afgekeurd waren, was te zien.

Midden in de zaal, naast een magere vrouw die eruitzag alsof ze helemaal met zwarte kraaltjes beplakt was (ik begreep meteen dat ik hier de waarzegster voor me had) troonde met achteloos over elkaar geslagen benen een man met een wipneus, een rossig puntbaardje, een zwarte hoed met brede randen en lang haar dat op de kraag van zijn geruite overjas viel. Op zijn knieën hield hij een wandelstok met een zilveren knop in de vorm van een naakte zeemeermin op de kam van een golf. Hij speelde met de stok en keek met verveelde glimlach door een klein lorgnet de zaal in.

Toen hij mij in het oog kreeg, begon hij onrustig op zijn stoel te draaien, ging staan en kwam naar me toe, toegeeflijk uitwijkend voor de dansende man.

'Duizend maal excuus!' zei hij en nam met een theatrale zwaai zijn hoed af. 'In het gastenboek heb ik gezien dat u literator bent, een zeldzame gast in deze streek. Daarom neem ik de vrijheid me zelf als mede-pennevoerder aan u voor te stellen: "Droomprinses".'

Ik stond paf. De man met de hoed lachte, glimlachte voldaan.

'U had zeker nooit verwacht mij hier in zo'n negorij te ontmoeten?' vroeg hij. "t Is zo dat mijn mama hier woont. Ik kom vaak uit Moskou hierheen om lichamelijk en geestelijk op verhaal te komen.'

De 'Droomprinses'! Ik was deze ondertekening dikwijls tegengekomen in goedkope vrouwenblaadjes in de rubriek 'Antwoord aan onze lezeressen'.

De 'Droomprinses' beantwoordde met veel kennis van zaken en in een uiterst geparfumeerde sentimentele stijl de lastigste en intiemste vragen van de lezeressen: wat je moest doen om een blonde man verliefd op je te laten worden, wat als je echtgenoot je bedroog, wat platonische liefde was en hoe je van meeëters en bleekzucht af kon komen.

'Mijn echte naam,' zei de man met de hoed, 'is Miguel Ratsjinskij. Ik zou u graag een gast in onze stad voor willen stellen, de beroemde waarzegster mevrouw Adelaïde Tarasovna Troma.'

Hij stelde me voor aan de magere vrouw. Zij stak haar knokige hand naar mij uit die flonkerde van de valse briljanten, keek mij onverschillig aan en zei met iets hese stem: 'O, wat een buitengewoon gelukkige jongeman. Er staat u een schitterende toekomst te wachten. U bent onder een gelukkig gesternte geboren.'

Zij wilde nog iets zeggen maar kreeg een vreselijke hoestbui waarbij ze een zwart kanten zakdoekje tegen haar mond hield en haar hele lichaam schokte, en ik in haar decolleté haar scherpe sleutelbeenderen en haar schrale borsten zag trillen.

Mevrouw Troma kon haar hoestaanval met geen mogelijkheid de baas worden en verliet de zaal.

Miguel Ratsjinskij bood mij aan met hem een fles wijn te drinken aan het buffet.

Onder het ledigen van de fles haalde hij voor mij de stad over de hekel.

Om te beginnen hoorde ik dat de dronken man die in de zaal danste, de plaatselijke doodkistenmaker was, een groot artiest op dansgebied. De waard huurde hem om te dansen tegen 'vrij drinken'. Hij moest stemming onder de gasten brengen. Anders zouden de meisjes de godganse avond als zoutpilaren op hun stoelen blijven zitten, zich koelte toewaaiend met hun zakdoekjes en hoe langer hoe roder worden en de mannen zouden in een kluitje op elkaars lip blijven staan en helemaal in de war naar huis gaan. Een paar maar zouden naar de kant van het buffet verhuizen, waar het dan tot in de morgen een verwoede zuippartij zou worden.

Ratsjinskij zei dat er in de stad geen 'geestelijk intellect' was, hij zelf, de jonge leraar Russisch aan het meisjes-progymnasium Ossipenko en de belastingambtenaar Boenin, een broer van de bekende schrijver, natuurlijk niet meegerekend. Maar deze Boenin was een eenzelvig mens en deed niet anders dan zich verdiepen in de lokale kwakzalverijen, geneeskunde door middel van bezweringen, magische formules en vervloekingen.

Na deze eerste kennismaking ontmoette ik Ratsjinskij dagelijks en ik merkte al gauw dat zijn grootste fout bestond uit zijn ziekelijke voorliefde voor banaliteiten, opschepperij en aanstellerij.

Hij was een niet al te intelligent, eerder naïef persoon maar hij was van nature goed en goedgelovig. Zo had hij bij voorbeeld zielsveel medelijden met de waarzegster die door haar man in de steek was gelaten en zware tuberculose had. De waarzegster was bij Ratsjinskij's moeder in de kost en hij verlangde van zijn moeder dat zij apart voor mevrouw Troma extra vet kookte, want hij had ergens gelezen dat men bij tuberculose 'de longen met vet moest begieten'.

Ratsjinskij's platvloersheid was onuitroeibaar. Zelfs tijdens gesprekken over politiek en de situatie in Rusland viel hij graag op met uitlatingen van twijfelachtig allooi. Op een keer zei hij in verband met Raspoetins activiteiten dat 'zijn cynisme aan gratie grensde'. Hij strooide slechte gedichten en platte aforismen rond als een kat zijn haren in de herfst. Thuis was hij een attente gastheer. Hoe meer ik hem van nabij leerde kennen, hoe vaker ik medelijden had met deze ontspoorde man.

Ratsjinskij stelde mij voor ook bij zijn moeder te komen eten en daar bewees hij mij een grote dienst mee, aangezien het restaurant van het hotel, het enige in de hele stad, niet meer was dan een stinkende gaarkeuken.

Ik nam zijn voorstel dus aan en toen ik voor het eerst bij Ratsjinskij thuis kwam, was ik verrast bij het zien van zijn moeder, een prettige en intelligente oude dame die vroeger lerares was geweest. Zij ging met haar zoon, haar Misja – de naam Miguel was thuis uit den boze – om als met een duidelijk niet helemaal normaal mens. Zij leed onder zijn voorkomen en gedrag, maar behandelde hem erg teder. Het was de medelijdende tederheid van een moeder voor haar monsterlijke kind.

Iedere dag kwamen aan de eettafel van Ratsjinskij de 'disgenoten', zoals hij zei bijeen – de waarzegster, Ossipenko en ik.

De leraar bleek een temperamentvolle, geestige, actieve man te zijn. Hij ging graag een discussie aan, was helemaal gek van literatuur en zette Ratsjinskij bij iedere 'esthetische inval' in zijn hemd. Volledig ontmaskerd, kon Ratsjinskij alleen nog maar beschaamd glimlachen en zijn lorgnet opwrijven. Hij waagde het niet de leraar tegen te spreken.

De waarzegster hulde zich kleumerig in haar omslagdoek en zweeg. De enige persoon met wie ze graag praatte, was Ratsjinskij's moeder, Varvara Petrovna, maar dan ook alleen als de mannen haar niet konden horen.

Zo te zien schaamde zij zich voor haar broodwinning en meer dan eens kwam zij met rood gehuilde ogen aan tafel. Het enige wat ik van haar wist, was dat zij uit Petersburg kwam en dat haar man die haar in de steek had gelaten, advocaat was.

In haar vrije tijd werkte zij in het hospitaal dat voor de gewonden was ingericht in de parochieschool. Zij hielp daar de dokters en de zusters.

Ik besloot in het naburige Bogovo eens poolshoogte te gaan nemen van de bezigheden en de verwachtingen van de boeren aldaar.

Bogovo ligt aan de oever van de door Toergenjev beroemd geworden rivier de Krasivaja Metsja. De rivier lag onder ijs en sneeuw maar bij een watermolen bruiste zwart water door de molengang. Dooiende ijspegels vielen er met een luid 'bloeb' te water.

De eerste februaridooi had zijn intrede gedaan met nevel, neerdruppend water, rukwinden en de geur van rook.

In Bogovo had ik een ontmoeting met een merkwaardig man. Aanvankelijk beschouwde ik dit als een curiosum en pas een paar dagen later kwam de welhaast symbolische betekenis van deze ontmoeting aan het licht.

De boeren van Bogovo wachtten net als de mensen in de voorstadjes van Moskou slechts op één ding–het einde van de oorlog. Wat er daarna zou komen wist niemand. Maar de hele wereld was ervan overtuigd dat de oorlog niet zomaar voorbijging en erna eindelijk gerechtigheid zou heersen.

'Het belangrijkste ontbreekt, namelijk gerechtigheid!' zei de dorpsschoenlapper, een iel mannetje met een ingevallen borst. 'Als je heel Rusland doortrekt en het aan alle bewoners vraagt, dan zul je zien dat ieder zijn eigen idee van gerechtigheid heeft. Een plaatselijke voorstelling. En als je al deze plaatselijke voorstellingen bijeenvoegt, dan krijg je één enkele, algemeen-Russische voorstelling, zou je kunnen zeggen.'

'Nou, en waar komt hier bij jullie de plaatselijke gerechtigheid dan op neer?' vroeg ik hem.

'Daar heb je hem, onze gerechtigheid,' antwoordde de schoenlapper en wees naar een heuvel aan de overkant van de rivier. In een appelboomgaard met knoestige bomen stond een half vervallen herenhuis. Groot was het niet, maar er waren nog enige kenmerken van de empirestijl in bewaard gebleven die onder Alexander I zo'n opgang had gemaakt: een fronton op afgebrokkelde zuilen, ronde bogen boven hoge smalle ramen, twee lage zijvleugels in de vorm van een halve cirkel en een zeldzaam mooi maar kapot smeedijzeren hek.

'Dan moet u me toch eens zeggen,' vroeg ik, 'wat dit oude huis met uw plaatselijke gerechtigheid te maken heeft.'

'Gaat u er zelf maar heen, naar de eigenaar, dan snapt u het wel! U moet zelf maar nagaan aan wie het huis en de tuin en de bijbehorende grond–er ligt voor meer dan twee hectare land–eigenlijk zou moeten toebehoren, als je het nou toch over gerechtigheid wil hebben. Alleen, de eigenaar is een vreemdsoortig figuur. Landheer Sjoeiskij. Een grote voddebaal. U komt er waarschijnlijk helemaal niet binnen. U moet iets bedenken wat hem direct aangaat.'

'Wat dan, bij voorbeeld?'

'Zo iets als dat u een zomerverblijf wil huren. En dat u gekomen bent om de zaak te bespreken.'

Langs een onder de sneeuw schuilgaand pad ging ik naar het huis. De vensters waren met vermolmde planken dichtgespijkerd. Het hoofdbordes lag vol opgewaaide sneeuw.

Ik liep om het huis heen, zag een smalle met kapot vilt bespannen deur en klopte hard. Niemand die antwoordde of opendeed. Ik luisterde. In het huis heerste doodse stilte. 'Nou ja,' dacht ik, 'waarschijnlijk woont hier niemand!'

Op hetzelfde moment zwaaide de deur plotseling open. Op de drempel stond een klein oud baasje. Hij droeg een zwarte, tot op de draad versleten gewatteerde kamerjas die met een handdoek om zijn middel geknoopt zat. Op zijn hoofd had de oude man een zijden kalotje. Zijn gezicht was in een smerige lap gewikkeld, waar plukjes watten onderuit staken, bruin van de jodium.

De oude man keek mij toornig aan, met ogen zo volkomen blauw als die van een kind en vroeg met een hoge stem: 'Wat is er van uw dienst, mijnheer?'

Ik gaf het antwoord dat de schoenlapper mij aan de hand had gedaan.

'U bent dus niet van de familie Boenin?' vroeg de ouwe wantrouwend.

'Nee, wat denkt u wel!'

'Komt u er dan maar in.'

Hij ging mij voor naar wat waarschijnlijk de enige bewoonbare kamer in het hele huis was. Overal zwierven ouwe vodden en rommel rond. Midden in het vertrek stond een kleine ijzeren kachel. Bij iedere windstoot walmde de rook eruit.

In een hoek zag ik een prachtige ronde tegelkachel. Maar bijna de helft van de siertegels was eruitgehaald en in de zo ontstane kleine nissen stonden medicijnflesjes onder een dikke laag stof, zwierven vergeelde papieren zakjes rond en verschrompelde wormstekige appels.

Boven een brits met een versleten schapevacht erover hing in een zware gouden lijst het portret van een vrouw met een luchtige blauwe jurk aan, een hoog opgestoken gepoederd kapsel en net zulke blauwe ogen als de oude man.

Ik had echt de indruk dat ik in het begin van de vorige eeuw terechtgekomen was, bij ene Ploesjkin uit Gogols *Dode zielen*. Tot dan toe had ik me niet voor kunnen stellen dat er in Rusland nog altijd zulke mensen en zulke huizen bestonden.

'Bent u van adel?' vroeg de ouwe mij.

Voor alle zekerheid antwoordde ik maar ja.

'Waar u zich voor de rest mee bezighoudt,' zei de oude man, 'kan me niet schelen. Je hebt nu van die beroepen gekregen waar de duivel zelf ook geen eind meer aan weet. Hebt u dat gezien, er lopen nu zelfs mensen rond die zich taxateurs noemen! Nonsens! Echt iets voor de Romanovs! Ik zal u het huis voor de zomer verhuren maar op de absolute voorwaarde dat u geen geiten neemt. Drie jaar geleden heeft Boenin hier gewoond. Een hoogst twijfelachtig heerschap! Een judas! Die is geiten gaan houden en die hebben lekker aan alle appelbomen staan knagen.'

'De schrijver Boenin?' vroeg ik.

'Nee, zijn broer, de belastingambtenaar. De schrijver is ook een keer meegekomen. Die heeft iets meer fatsoen dan zijn broer de ambtenaar, maar ik begrijp echt niet wat hij zich verbeeldt! De Boenins zijn toch mensen van weinig betekenis, met hun beetje land!'

Ik besloot het voor Boenin op te nemen, en probeerde hem op te hemelen door de ouwe naar de mond te praten.

'Hoe dat zo?' vroeg ik. 'De Boenins behoren toch tot een oud adellijk geslacht.'

'Oud?' zei de grijsaard spottend, terwijl hij mij aankeek alsof ik maar een hopeloze sufferd was, en schudde zijn hoofd. 'Oud? Dan is mijn familie ouder. Wij staan opgetekend in de "Fluwelen Boeken". Als u de Russische staatskunde behoorlijk heeft geleerd, dan moet u weten hoe oud mijn geslacht is.'

Toen pas schoot me te binnen dat de schoenlapper de achternaam van de oude man genoemd had–Sjoeiskij. Stond hier echt de laatste spruit van het voormalige tsarengeslacht van de Sjoeiskij's voor me? Gewoon te gek om los te lopen!

'Ik vraag,' zei de ouwe intussen, 'vijftig roebel voor de hele zomer. Dat is natuurlijk heel wat geld. Maar ik heb ook heel wat onkosten. Het vorig jaar ben ik gescheiden. Dat ouwe spook woont nu in Jefremov en ik kan moeilijk anders doen dan haar af en toe een roebel of vijf, ja soms wel tien te sturen. Weggegooid geld! Want ze geeft het toch maar aan haar minnaars! De hoogste boom is nog niet goed genoeg om haar aan op te hangen.'

'Hoe oud is ze dan?' vroeg ik.

'Over de zeventig is ze, dat nietswaardige schepsel,' antwoordde Sjoeiskij woedend. 'En wat uw verblijf in mijn huis aangaat, dat zullen we tot in de puntjes in een contract regelen. Anders gaat het niet.'

Ik stemde hiermee in. Ik had net het gevoel alsof voor mij een heel bijzonder toneelstuk werd opgevoerd.

Uit een gescheurde map haalde Sjoeiskij een vergeeld vel papier met erop het wapen van een tweekoppige adelaar, pakte een pen, sleep hem met een gebroken mesje en doopte hem in een flesje jodium.

'Potverdikkeme!' riep hij. 'Hoe kan dát nou weer? Alleen omdat die driedubbel overgehaalde sufferd van een Vasilisa nooit eens iets op zijn plaats zet!'

Uit de rest van het gesprek leidde ik af dat de stokoude Vasilisa, die vroeger hostiebakster was geweest, twee maal per week uit Bogovo naar Sjoeiskij kwam om zo wat op te ruimen, hout te hakken en gruttepap voor de oude man te koken.

Sjoeiskij had ondertussen een potje gevonden waar volgens het opschrift vroeger de schoonheidscrème 'Metamorfose' in had gezeten en dat nu dienst deed als inktpot. Hij begon te schrijven, ondertussen al maar mopperend op de nieuwe tijden.

'Vandaag de dag spreken en schrijven de mensen als de Tataren! Overal worden we geconfronteerd met die flauwe kul van de Romanovs! Taxateurs! Meliorateurs! Er wordt verteld dat Nikolaas een losbandige boerenpummel aan zijn tafel nodigt! En dat noemt zich nog tsaar ook. Een melkmuil is 't, maar een tsaar, ho maar!'

'Waarom zit uw gezicht in de watten?' vroeg ik.

'Ik smeer het met jodium in en dan moeten er natuurlijk watten op.'

'En waarom doet u dat?'

'Voor mijn zenuwen,' antwoordde Sjoeiskij kortaf. 'Hier, leest u dat even en zet uw handtekening eronder.'

Hij gaf mij het papier, beschreven in een keurig ouderwets handschrift. Hij had alle voorwaarden voor het wonen in dit half vervallen huis punt voor punt opgesomd. Een van deze punten herinner ik me nog precies:

'Ik, voormelde Paustovskij, verbind mij ertoe geen gebruik te maken van het fruit uit de boomgaard in verband met het feit dat deze boomgaard aan de man van kleine adel Gavroesjka Zitnikov uit Jefremov in vruchtgebruik gegeven is.'

Ik ondertekende dit vreemde en voor mij volledig overbodige verdrag en vroeg of ik een voorschot moest geven. Ik wist wel dat het te gek was om geld uit te geven voor een huis waar ik toch nooit in zou wonen. Maar ik mocht vooral niet uit mijn rol vallen.

'Wat aanbetaling!' antwoordde Sjoeiskij nijdig. 'Als u werkelijk een edelman bent, hoe kunt u dan zo iets zelfs maar over uw lippen krijgen! U komt maar en dan regelen we dat verder wel. Ik heb de eer u te groeten. Ik doe u geen uitgeleide want ik ben zwaar verkouden. Wilt u de deur goed dicht doen!'

Ik ging te voet naar Jefremov terug en hoe verder ik van Bogovo af kwam, hoe fantastischer deze ontmoeting mij leek.

In Jefremov beaamde Varvara Petrovna dat dit ouwe baasje inderdaad de laatste vorst Sjoeiskij was. Hij had weliswaar een zoon gehad, maar die had hij veertig jaar geleden voor tienduizend roebel aan een of andere kinderloze Poolse magnaat verkocht. Die had een erfgenaam nodig opdat zijn enorme bezit na zijn dood niet onder zijn familieleden verdeeld zou worden maar in één hand zou blijven. De handige secretarissen van de Raad van Adel spoorden voor de magnaat een jongetje van goeden bloede op, de magnaat kocht hem en adopteerde hem als zijn zoon.

Het was een stille, besneeuwde avond. De boven de tafel hangende petroleumlamp zoemde zachtjes.

Ik was na het eten nog wat bij de Ratsjinskij's blijven hangen, waar ik geboeid zat te lezen in *De droefenis der velden* van Sergejev-Tsenskij.

Ratsjinskij zat aan de eettafel zijn raadgevingen aan zijn lezeressen te schrijven. Als hij een paar woorden neergepend had, leunde hij in zijn stoel achterover, las het over en glimlachte – hij was blijkbaar erg ingenomen met alles wat hij schreef.

Varvara Petrovna was aan het breien en de waarzegster zat diep weggedoken in haar fauteuil peinzend naar haar met briljanten beladen handen te staren die op haar schoot gevouwen lagen. Plotseling begon er iemand hard tegen het raam te kloppen. Iedereen schrok. Aan de manier van kloppen, snel en opgewonden, begreep ik dat er iets gebeurd was.

Ratsjinskij ging opendoen. Varvara Petrovna sloeg een kruis. Alleen de waarzegster verroerde geen vin.

Ossipenko kwam met zijn hoed nog op en zijn jas nog aan de eetkamer binnenstormen en had zelfs de moeite niet genomen om zijn overschoenen uit te doen.

'In Petersburg is het revolutie!' schreeuwde hij. 'De regering is omvergeworpen!'

Zijn stem begaf het, hij viel op een stoel neer en barstte in tranen uit.

Even viel er een volledige stilte. Je hoorde niets anders dan Ossipenko die huilde als een kind, hikkend naar adem.

Mijn hart begon te bonken. De adem stokte me in de keel en ik voelde dat ook mij de tranen over de wangen liepen.

Ratsjinskij pakte Ossipenko bij zijn schouder en schreeuwde: 'Wanneer? Hoe? Toe, zeg op!'

'Hier... hier,' prevelde Ossipenko en haalde een lang, smal strookje van de telegraaf uit zijn jaszak. 'Ik kom net van het telegraafkantoor... hier staat alles... alles...!'

Ik pakte de strook uit zijn hand en begon hardop de oproep van de Voorlopige Regering voor te lezen.

Eindelijk! Mijn handen trilden. Ook al had gedurende de laatste maanden het hele land op dergelijke gebeurtenissen zitten wachten, dit kwam toch als een donderslag.

Hier, in dit ingeslapen en met drek bedekte Jefremov was je wel erg van alles afgesneden. De kranten uit Moskou kregen we pas drie dagen nadat ze verschenen waren en dan nog niet al te vaak. 's Avonds jankten op de wallen de honden en tijdens hun ronden lieten de nachtwakers zonder veel overtuiging hun kleppers kleppen. Het was alsof er in dit stadje sinds de zestiende eeuw niets meer veranderd was, alsof er geen spoorwegen waren, geen telegraaf, geen oorlog, geen Moskou, of er gewoon niets gebeurde.

En nu was het dan revolutie! Allerlei gedachten stormden door mijn hoofd, en slechts één ding was duidelijk: er was iets groots gebeurd, iets wat niets en niemand meer bij machte was tegen te houden. Nu net, op een dag als alle andere, was datgene gebeurd waar de mensen al meer dan een eeuw op wachtten.

'Wat moeten we doen?' vroeg Ossipenko opgewonden. 'We moeten onmiddellijk iets doen.'

Toen sprak Ratsjinskij woorden waarvoor men hem al zijn zonden kwijt kon schelden: 'We moeten deze oproep meteen drukken. En overal in de stad aanplakken. En contact opnemen met Moskou! Kom op!'

We gingen met zijn drieën naar buiten, Ossipenko, Ratsjinskij en ik. Alleen Varvara Petrovna en de waarzegster bleven thuis achter. Varvara Petrovna stond voor de heiligenbeelden, sloeg een heleboel kruisjes en mompelde: 'Heregod, het is eindelijk zover!' De waarzegster zat nog altijd even onbewogen in haar stoel.

In de uitgestorven straat kwam ons een man tegemoet. In het zwakke schijnsel van de straatlantaarn kon ik zien dat hij blootshoofds, in hemdsmouwen en op blote voeten was. In zijn hand hield hij een schoenmakersleest.

De man rende op ons af.

'Lieve mensen!' riep hij en greep me vast. 'Hebben jullie het al gehoord? We hebben geen tsaar meer! Nu is alleen Rusland er nog maar!'

Hij vloog ons stuk voor stuk om de hals, snikte, mompelde iets in zich zelf en liep door.

'Nu, en wij dan?' zei Ossipenko. 'Zouden wij elkaar ook niet eens feliciteren?'

Wij bleven staan en vielen elkaar ook om de hals.

Ratsjinskij ging naar het telegraafkantoor om alle berichten uit Petrograd en Moskou te volgen terwijl Ossipenko en ik ergens achteraf een kleine drukkerij ontdekten, waar biljetten, aankondigingen en bevelen van de militaire commandant gemaakt werden.

De drukkerij was gesloten. Terwijl wij probeerden het slot te forceren, verscheen er een doenerige man met de sleutel, die opendeed en licht maakte. Dit bleek de enige zetter en drukker te zijn die Jefremov rijk was. Waarom hij nu net toevallig in de buurt van de drukkerij was, vroegen wij hem niet.

'Vooruit, zet u die tekst hier even!' zei ik tegen hem.

Ik begon de zetter de tekst van de oproep te dicteren. Hij moest af en toe zijn werk onderbreken om met zijn mouwen de tranen uit zijn ogen te vegen.

Al gauw kregen we weer nieuws. En wel het bevel van Nekrassov, minister van Verkeer van de Voorlopige Regering, aan allen, allen, allen! om de keizerlijke trein geen doorgang te verlenen waar hij ook op mocht duiken.

De gebeurtenissen rolden als een lawine over Rusland heen.

Ik las de eerste drukproef van de oproep en de letters begonnen te dansen en te zweven voor mijn ogen.

De drukkerij stond vol mensen die er op de een of andere manier lucht van hadden gekregen dat hier een communiqué over de revolutie gedrukt werd. Zij gristen de pakken oproepen weg, renden ermee de straat op waar ze hen op muren, hekken en lantaarnpalen plakten.

Het was intussen één uur in de nacht geworden; om die tijd lag Jefremov gewoonlijk in diepe slaap.

Opeens klonk op dit ongelegen uur een sonore, korte slag op de kerkklok. Dan een tweede, een derde. De slagen volgden elkaar steeds vaker op, een dreunende galm golfde over het stadje en weldra sloten alle klokken van alle kerken in de omgeving zich bij het luiden aan.

Achter alle ramen gingen lichten aan. De straten stroomden vol. In veel huizen stonden de deuren wijd open. Onbekenden vielen elkaar huilend om de hals. Van de kant van het station weerklonk de plechtige, jubelende kreet van locomotieven.

Ergens aan het eind van de straat klonk eerst zachtjes, dan steeds harder het zingen van de Marseillaise:

Laten we breken met de oude wereld,
Laten we ons van zijn stof bevrijden...

Het koor van mensenstemmen mengde zich met kopergeschetter:

We gaan op weg naar het hongerende volk,
Op weg naar onze broeders die lijden.

Ossipenko schreef ondertussen op de met drukinkt besmeurde tafel het eerste bevel van het Voorlopig Revolutionair Comité van de stad Jefremov. Niemand had dit comité opgericht. Niemand kende de samenstelling ervan en dat kon ook niemand weten want er was nog geen comité. Het hele bevel was een improvisatie van Ossipenko.

'Zolang de regering van het bevrijde Rusland nog geen nieuw bestuur benoemd heeft voor de stad Jefremov en het district,' schreef Ossipenko, 'maant het Voorlopige Revolutionaire Comité van Jefremov alle burgers aan, volledig hun kalmte te bewaren en verordonneert:

Het bestuur van de stad en het district moet aan de districtslandraad en zijn voorzitter Koesjeljov worden overgedragen.

Burger Koesjeljov wordt tot nader order tot Commissaris van de Regering benoemd.

Politie en gendarmerie moeten onmiddellijk alle wapens bij het gebouw van de districtslandraad inleveren.

Voor de ordebewaring op straat moet een volksmilitie ingezet worden. Het werk van alle administraties en handelsondernemingen moet gewoon doorgang vinden.

Het in Jefremov liggende garnizoen (reservecompagnie) moet de eed afleggen aan de nieuwe regering, naar het voorbeeld van de garnizoenen van Petrograd, Moskou en andere steden van Rusland.'

Toen het morgen werd, verscheen Ratsjinskij in de drukkerij, vermoeid en bleek maar resoluut. Op zijn overjas was een groot, rood lint gespeld.

Hij kwam binnen en smeet met veel lawaai en een theatraal gebaar een gendarmesabel en een revolver met holster op tafel. Wij hoorden dat de spoorwegarbeiders de gebaarde stationsgendarme ontwapend hadden, en Ratsjinskij die erbij geweest was, had zijn wapens meegenomen naar het Revolutionaire Comité, als eerste trofee.

Toen kwam er een lange, grijsharige man met een verlegen, goedig gezicht de drukkerij binnen; Koesjeljov, de nieuwe commissaris van de Voorlopige Regering. Hij vroeg niet eens op welke wijze zijn benoeming voor deze hoge post tot stand gekomen was.

Er werd onmiddellijk een nieuw door hem ondertekend bevel uitgevaardigd, waarin de bevolking van het stadje gelukgewenst werd met de bevrijding van Rusland van het eeuwenoude juk. Een bijeenkomst van vertegenwoordigers van alle lagen der bevolking werd voor één uur 's middags vastgesteld, om vitale zaken te bespreken in verband met de jongste gebeurtenissen.

Nooit van mijn leven heb ik zoveel vreugdetranen gezien als in die dagen. Ook Koesjeljov huilde toen hij het bevel ondertekende.

Zijn dochter was met hem meegekomen, een groot schuchter meisje met een hoofddoekje en een kort jasje van schapevacht.

Terwijl haar vader het bevel ondertekende, streelde de dochter hem over zijn grijze haar en zei met trillende stem: 'Je moet je niet zo opwinden, papa!'

Als jongeman was Koesjeljov tien jaar naar het Noorden verbannen geweest. Hij was veroordeeld omdat hij aangesloten was bij een revolutionaire studentengroep.

Nu braken er stormachtige verwarde gelukkige dagen aan.

In de zaal van de landraad was een dag en nacht durende publieke vergadering aan de gang. Het bestuursgebouw werd in de volksmond het 'Convent' genoemd. De lucht was er om te snijden, door de adem van honderden mensen.

De februariwind deed de rode vlaggen vrolijk wapperen.

Het dorp overstelpte de stad met vragen naar meer nieuws en instructies. 'Hoorden we nou maar eens gauw iets over een stukje grond...' zeiden de boeren. De straten rond het bestuursgebouw stonden vol sleden. Overal werd druk gepraat en geroepen over verdeling en aankoop van grond en dorpsgemeenschap.

Op kruispunten stonden oude mannen met een rode band om hun mouw en een revolver aan hun riem, de volksmilitie.

De meest onthutsende berichten bleven binnenstromen. Nikolaas had op het station van Pskov afstand gedaan van zijn troon. Het reizigersverkeer was in het hele land gestremd.

In de kerken van Jefremov werden Te-Deums voor de nieuwe regering gezongen. Bijna alle gevangenen werden uit de gevangenis vrijgelaten. De lessen op school vervielen en de gymnasiastes liepen als in een roes door de stad om de orders en bevelen van de commissaris overal heen te brengen.

Vijf of zes dagen later kwam ik in het 'Convent' de schoenlapper uit Bogovo tegen. Hij vertelde mij dat Sjoeiskij toen hij over de revolutie had gehoord, naar de stad had willen gaan. Maar eerst had hij een ladder tegen de tegelkachel gezet, was erop geklommen en had helemaal bovenaan een zakje met gouden munten onder een losse tegel vandaan gehaald, was misgestapt, gevallen en tegen de avond aan de gevolgen overleden. De schoenlapper was naar de stad gekomen om Sjoeiskij's goud bij de Commissaris van de Voorlopige Regering af te geven.

Het leek wel of de stad en de mensen een gedaanteverwisseling hadden ondergaan. Rusland had een stem gekregen. In Jefremov, waar men zo weinig rad van tong was, doken zomaar geïnspireerde redenaars op. Meestal waren het arbeiders van de spoorwegen. De vrouwen huilden terwijl zij naar hen luisterden.

De terneergeslagen en norse uitdrukking die de bewoners van Jefremov pas nog eigen was geweest, was verdwenen. De gezichten waren jonger geworden, de goedheid straalde uit hun ogen.

Men sprak overigens niet meer over inwoners. Dat heette nu 'burgers', een woord dat verplichtingen met zich meebracht.

En alsof het zo moest, braken er zonnige dagen aan met fonkelende druppels van dooiende sneeuw en met warme wind die de vlaggen deed wapperen en vrolijke wolken over de stad joeg. De ademtocht van de vroege lente was in alles voelbaar – in de dichte blauwe schaduwen, in de vochtige nachten met het luide gonzen van stemmen.

Ik zelf leefde als in een roes, een bedwelming. Ik zag niet erg duidelijk hoe het nu verder zou gaan. Ik wilde zo snel mogelijk in Moskou zijn maar de treinen reden nog niet.

'Wacht maar!' zei Ossipenko tegen me. 'Dit is nog maar de proloog tot de grootse dingen die op Rusland afkomen. Houd uw hoofd koel en uw hart warm. Spaar uw krachten!'

Ik ging met de eerste trein naar Moskou met een speciaal doorlaatbewijs, uitgereikt en ondertekend door de Commissaris van de Voorlopige Regering, Koesjeljov.

Niemand deed me uitgeleide naar het station. Men had momenteel wel wat anders aan zijn hoofd.

De trein reed langzaam. Ik sliep niet.

In gedachten liet ik mijn leven maand voor maand aan me voorbij trekken en probeerde bij me zelf na te gaan wat de laatste jaren mijn leidraad was geweest. Maar ik kwam er niet uit.

Eén ding wist ik wel heel zeker: dat ik me al die jaren geen een keer druk gemaakt had om welvaart of vastigheid. Ik was maar van één ding bezeten geweest: de drang om te schrijven. Nu, in de trein voelde ik dat ik mijn opvatting over schoonheid en rechtvaardigheid, mijn zienswijze van de wereld en mijn voorstelling van geluk, waardigheid en vrijheid onder woorden kon brengen en over wist te brengen en dat daarin het einddoel van mijn leven lag, iets wat ik tot dusver niet meer dan vaag had begrepen.

Wat er verder ging gebeuren, wist ik niet. Ik wist slechts één ding, dat ik met alle zielskracht die er in mij was, het schrijverschap zou nastreven. Ik werd daarbij gedreven door de wil mijn volk te dienen, en door mijn liefde voor de betoverende Russische taal en voor ons wonderbaarlijke land. Ik zou werken zolang mijn vingers een pen konden vasthouden en zolang mijn hart zou slaan, boordevol levensindrukken.

In het vroege licht van een mistige maartochtend kwam ik eindelijk in het opgetogen, geestdriftige, ontzagwekkende Moskou aan.

Aan het begin van dit boek schreef ik: 'Ik voelde dat het leven veel bekoorlijkheden, ontmoetingen, liefde en droefenis, vreugdevolle en schokkende dingen voor mij inhield en in deze verwachting lag het grote geluk van mijn jeugd besloten. Of dit in vervulling zou gaan, moest de dag van morgen uitwijzen.'

De dag van vandaag wees uit dat dit geluk mij deelachtig zou worden.

KONSTANTIN PAUSTOVSKIJ

De herinneringen van Konstantin Paustovskij beslaan zes delen. Daarnaast verscheen nog een afzonderlijk zevende deel met literaire herinneringen. De complete reeks bevat de volgende titels:

1 *Verre jaren* (Privé-domein nummer 16)
2 *Onrustige jeugd* (Privé-domein nummer 32)
3 *Begin van een onbekend tijdperk* (Privé-domein nummer 5)
4 *De tijd van de grote verwachtingen* (Privé-domein nummer 61)
5 *De sprong naar het Zuiden* (Privé-domein nummer 83)
6 *Boek der omzwervingen* (Privé-domein nummer 103)
7 *De gouden roos* (Privé-domein nummer 137)

Van Konstantin Paustovskij verschenen voorts bij De Arbeiderspers:
Afscheid van de zomer (verhalen)
De romantici (roman)

De literaire kritiek over Konstantin Paustovskij:

★ Zonder twijfel heeft Paustovskij heel wat meer menselijke slechtheid en lelijkheid gezien en ervaren dan Proust zich ooit heeft kunnen verbeelden. Het is daarom zo verbluffend dat hij zo intens-vitaal vooral het boeiende, mooie en stimulerende in het leven bleef vastleggen. – *The New York Times Book Review*

★ De taal van Paustovskij stroomt voort als een machtige rivier. Ze is uitdrukking van een volmaakt meesterschap dat hem in staat stelt het miraculeuze te realiseren: de revolutie, de strijd, de honger, de hoop en illusies te verbeelden van het volk, dat men door zijn pen in diepste wezen kan leren kennen. – *Le Monde*

★ Paustovskij kan zonder meer gelden als de directe voortzetter van de grote literaire traditie van Boenin en van Anton Tsjechov. – *Neue Zürcher Zeitung*

★ [...] een Russische Proust. – *Times Literary Supplement*

★ Een superieur model in het genre van de autobiografie. In dit door en door Russische werk komen vele scènes voor die altijd in het geheugen van de lezer gegrift blijven. – *The Observer*

★ Alle delen van Paustovskij's memoires bestaan uit een aaneenschakeling van korte verhalen, spannende gebeurtenissen, anekdotische en ontroerende voorvallen, ontmoetingen met kleurrijke personen, afgewisseld met natuurbeschrijvingen en overpeinzingen. – NRC *Handelsblad*

★ Paustovskij's kracht als schrijver is de concrete, aanschouwelijke, beeldende manier waarop hij aspecten van de werkelijkheid weet te verwoorden; verder de niet opdringerige, indirecte maar toch heel scherpe karakterisering van de mensen die in zijn verhalen optreden. – *Vrij Nederland*

★ Paustovskij was voor mij een openbaring. – *Maarten 't Hart*

★ Een ontzaglijke variëteit aan mensentypes en anecdotes, waarvan de ontmoetingen met schrijvers als Babel, Boelgakov, Ilf, Chlebnikov en anderen hoogst waardevol en interessant zijn, passeert de subtiele opmerkingsgave van Paustovskij. – *De Morgen*

★ Een prachtige uitgave van De Arbeiderspers [...] een onbetwist hoogtepunt van de sovjetliteratuur [...] in een voortreffelijke vertaling van W. Hartog. – *Marko Fondse*